기독교는 오늘을 위한 것

믿음이란 한 알의 밀알이 땅에 떨어져 죽음으로 많은 열매를 맺음과 같이 진리의 열매를 위하여 스스로 죽는 것을 뜻합니다. 눈으로 볼 수는 없으나 영원히 살아 있는 진리와 목숨을 맞바꾸는 자들을 우리는 믿는 이라고 부릅니다. 「믿음의 글들」은 평생, 혹은 가장 귀한 순간에 진리를 위하여 죽거나 죽기를 결단하는 참 믿는 이들의, 참 믿는 이들을 위한, 참 믿음의 글들입니다.

기독교는 오늘을 위한 것

Reuben Archer Torrey III | 대천덕 지음

홍성사.

■ 이 책은 대천덕 신부가 1960년대 성 미가엘신학원(현 성공회대학교) 원장으로 재직할 당시 성균관대학교 학생들에게 강의한 내용을 중심으로, 1990년 도서출판 무실에서 개정증보판으로 펴내면서 일부 원고를 추가해 펴낸 《기독교는 오늘을 위한 것》을 저작권자와 협약하여 개정 출간한 것입니다.

차례

개정판 출간에 부쳐 7 | 개정증보판 머리말 9
머리말 12 | 오늘을 위한 기도 14

살아 계신 하나님 ^{1부}

1. 나는 왜 그리스도인이 되었나 21   2. 그리스도인이 된다는 것 29
3. 하나님은 누구이신가 36   4. 사랑 44   5. 십자가 51   6. 성령 56
7. 하나님 나라 62   8. 인류와 종말 70

다스리시는 하나님 ^{2부}

1. 과학에 대하여 91   2. 인간의 지위 98   3. 기독교는 관념론의 한 형태인가 107
4. 기독교는 오늘을 위한 것 113   5. 비성경적 사회에 성경적 해결책을 124
6. 성경적 경제 원리 129   7. 인구문제 141   8. 그리스도인의 경제윤리 149

일하시는 하나님 ^{3부}

1. 그의 나라와 의를 구하라 157   2. 교회의 사회적 책임 181
3. 정의와 평화를 위한 기도 사역 193   4. 한국 교회가 해야 할 일 205
5. 한국 교회 공동체의 실패와 회복 215   6. 중국의 예수가정 232
7. 예수원의 생활과 비전 243   8. 중보기도의 집 249   9. 기독교 교육을 위한 학교 255
10. 토지문제 해결을 위한 한국헨리조지협회 261

오늘을 위한 대언 268

개정판
출간에
부쳐

30여 년 전 남편 아처 토리가 이 책을 쓸 때, 그는 예수원이라는 실험실에서 기독교를 삶으로 살아 내고자 했습니다. 하나님은 실제로 살아 계시며 예수 그리스도의 구원은 어느 시대든, 특히 적들이 사방에서 일하는 이 시대에도 모든 문제의 해결임을 말로만이 아니라 삶으로 증명해 내고 싶었던 것입니다. 그는 예수원이 37년째 되는 해까지 살았는데, 우리는 하나님이 현재도 우리와 함께 계셔서 우리의 필요와 관심을 다 아시며 우리가 일하지 못할 때도 일하시는 분임을 거듭거듭 깨달았습니다.

한 개인도 익숙한 환경에서 작은 목표라도 갖고 살다 보면 어느 정도 자신의 필요에 대한 답을 알게 됩니다. 더욱이 위험한 세상에 과감히 나아가 사역하게 될 때는 하나님이 세상을 이기기에 충분한 힘과 능력이 있는 분임을 확실히 알게 됩니다.

그에게는 이 실험이 당연히 행해야 할 일이었던 것 같습니다. 그를 따르는 우리에게는 배우고 경험한 가르침으로서, 이 가르침은 현재까지 우리를 지탱해 주고 있습니다. 지금은 30년 전보다 동요와 위험이 더 크고, 몸과 마음의 갈함도 더 심하고, 적의 활동도 더 악하며, 정신적 혼란으로 답을 구하는 사람도 더 많습니다. 참으로 기독교는—하나님의 진리와 사랑을 품고 있기에—현재를 위한 것입니다.

2009년 7월 14일 예수원에서

현재인 Jane Torrey

개정증보판 머리말

《기독교는 오늘을 위한 것》이 개정 증보 되어 여러분 앞에 새롭게 선보인다니 매우 기쁩니다. 이 책은 약 30년 전 기독교에 대한 대학생들의 질문을 중심으로 엮은 것입니다.

그때나 지금이나 학생들은, 학문 세계를 떠나 소위 '진짜' 세상으로 발을 막 내딛으려 할 때 기독교가 과연 그들 자신과 어떠한 관계가 있는지 알고 싶어 합니다. 사실 인간이 살며 일하고 있는 곳이면 어디나 진짜 세상이라고 할 수 있겠지요. 그러나 학문 세계에서 다루는 문제와 농업·수공업 및 실제 사업이나 행정 기관, 교육 기관 등 다른 전문 분야에 직접 종사함으로써 부딪치게 되는 문제는 전혀 다릅니다.

짧은 기간 동안 학문 세계에 몸담고 있을 때는 다른 분야를 객관적으로 바라볼 수도 있고 참여 정도를 마음대로 정할 수도 있습니다. 그리하여 어떤 학생들은 다른 세계에 깊이 관여할 수도 있고, 어떤 학생들은 전혀 관여하지 않고 초연할 수도 있습니다.

그러나 곧 그들은 '그 다른 세계'에 뛰어들어 더 이상 그 세계를 객관적으로만 바라볼 수 없는 날을 맞이하게 됩니다. 그때는 그들 자신도 그 다른 세계의 일부가 됩니다. 그들이 그 세계에서 얼마나 훌륭히 자신의 목표를 달성할 수 있을지의 여부는 상당 부분 그가 학문 세계에서 이론적 교육이나 연구를 통하여 얼마나 '명확하고 실용적인 세계관'을 형성했느냐에 달려 있습니다.

기독교에 대하여 학생들은 아무런 교육도 받지 못했거나 역사적한 현상으로만 이해해 왔는지도 모릅니다. 혹은 물질적 세계와는 전혀 관계없는 비가시적 세계만을 다루는 그 어떤 것으로 받아들여 왔는지도 모릅니다. 그러나 우리가 살아야 하고 노동해야 하고, 우리네 인생의 대부분을 위해 투쟁해야 하는 곳은 바로 이 물질적 세계인 것입니다.

무엇이 '진리'이겠습니까? 고작 인생의 고통을 덜어 주는 것이 기독교입니까? 영국의 찰스 킹즐리(Charles Kingsley, 1819~1875) 신부는 하나님의 뜻을 거스른 채 '대중의 아편'으로 지배계급만을 섬기고 있는 교회를 격렬하게 비난한 바 있습니다.

기독교란 무엇일까요? 기독교가 과연 오늘을 위해, 이 실제 세계를 위해 무엇을 할 수 있을까요? 우리는 하나님께서 오늘도 일하시고 언제나 일해 오셨다고 믿습니다. 이것이 이 책을 '기독교는 오늘을 위한 것'이라고 이름 지은 이유입니다.

우리는 하나님께서 오늘을 주관하심을 믿습니다. 또 그분을 무시하면 어떤 사회든 자멸의 길을 걷게 될 것도 믿습니다. 우리는 하나님께서 결코 방관자나 구경꾼으로 계시지 않음도 믿습니다. 하나님은 우리에게 그분이 어떻게 일하시는지 알 수 있도록 성경을 주셨습니다. 이 성경이 한국 학생들과 한국 사회와 세계에 어떤 의미가 있는지를 독자 여러분과 나눌 수 있게 되어 기쁠 따름입니다.

1990년 4월 예수원에서

대천덕

Archer Torrey

머리말

이 책은 제가 6·25사변 이후 성 미가엘 신학원(현 성공회대학교) 원장으로 있을 때 성균관대학교 학생들에게 강의한 내용을 엮은 것입니다. 제게 질문했던 학생들은 비록 그리스도인은 아니었지만 기독교가 현대에도 적용될 수 있는지에 아주 깊은 관심이 있었습니다. 그들은 기독교도 다른 종교와 마찬가지로 과거의 유산일 뿐, 오늘의 세계와 문화를 이해하고자 하는 현대의 젊은이들에게는 전혀 도움이 되지 못한다고 알고 있었습니다.

저는 이와 같은 학생들과 대화할 수 있는 기회가 있어서 얼마나 기뻤는지 모릅니다. 한국에 도착한 지 얼마 되지 않아 한국어학당에 다니고 있었지만 김용걸(레오) 박사께서 통역을 해주셔서 매우 유익한 시간을 가질 수 있었습니다.

'기독교는 오늘을 위한 것'이란 사실이 당시 저의 확고한 신념이었습니다. 저는 기독교가 과거의 역사에 지대한 영향을 주었고 서구문화 발전에도 중요한 역할을 했음을 이미 알고 있었습니다. 또 기독교가 오늘의 문제와 소망에 대해서도 그에 못지않게 실제적인 연관성이 있음을 경험을 통해 알고 있었습니다.

이들과 모임을 가진 뒤 얼마 되지 않아 저는 학계를 떠났으며, 그동안 예수원의 삶을 통하여 기독교의 참다운 생명력을 실험하는 데 심혈을 기울여 왔습니다. 한국 전역에서 수만 명의 사람들이 이곳을 다녀갔고, 전 세계 온갖 부류의 사람들이 이곳을 찾아옵니다.

지난 21년 동안 우리는 유럽인, 아프리카인, 중국인, 호주인, 인도인, 미국인, 캐나다인, 영국인, 일본인들과 이야기를 나눌 수 있었습니다. 그래도 결론은 예나 지금이나 변함없이 '기독교는 오늘을 위한 것'입니다.

이 글을 통하여 기독교가 지나가 버린 역사의 유물이 아니라, 바로 '오늘의 한국을 위하여' 중요한 의미를 지닌 것이라는 사실이 분명하게 인식될 수만 있다면, 저로서는 더 이상 바랄 게 없습니다.

1987년 정월, 예수원 원장
대천덕

오늘을 위한 기도

오래 참으시고 주무시지 않는 주 하나님!
오늘 밤도 이 우주를 주관하시고 저의 삶을 붙들어 주시는 하나님!
제가 책임을 맡고 있는 이 사람들과 저 자신을 잘 보살필 수 있게 도와주시고
오늘 제게 맡겨 주신 일들도 잘 감당할 수 있도록 도와주소서.
매순간 무엇을 해야 할지 알려 주옵소서.
해서는 안 되고 변화시킬 수 없는 일들은 하지 않게 해주시고
해야 할 일과 변화시킬 수 있는 일은 할 수 있는 용기와 열심을 주소서.
그리고 그 두 가지를 구별할 수 있는 분별력을 주소서.

모든 성공이 당신의 것임을 기억하게 하시고
모든 영광이 당신의 것이라는 것을 알게 하소서.
제가 해야 할 모든 일을 마쳤을 때
나는 무익한 종이라는 것을 알게 하소서.
그리고 필요한 것 이상의 일은 할 수 없다는 것을 알게 하소서.
당신과 당신의 피조물을 사랑하는 마음으로 저의 영혼을 채워 주셔서
당신의 영광으로 인해 그리고 제게 주신 모든 일로 인해 기뻐하게 하소서.

당신의 얼굴을 갈망하는 마음과
당신의 음성을 애타게 기다리는 마음을 주시고
다른 이들에게 당신에 대해 들려주게 하시고
모든 손님을 그리스도와 같이 맞이하게 해주시고
저를 사랑과 긍휼로 채워 주소서.

아픔을 주는 사람과 함께 아파하고
회개하지 않는 영혼을 위하여 회개하고
다른 이들의 죄와 강퍅한 마음의 어려움을 함께 져주고
그들을 비판하는 마음으로 보지 않게 하소서.
죄를 생각할 때 슬퍼하는 마음을 주시고
당신을 생각할 때는 기쁨과 평안이 가득하게 하소서.

좌절하거나 무거운 짐을 질 때, 배반당할 때,
다른 사람의 반대를 받을 때는 오래 참으며 견디게 하소서.
오직 하나님의 은혜를 생각하며 즐겁고 놀라워하는 마음을 주소서.
오늘 저 자신에 대해 무슨 말을 들었든지, 무슨 일을 당하였든지 간에
기쁨과 평강이 저를 다스리게 하소서.

악하고 상처 입히는 자들과
자신의 문제로 제 생활을 곤란하게 하는 이들에게도
부드럽게 대할 수 있는 마음을 주소서.
다른 이의 관점을 존중할 수 있게 해주소서.
예수님의 자비하심이 저를 통해 나타나게 하소서.
특별히 제 아내와 자녀들과 함께 사는 이들에게

예수님의 자애로움을 끼치게 하소서.
아내에 대해 늘 사려 깊은 마음을 갖게 하시고
혹 상처가 될 말을 하려 할 때는 저의 혀를 묶어 주소서.
그리스도의 선하심이 저를 통해 나타나게 해주셔서
예수님께서 향기로운 화목제물로 자신을 내어 주신 것같이
저도 당신의 청지기로서 저의 가진 것을 기쁨으로 나누게 하시고
제 주위에 있는 모든 이들도 그들의 좋은 것을 서로 나누게 하옵소서.

모든 일에 충성되게 일하되
모든 것보다 당신께 가장 큰 충성을 드리게 하소서.
모세의 온유함을 제게도 주셔서
저 자신을 방어하는 데 염려하지 않게 하시고
억울한 사람과 눌려 있는 사람들을 수호하는 데 주저하지 않게 하소서.
결코 저의 영광을 구하지 않게 하시고
오직 당신의 영광을 구하게 하소서.

오, 주님!
저를 다스려 주소서!
성령님을 떠나서는 결코 저 자신을 다스릴 수 없습니다.
제 혀를 자랑과 불평과 과장하는 말과
남을 하찮게 보는 말과 다투는 말에서부터 보호해 주옵소서.

오, 주님!
구하는 모든 이에게 지혜를 주시겠다고 말씀하셨습니다.
우리에게 주신 사명을 감당할 수 있는 지혜를 주시고

어떤 가르침을 받을 때 당신의 것인지 아닌지를 분별하여
당신의 뜻만을 행하려고 하는 온전한 갈망을 주옵소서.
우리가 또한 당신 안에 쉬게 하시고
당신의 현존 안에서 기쁨을 누리게 하시고
당신과의 교제를 즐겨 하는 저희가 되게 하소서.

오, 주님!
제 마음속에 두어서는 안 되는 것들을 가져가 주시고
마음속에 간직해야 하는 것들은 제 마음속에 넣어 주옵소서.
저 자신의 지혜나 힘보다 훨씬 우월하신 당신의 지혜와 힘을 주시고
오늘도 기적을 기대하는 마음을 주소서.

오, 주님!
우리에게 필요한 것을 감사함으로 당신께 구하라고 하셨습니다.
그러면 당신께서 예수 그리스도를 통해
저희의 모든 필요를 채워 주겠다고 약속하셨습니다.
또한 당신께서 몸소 우리의 짐을 져주시고
모든 빚과 우리의 원수들까지도 제해 주시겠다고 하셨습니다.
그리고 당신의 영광을 위해
우리가 구하거나 생각하는 것에 훨씬 넘치도록
풍성히 채워 주시겠다고 약속하셨습니다.
오늘도 저희에게 일용할 양식과 필요한 것들을 공급해 주실 줄 믿고
감사드립니다.
아멘.

1부 살아 계신 하나님

Reuben Archer Torrey III

1
나는 왜 그리스도인이 되었나

"나는 왜 그리스도인이 되었나?" 이것은 쉽게 답할 수 있는 문제가 아닙니다. 한 사람이 그리스도인이 되는 것은 어떤 한 가지 이유만은 아니기 때문이지요. 제가 그리스도인이 된 것은 우리 조상들이 그리스도인이었기 때문인지도 모릅니다. 그러나 그것만으로는 충분한 이유가 되지 못합니다. 물론 그분들에게 영향을 받았지만요.

제가 그리스도인이 될 수 있었던 다른 한 가지 이유라면 그것은 기독교 문화에서 성장했다는 것일 겁니다. 사실 어떤 미국인들은 기독교적 문화권에서 태어났다는 이유만으로 그리스도인이라고 자처하기도 합니다. 그러나 그들을 '문화적 그리스도인'(Cultural Christians)이라고 부를 수는 있을지언정 '진실한 그리스도인'이라고 할 수는 없을 것입니다.

우리 집안에는 선교사나 교육자가 많았습니다. 성직자가 되기 위해서는 하나님의 부르심에 대한 진지한 소명 의식이 있어야 합니다. 비유컨대 물리학 교수가 되려는 사람이 먼저 물리학의 전제조건을 받아들여야 하는 것과 같은 말이겠지요. 그러한 전제조건을 받아들일 수 없는 사람은 인생의 진로를 바꾸지 않으면 안 됩니다.

저는 유년 시절을 중국에서 보냈습니다. 중국에서 대학생활 첫 해를 보내고 미국으로 건너가 그곳에서 대학을 다녔습니다. 미국에서 생활하면서 미국 문명은 제가 공감할 수 없는 매우 이교적인 분위기라는 사실을 발견했습니다.

어느새 저는 홀로 사색하는 버릇이 생겼으며, 부모님이 가르쳐 주신 기독교 교리와 유년 시절의 신앙을 의심하기 시작했습니다. 과연 하나님은 살아 계시는지, 그분의 존재 여부에 대해 다시 한 번 결단을 해야 했던 것입니다.

저는 이것을 과학적 방법에 의존해 검증하려고 했습니다. 과학적 방법이 가설의 검증에 기초하는 것과 마찬가지로 기독교도 가설의 검증에 기초해 증명할 수 있다고 생각한 것입니다. 심각하게 하나님의 존재를 의심하던 순간도 있었지만, 과학적 방법을 거부하려는 생각은 전혀 하지 않았습니다. 만일 하나님의 존재에 확신을 가질 수 없다면 물리학을 전공하리라고 다짐하였습니다.

제일 먼저 검증하고자 했던 가설은 하나님의 존재 여부에 관한 것이었습니다. 하나님을 찾는 저의 탐구의 출발점이 된 것은 요한복음 7장 17절 말씀이었습니다.

사람이 하나님의 뜻을 행하려 하면 이 교훈이 하나님께로부터 왔는지 내가 스스로 말함인지 알리라.

청년 시절, 이 말씀은 제 마음에 깊이 새겨졌습니다. 그러므로 하나님에 관해 알려면 먼저 그분의 뜻을 행하려는 제 결단이 앞서야 했습니다. 기독교의 가설에 의하면, 개인이 하나님의 뜻을 행하려고 작정하지 않고서는 결코 하나님의 음성을 들을 수 없습니다. 만일 그 사람이 하나님의 존재에 대해 단순한 호기심을 지닌 데 불과하다면 하나님은 그런 사람에게는 진정으로 자신을 나타내 보이시지 않는다는 것이지요. 관심을 기울이시지 않는다는 말입니다.

이리하여 제게 주어진 첫 과제는 하나님의 뜻을 기꺼이 행하려는, 자원하는 심령이었습니다. 저는 진실로 하나님이 존재하신다면 그분께서 제게 그분의 뜻을 행하려는 의욕을 주실 것이라고, 그렇게 하실 수 있도록 마음을 그분께 드리기만 하면 그분께서 제 의지를 변화시키실 수 있으리라고 믿게 되었습니다.

하나님이 존재하신다는 가설을 증명하기 위해 저는 상당히 오랜 기간 이런 실험적인 기도를 드렸습니다.

"주님, 당신께서 실존하심을 나타내시고 제게 기꺼이 당신의 뜻을 행하고자 하는 마음을 주시옵소서."

저는 이런 기도를 하는 저에게 하나님께서 천사나 인간의 형상으로 나타나리라고는 생각지 않았습니다. 하나님이 전지전능하신 분이라면 제 마음을 아실 것이며 어떤 형상으로든지 그분의 실재(實在)를 인식할 수 있게 할 방법을 취하실 것이기 때문입니다.

하나님을 찾는 저의 탐구에서 성경 읽기와 예배 참석은 중요한 비중을 차지했습니다. 만일 유일하신 하나님이 존재하신다면 그 하나님은 성경에 계시된 하나님일 것이며 성경은 하나님의 말씀일 거라고 생각했기 때문입니다. 또 학교가 예배 출석을 의무로 규정하고 있어 규칙적인 예배는 제 생활의 일부가 되었습니다. 제가 하루에 한 장씩 규칙적인 성경 읽기를 시도하자마자 곧 새로운 문제가 생겼습니다. 성경 읽는 것이 쉽거나 즐거운 일이 아닐뿐더러, 많은 대목이 재미없고 어떤 대목은 불쾌하기조차 했습니다. 그렇지만 성경 읽기를 중단하면 제 실험이 온전하지 못하리라는 생각을 하며 다음과 같은 기도와 함께 성경 읽기를 계속했습니다.

"주님, 즐거운 마음으로 성경을 읽게 해주소서!"

모두 66권으로 된 성경 중에서 제일 먼저 읽은 것은 야고보서였습니다.

너희 중에 누구든지 지혜가 부족하거든 모든 사람에게 후히 주시고 꾸짖지 아니하시는 하나님께 구하라 그리하면 주시리라(약 1:5).

야고보서에서 이 구절을 발견하고는 이 말씀을 하나님의 실재를 검증하기 위한 제 실험 지침으로 삼았습니다. 그리고 이 말씀에 의지해 "주님, 제게 지혜를 주시옵소서!"라고 기도하기 시작했습니다.

대학 시절 저는 매우 교만하고 야망으로 가득 찬 사람이었습니다. 평범한 학생들을 마음대로 다스릴 수 있는 걸출한 '인물'이 되고 싶었습니다. 그러던 어느 날 아침, 예레미야 45장에서 다음의 말씀을 대하게 되었습니다.

네가 너를 위하여 큰 일을 찾느냐 그것을 찾지 말라(렘 45:5).

저는 깜짝 놀랐습니다. 마치 뺨을 세게 얻어맞은 느낌이었습니다. 그리고 나를 위해 추구하고 있던 것들이 하나님의 뜻을 거스른다는 사실을 깨닫게 되었습니다. 이 쓰라린 체험을 하고 난 뒤 나 자신을 위한 야망을 내려놓게 되었습니다. 그렇다고 저를 위한 부질없는 야망을 두 번 다시 품은 적이 없다고 할 수는 없지만 말입니다.

또 저의 삶에 결정적으로 영향을 준 말씀은 아래의 산상수훈 말씀입니다.

의에 주리고 목마른 자는 복이 있나니 그들이 배부를 것임이요(마 5:6).

처음 이 구절을 읽었을 때 저는 여기에서 의미하는 '의'의 참뜻을 오해하고 있었습니다. 당시만 하더라도 전 의로워지고 싶은 생각이 없었습니다. 의로운 사람이란 독선적이며 품행이 단정한 사람인데, 이런 사람은 도무지 제 마음에 들지 않았기 때문입니다. 그러나 시간이 흐르면서 제 생각이 잘못되었음을 깨닫고 이렇게 기도하였습니다.

"주님, 저를 의에 목마른 자가 되게 하소서."

제가 '의'의 참뜻을 온전히 파악한 것은 제2차 세계대전 동안 아프리카에서 반(反)히틀러 저항운동에 참여해 고통스런 경험을 겪고 난 뒤였습니다. 그때야 비로소 '의에 주린다'는 것이 사회정의에 대한 열정임을 깨닫게 되었습니다.

끝으로 하나님의 실재에 대한 제 마지막 검증은 1943년 선상(船上)에서 일어났습니다. 선상에서는 교회에 출석할 수도, 그리스도인과 대면할 기회도 없었습니다. 이번에는 무신론적인 방법으로 새로운 검증을 시작했습니다. '하나님에 관한 이야기는 한낱 신화이자 유치하고 헛된 공론(空論)에 불과한 것이 아닐까? 하나님의 능력이란 것도 단지 우주의 추상적이며 기계적인 힘이 아닐까' 하고 자문했습니다. 아울러 제 종교적인 행위도 취침 전에 외우는 짧막한 기도가 전부였으며, 성경 읽기도 중단한 상태였습니다. 약 3개월 동안 이 검증이 지속되면서 저는 완전히 절망에 빠지고 말았습니다. 하지만 이 검증을 통하여 예수님에 대한 충성이야말로 제 생활의 근본적인 힘이라는 것을 깨닫게 되었습니다. 그리스도인이라는 것은 한낱 이지적(理智的)인 문제가 아니라 저의 인생과 실존의 핵심을 이룬다는 사실을 체험한 것입니다.

돌이켜 보건대, 이런 검증의 배후에는 어쩌면 기독교 신앙을 저버리게 했을지도 모를 내적 위기가 몇 차례 있었습니다. 17세와 25세, 그리고 30세 때, 그와 같은 경험이 있었다고 기억됩니다.

17세가 되었을 때, 저는 성인(成人)다운 방법을 통한 그리스도와의 인격적 만남이 없었음과 하나님의 존재 여부에 정직하게 말할 수 없음을 깨달았습니다. 저는 2년간이나 하나님의 존재에 관한 가설을 검증하는 데 몰두했습니다. 그 결과, 스스로 만족할 만큼 그것을 증명할 수 있었으며 기독교 교리가 선포하는 진리를 확신할 수 있었습니다.

25세 때, 여러 요인들로 말미암아 기독교 교리의 진리가 신화적인 진리에 불과하고, 그것은 합리적이며 비인격적인 용어로 충분히 설명될 수 있을뿐더러 유물론적 철학과도 모순되지 않는다는 가설을 검증하기에 이르렀습니다. 바꿔 말하면, 교회의 가르침에서 신화적인 요소를 제거하고, 전통적인 기독교의 교리가 아주 단순하고 순진한 사람들에게만 받아들여진다는 이론을 매우 진지하게 검증해 보고자 시도했던 것입니다. 이러한 제 노력은 헛된 일이었습니다. 저는 기독교의 가르침이 초자연적인 것에 관한 인간의 그 어떤 설명에 비해서도 손색이 없는 객관적인 진리라고 결론을 내렸습니다. 실제에서 기독교 교리가 단순한 이유는 추상적인 이론을 표현했기 때문이 아니라, 원래 기독교의 가르침이 단순한 역사적 사실을 기술하는 것이며, 그 핵심 되는 개념이 '인간'의 역사를 다루고 있기 때문이라는 것을 깨달았습니다. 어떠한 의미에서 기독교의 가르침에는 이미 '유물론적'인 요소가 들어 있는 것입니다.

이상의 두 차례 위기는 별로 고통스러운 경험이 아니었습니다. 첫 위기는 기독교 신앙과의 결별이라기보다는 오히려 제가 여태까지 진정한 의미에서 기독교 신앙을 가져본 적이 없었음을 자각하게 했고, 두 번째 위기도 기독교 정통주의와의 결별이었을지언정 제가 그때까지 지니던 신앙과의 완전한 결별은 아니었습니다.

세 번째 위기는 신앙이나 교회 자체와의 문제가 아니라 교회 안에서 제 소명에 관한 것이었는데, 이것은 지극히 고통스러운 경험이었습니다. 저는 이것을 계기로 교회에 침투한 부패의 정도가 얼마나 심각하며 그 부패에 대항한다는 것이 거의 불가능하다는 사실을 깨달았습니다. 권세 있는 자들이 가난하고 눌림 받는 사람들에게 진정한 복음을 전하기보다는 아편을 주기 위해 교회를 이용한다는 킹즐리 신부의 항변을 실제로 체험했던 것입니다. 만일 세상을 구원할 다른 방도가 있고 교회란 허위에 불과하다고 믿을 수만 있었더라면 저는 희망을 안고 교회를 떠났을 것입니다. 그러나 12년 동안의 진지한 탐구 끝에 예수 그리스도는 세상의 빛이라고 확신하던 저에게, 지상의 그리스도의 몸 된 교회가 고의로 예수의 복음을 왜곡하며 사람들에게 아편을 주고 있다고 생각하는 것보다 더 큰 괴로움은 없었습니다. 만일 교회 그 자체가 부패했다면 우리가 갈 곳이 어디겠습니까?

그러나 이후 저는 교회 안에 역사하시는 성령이 쇄신과 정화(淨化)의 능력이시며, 이러한 부패가 극성을 부릴 때마다 부흥과 숙정(肅正)의 시기가 있어 왔다는 사실을 교회사를 통해 발견했습니다. 우리는 오늘날 이러한 시기에 다다른 것입니다.

2
그리스도인이 된다는 것

나는 참 포도나무요 내 아버지는 농부라 무릇 내게 붙어 있어 열매를 맺지 아니하는 가지는 아버지께서 그것을 제거해 버리시고 무릇 열매를 맺는 가지는 더 열매를 맺게 하려 하여 그것을 깨끗하게 하시느니라(요 15:1-2).

너희가 열매를 많이 맺으면 내 아버지께서 영광을 받으실 것이요 너희는 내 제자가 되리라(요 15:8).

이 비유를 눈앞에 그려 보십시오. 큰 포도나무가 있고 그리스도인은 가지입니다. 가지 중에는 열매를 맺는 것도 있고, 맺지 못하는 것도 있습니다. 열매를 맺지 못하는 가지는 농부가 꺾어 불태워 버립니다. 하나님은 농부요, 예수님은 포도나무이십니다.

진정한 그리스도인인지 아닌지의 여부를 가려내는 시금석은 그 사람이 맺는 열매에 달려 있습니다. 성경은 결코 말만으로 만족하는 법이 없습니다. '증거의 원칙'은 구약성경 전체를 꿰뚫고 있는 일관된 원칙입니다. 구약 선지자의 예언은 증거에 의해 뒷받침되어야 했으며, 실제로 성취되어야 할 것이었습니다. "주여, 주여"라고 외친다고 해서 모두 다 주의 제자가 아니라 하나님의 뜻을 실행하는 자라야 참된 예수의 제자인 것입니다.

너희는 내가 명하는 대로 행하면 곧 나의 친구라(요 15:14).

예수님이 우리에게 기대하시는 것은 행함인데, 그러면 과연 무엇을 행하도록 명하시는 걸까요?

내 계명은 곧 내가 너희를 사랑한 것같이 너희도 서로 사랑하라 하는 이것이니라(요 15:12).

예수님의 기본 계명은 서로 사랑하라는 것입니다.

육체의 일은 분명하니 곧 음행과 더러운 것과 호색과 우상숭배와 주술과 원수 맺는 것과 분쟁과 시기와 분냄과 당 짓는 것과 분열함과 이단과 투기와 술 취함과 방탕함과 또 그와 같은 것들이라 전에 너희에게 경계한 것같이 경계하노니 이런 일을 하는 자들은 하나님의 나라를 유업으로 받지 못할 것이요 오직 성령의 열매는 사랑과 희락과 화평과 오래 참음과 자비와 양선과 충성과 온유와 절제니……(갈 5:19-23).

불화와 분쟁 및 당파심을 조장하는 그리스도인들이 있습니다. 그러나 이런 일을 범하는 자들은 하나님 나라에 들어가지 못합니다. 진정한 그리스도인이라면 그 내면에 성령의 열매, 즉 사랑과 기쁨, 화평, 인내, 자비, 양선, 충성, 온유 및 절제를 지니고 있어야 합니다.

내가 비옵는 것은 이 사람들만 위함이 아니요 또 그들의 말로 말미암아 나를 믿는 사람들도 위함이니 아버지여, 아버지께서 내 안에, 내가 아버지 안에 있는 것같이 그들도 다 하나가 되어 우리 안에 있게 하사 세상으로 아버지께서 나를 보내신 것을 믿게 하옵소서(요 17:20-21).

이 말씀은 예수님이 십자가의 수난을 당하시기 전에 제자들을 위해 올리신 마지막 기도입니다. 만일 그리스도인들이 한 분이신 주님께 충실하고 서로 하나 되어 화목한다면 세상 사람들은 그리스도께서 하나님으로부터 오셨음을 알게 될 것입니다. 아무리 권유하더라도 증거 없이는 다른 사람에게 믿음을 심어 줄 수 없습니다. 그리스도인들이 하나가 되어 사랑하게 될 때 세상이 그리스도를 믿게 되는 것입니다. 그리스도인은 그가 맺는 열매와 사랑, 그리고 일치가 있기 때문에 비그리스도인들과 구별되는 것입니다.

시간에 관한 안티테제적 개념

우리는 현재 시점을 중심으로, 혹은 과거로부터 현재를 거쳐 미래로 계속되는 것으로 보는 시간 개념에 입각해 논의를 진행해 왔습니다. 이러한 시간 개념에서는 현재라는 한 시점에 의해 과거와 미래가 나뉘므로 시간적이라는 것은 순간적이라는 의미입니다. 그러나 진리의 다른 국면은 오직 전혀 다른 시간 개념으로만 이해할 수 있습니다. 어떤 사람들은 이것을 '시간에 관한 안티테제(antithesis)적 개념'이라고 부릅니다. 마태복음 13장 24-30절을 통해 이것을 살펴봅시다.

예수께서 그들 앞에 또 비유를 들어 이르시되 천국은 좋은 씨를 제 밭에 뿌린 사람과 같으니 사람들이 잘 때에 그 원수가 와서 곡식 가운데 가라지를 덧뿌리고 갔더니 싹이 나고 결실할 때에 가라지도 보이거늘 집 주인의 종들이 와서 말하되 주여 밭에 좋은 씨를 뿌리지 아니하였나이까 그런데 가라지가 어디서 생겼나이까 주인이 이르되 원수가 이렇게 하였구나 종들이 말하되 그러면 우리가 가서 이것을 뽑기를 원하시나이까 주인이 이르되 가만두라 가라지를 뽑다가 곡식까지 뽑을까 염려하노라 둘 다 추수 때까지 함께 자라게 두라 추수 때에 내가 추수꾼들에게 말하기를 가라지는 먼저 거두어 불사르게 단으로 묶고 곡식은 모아 내 곳간에 넣으라 하리라(마 13:24-30).

이 비유는 몇 가지 흥미로운 사실을 보여 줍니다. 첫째는 농사를 예화로 사용하고 있다는 점입니다. 농사는 씨를 뿌리고 거둬들여야 할 적기(適期)가 있는 법입니다. 우리는 역사의 진행 과정을 억지로 움직일 수 없습니다. 수확을 주관하시는 분은 하나님입니다. 우리는 수확기를 앞당기거나 늦출 수 없습니다. 우리는 다만 수확이 풍성하도록 힘쓸 수 있을 뿐입니다. 이 비유에서 하나님 나라는 수확에 비유할 수 있으며, 그날에 수확을 풍성하게 거두기 위해서는 맡은 바 자기 몫을 열심히 행해야 합니다. 즉 "먼저 그의 나라와 그의 의를 구하라"(마 6:33)는 명령에 지금 모든 노력을 기울여야 한다는 것입니다.

이와 마찬가지로 다음의 두 비유도 시간의 안티테제적 개념을 전제하고 있습니다.

> 또 비유로 말씀하시되 천국은 마치 여자가 가루 서 말 속에 갖다 넣어 전부 부풀게 한 누룩과 같으니라(마 13:33).
> 또 천국은 마치 좋은 진주를 구하는 장사와 같으니 극히 값진 진주 하나를 발견하매 가서 자기의 소유를 다 팔아 그 진주를 사느니라(마 13:45-46).

하나님 나라는 결국 가루 서 말을 부풀게 한 누룩과도 같습니다. 현재 그것은 미미하지만 영원 속에서는 엄청난 것입니다. 하나님 나라를 발견한 사람은 자신의 전 생애를 드려 그것을 살 것입니다. 이 땅의 것을 투자하여 영원을 사는 것입니다.

하나님을 영화롭게 하고 그분을 영원토록 즐거워하는 것이 인생의 첫째 되는 목적입니다. 이것은 현시점에서 행한 우리의 모든 일을 영원 아래 비추어 봄을 의미합니다. 슈스터(George N. Schuster)는 이러한 생각을 다음과 같이 쓰고 있습니다.

> 신앙의 빛 가운데 사는 사람을 구별 짓는 것은 '시간에 관한 안티테

제적 개념'이다. 만일 어떤 사람의 인생의 의의가 그 사람의 창조적 활동 기간—돈을 벌고, 자녀를 낳으며, 좋건 나쁘건 인간 역사에 자신의 발자취를 남기게 될 30년 혹은 40년에 걸친 기간—중에 이루는 성과에 달려 있다고 주장한다면 종교란 고작해야 부차적인 문제에 불과한 것이며, 손이나 머리를 써서 보다 나은 일을 할 수 없게 되는 시절의 관심사라고 결론지어도 무방할 것이다. 그러나 수십 년에 불과한 이런 활동 기간이란 덧없는 것이며 다만 상대적으로 중요한 것일 뿐이다. 거기에는 서곡(序曲)과 길게 지속되는 후속의 기간이 수반된다는 사실을 깨닫기만 한다면, 단지 시간 안에 담겨진 인간의 업적이란 이것에 영원성을 부여할 수 있는 하나님께 복종하는 것과 비교해서 무(無)에 가까운 것이라고 단정 지을 수밖에 없다.*

무엇을 실천할 것인가

그러면 '오늘'이라는 시간 속에서 그리스도인들은 무엇을 해야 할까요? 가장 중요한 것은 행위의 근거가 될 수 있는 '진리를 파악'하는 일입니다. 탐구와 실천은 함께 손을 잡고 나아가는 것으로, 실천은 늘 탐구해야 할 방향을 지시해 줍니다. 그리스도인들은 각자 재능과 기회를 따라 공정한 질서와 사회정의를 위해 일하도록 부르심을 받았습니다. 사회적 관계성을 내포하지 않는 인간의 행위란 존재할 수 없습니다. 그러므로 사회정의를 위해 일하는 것은 최고 중요

---

* "신교(新敎)에 대한 통합적인 접근"에 부친 슈스터의 서문.

한 사명입니다. 사회정의를 위해 일하는 것은 인도주의적인 자유를 위한 것일 뿐만 아니라 하나님에 대한 우리의 사랑을 표현하는 방법이기도 합니다. 또한 이것은 하나님이 명하시는 것입니다.

그러므로 예수께서 자기를 믿은 유대인들에게 이르시되 너희가 내 말에 거하면 참으로 내 제자가 되고 진리를 알지니 진리가 너희를 자유롭게 하리라(요 8:31-32).
예수께서 이르시되 내가 곧 길이요 진리요 생명이니……(요 14:6).

3
하나님은 누구이신가

　성경은 하나님을 정의하고 있지 않습니다. 성경은 과학이나 철학의 형태를 취하기보다는 시나 문학의 형태를 띱니다. 과학이나 철학은 세월의 흐름과 더불어 낡고 진부한 것이 되고 말지만 예술은 그렇지 않습니다. 성경을 읽을 때 우리는 성경 기자의 경험에 자신의 경험을 비추어 적용할 줄 알아야 합니다.

하나님의 1차적 속성

　우리는 이러한 비췸을 통해 하나님께서 다음과 같은 네 가지 중요한 속성을 갖고 계심을 알 수 있습니다.
　첫째, 그분은 '행위의 하나님'이십니다. 성(聖) 토마스 아퀴나스(Thomas Aquinas, 1225~1274)는 "하나님은 순수한 행위다"(God is pure

act)라고 말했습니다. 성경은 그분의 존재를 증명하는 것이 아니고 "태초에 하나님이 천지를 창조하시니라"(창 1:1)라고, 단지 그분의 (창조) 행위를 단언함으로써 전개합니다.

둘째, 하나님은 '창조주'이십니다. 이것은 일반 계시의 기초를 이룹니다.

셋째, 하나님은 '구원자'이십니다. 이 구원자라는 개념은 본래 군사적 혹은 정치적 해방이라는 의미로만 사용되었습니다. 구원자로서의 하나님의 속성은 성경을 통해 일관되게 나타나는데, 특별히 이스라엘 민족의 출애굽 사건에서 명백히 드러납니다.

여호와께서 이르시되 내가 애굽에 있는 내 백성의 고통을 분명히 보고 그들이 그들의 감독자로 말미암아 부르짖음을 듣고 그 근심을 알고 내가 내려가서 그들을 애굽인의 손에서 건져내고 그들을 그 땅에서 인도하여 아름답고 광대한 땅, 젖과 꿀이 흐르는 땅 곧 가나안 족속, 헷 족속, 아모리 족속, 브리스 족속, 히위 족속, 여부스 족속의 지방에 데려가려 하노라 이제 가라 이스라엘 자손의 부르짖음이 내게 달하고 애굽 사람이 그들을 괴롭히는 학대도 내가 보았으니 이제 내가 너를 바로에게 보내어 너에게 내 백성 이스라엘 자손을 애굽에서 인도하여 내게 하리라"(출 3:7-10).

성경에서 매우 중요한 단어 가운데 하나는 'deliverer'(구원자)란 말입니다. 성경에는 이 구원자란 개념을 표현하기 위해 서른일곱 개의 서로 다른 단어가 사용되었습니다.

넷째, 하나님은 '사랑'이십니다. 누구보다도 하나님의 사랑을 깊이 체험한 사도 요한은 다음과 같이 하나님에 대해 말합니다.

사랑하는 자들아 우리가 서로 사랑하자 사랑은 하나님께 속한 것이니 사랑하는 자마다 하나님으로부터 나서 하나님을 알고 사랑하지 아니하는 자는 하나님을 알지 못하나니 이는 하나님은 사랑이심이라 하나님의 사랑이 우리에게 이렇게 나타난 바 되었으니 하나님이 자기의 독생자를 세상에 보내심은 그로 말미암아 우리를 살리려 하심이라(요일 4:7-9).

하나님의 2차적 속성

위에 열거한 하나님의 기본 속성 외에도 부차적인 하나님의 속성 세 가지를 더 생각해 볼 수 있습니다.
첫째, 하나님은 '변함없는 분'이라는 점입니다.

나 여호와는 변하지 아니하나니 그러므로 야곱의 자손들아 너희가 소멸되지 아니하느니라(말 3:6).

하나님은 언제나 동일하시며 영원하신 분입니다. 시간은 하나님 안에서 시작되었고, 하나님 안에서 끝이 날 것입니다. 그분은 터럭만큼도 변하는 일이 없으신 분입니다.

예수 그리스도는 어제나 오늘이나 영원토록 동일하시니라(히 13:8).

둘째, 하나님은 '공의로우시고 편벽됨이 없으신 분'입니다. 예수님은 이에 대해 다음과 같이 말씀하고 있습니다.

또 네 이웃을 사랑하고 네 원수를 미워하라 하였다는 것을 너희가 들었으나 나는 너희에게 이르노니 너희 원수를 사랑하며 너희를 박해하는 자를 위하여 기도하라 이같이 한즉 하늘에 계신 너희 아버지의 아들이 되리니 이는 하나님이 그 해를 악인과 선인에게 비추시며 비를 의로운 자와 불의한 자에게 내려주심이라(마 5:43-45).

이러한 하나님의 변함없으심과 공의로우심에 관하여 16~17세기에 걸쳐 존 칼빈(John Calvin, 1509~1564)의 제자들과 리처드 후커(Richard Hooker, 1554~1600)의 제자들 사이에 논쟁이 있었습니다. 칼빈주의자들은 하나님의 절대군주권을 강조하며 '하나님은 자의적(恣意的)일 수 있다'(God can be capricious)고 주장했습니다. 반면 후커의 제자들은 교회를 다스리는 법을 강조하고 하나님은 법을 만드실 뿐 아니라 그것을 지키시는 분이라고 하면서 '하나님은 법의 하나님'(God is God of law)이라고 주장했습니다. 여태껏 이 문제가 만족스러운 해결을 보지 못하고 있지만, 저는 후커 측의 견해가 더 타당하다고 봅니다. 헨리 조지(Henry George, 1839~1897)도 "자연계 배후에 존재하는 예지가 전능하시다 함은 그것이 자기모순에 빠져 스스로 자신의 법칙을 무효케 할 수 있다는 것을 의미하지 않는다"라고 기술한 바 있습니다.

셋째, 하나님은 내재적(內在的)이며 초월적인 분입니다. 사도 바울은 이 신비를 이렇게 표현하고 있습니다.

주도 한 분이시요 믿음도 하나요 세례도 하나요 하나님도 한 분이시니 곧 만유의 아버지시라 만유 위에 계시고 만유를 통일하시고 만유 가운데 계시도다(엡 4:5-6).

하나님을 알 수 있는 방법

그러면 우리는 이와 같은 속성을 가진 하나님을 어떻게 알 수 있을까요?

〈평지〉(平地)라는 유명한 공상소설에는 오직 2차원의 세계, 즉 길이와 넓이만 의식할 뿐 위와 아래의 차원을 이해할 수 없는 생명체들이 등장합니다. 그들은 상하 수직운동을 시켜도 그것을 느끼지 못하고 3차원 세계의 생명체가 그들의 세계로 들어온 경우에도 자신들이 살고 있는 평면과 교차하는 2차원적 단면만을 볼 수 있습니다. 그들은 항상 말하기를 "나에게 '위'(up)라는 것을 보여다오. 그러면 내가 믿겠노라"고 하지만, 사실은 맹인이 '실재'하는 존재를 지각할 수 없는 것과 마찬가지로 그들은 '위'라는 것이 존재함을 지각할 수 없습니다.

하나님을 알기 원하는 인간에게도 이와 유사한 문제가 대두됩니다. 하나님은 영적인 존재이시기 때문에 볼 수도 없고 만질 수도 없으며, 냄새를 맡을 수도 무게를 느낄 수도 없습니다. 만일 하나님이 그러한 형상으로 자신을 나타내셨더라면 인간의 척도로 헤아릴 수 있게 될 것이며, 그렇게 될 경우 그것은 단순히 자연계의 한 변형일 뿐 하나님으로 인정될 수 없을 것입니다. 인간이 하나님을 직접 알 수 있는 가능성 여부는 '신비적인 경험'에 속하는 문제로, 논란의 대상이 되는 주제입니다.

한편 하나님이 실로 전능하시다면 어떤 사람에게든지 각 사람의 의식에 적합한 방법으로 자신의 존재를 계시할 수 있습니다. 하나님께서 어느 사람에게도 똑같은 형태로 나타나시지는 않겠지만 사람들은 서로 비교해 보면서 "그렇소, 당신은 지금 하나님에 관해 이야기하고 있습니다. 나도 역시 그분을 만난 적이 있지요"라고 말할 수 있을 것입니다. 하나님을 만나기 위한 단 한 가지 조건이 있는데, 그것은 하나님을 애써 찾아야 할 뿐 아니라 일단 하나님의 뜻이 계시되면 그분의 뜻을 기꺼이 실행하고자 해야 한다는 것입니다. 하나님께 순종할 의사 없이 하나님을 추구하는 사람은 고의적인 반역을 하고 있는 것으로, 하나님에 대한 개념조차 이해할 수 없습니다. 그러므로 이러한 사람이 하나님을 직접 만나면 파괴적인 결과를 초래할 따름인데, 하나님은 이러한 사람들을 만나 주시지 않음으로 가능한 한 오랫동안 그들이 이런 재난을 면할 수 있도록 해주십니다.

출애굽기 첫머리에 기록된 애굽 왕의 경우처럼, 전 세계를 위한 특별한 목적을 이루려고 하실 때는 예외지만, 하나님을 알려고도 하지 않는 사람들에게 자신의 권능을 소모하실 리 만무할 것입니다. 인간에게 선택의 자유를 주신 하나님께서 어떠한 경우라도 그 자유를 빼앗는 일은 없을 것이니만큼 인간이 하나님께 불순종하는 길을 택하는 것도 그 자신의 자유에 속합니다. 그리고 자신이 원하기만 한다면 지옥으로 떨어질 자유까지 모든 사람에게 있는 것입니다.

이제 '내가 하나님께 순종할 마음의 준비가 되었을 경우에는 어디서 어떻게 그분을 만날 수 있을까?' 하는 문제가 남아 있습니다. 예수님은 "두세 사람이 내 이름으로 모인 곳에는 나도 그들 중에 있느니라"(마 18:20)라고 말씀하셨습니다. 예수 그리스도는 우리가 알고 있는 하나님의 유일한 직접 계시이므로 우리가 추구해야 할 대상은 예수님이며, 그분은 이 땅 위에 그의 몸 된 교회 가운데 현존하십니다. 따라서 우리가 추구해야 할 대상은 교회 안에 거하시는 예수님이지 그분의 몸에 불과한 한 기관으로서의 교회가 아닙니다. 이는 우리의 관심사가 어떤 사람의 몸에 있다기보다는 그 사람 자체에 있는 것과 마찬가지입니다. 그러므로 하나님을 만나기 위해 홀로 깊은 산중에 들어갈 것이 아니라 먼저 어떤 방법으로든지 교회에 속하여 예배에 참석하고, 다른 신자들과 사귐을 갖고, 성경공부를 비롯한 교회생활에 적극적으로 참여하면서 하나님께서 스스로를 우리에게 계시하시도록 해야 할 것입니다. 이렇게 해서 예수님을 만나고 나면, 이후 우리는 자신의 경험을 헤아려 보며 예수님과 더욱 깊은 사귐을 갖기 위해 얼마 동안은 '광야'에서 지내야 할 필요도 생길 것입니다.

하나님께서 우리에게 자신을 계시하는 방법은 각 사람에 따라 다를 것입니다. 하나님은 전능하시므로 각 사람이 지니는 이해력과 영적 통찰력의 정도에 맞추어 적절한 방법을 취하실 수 있습니다. 또 그분은 사랑이시기 때문에 헛된 호기심이나 의도적인 악의가 있는 사람에게는 자신을 숨기시지만 하나님을 사랑하려는 목적으로 추구하는 사람에게는 자신을 충분히 계시하실 것입니다.

끝으로, 20세기가 낳은 가장 위대한 인물 가운데 한 사람으로 칭송받는 알버트 슈바이처(Albert Schweitzer, 1875~1965)의 다음 말은 이 문제에 대해 깊은 성찰을 제공합니다.

사랑의 이념이 무한(無限)으로부터 우리에게 뻗치는 한 줄기 신령한 빛이라는 사실을 인식한 사람이면, 누구라도 종교가 초자연적인 것에 관한 완전한 지식을 제공해야 한다고 요구하지는 않게 되리라.

4
사랑

그가 우리를 위하여 목숨을 버리셨으니 우리가 이로써 사랑을 알고 우리도 형제들을 위하여 목숨을 버리는 것이 마땅하니라 누가 이 세상의 재물을 가지고 형제의 궁핍함을 보고도 도와줄 마음을 닫으면 하나님의 사랑이 어찌 그 속에 거하겠느냐 자녀들아 우리가 말과 혀로만 사랑하지 말고 행함과 진실함으로 하자(요일 3:16-18).

사랑이란 사랑하는 사람과 사랑받는 사람 사이의 관계를 의미합니다. 그것은 충성과 존경의 양상과 유사한 면이 있습니다. 그러나 친구나 상급자에 대해서는 '충성'이란 말을 사용하지만 하급자에 대한 태도를 표현하는 어휘로서는 이 말이 적합하지 않습니다. '존경'이란 말도 마찬가지입니다. 그런데 사랑이란 단어는 하급자에 대해서도 존경과 충성의 의향을 가진다는 점에서 특이합니다. 우리가 사랑이라고 일컫는 관계는 다음 네 가지로 나누어 볼 수 있습니다.

첫째, 성삼위(聖三位)이신 하나님의 사랑입니다. 하나님은 성부와 성자와 성령의 하나님이십니다. 이들 삼위(三位)는 모두 의지의 자유를 갖지만 그들이 지향하는 바는 하나입니다. 성삼위의 상호관계는 완전한 사랑의 표본이라고 할 수 있겠으나 우리는 그것에 관해 다만 사변할 수 있을 뿐입니다.

둘째, 인간에 대한 하나님의 사랑입니다.

하나님이 지나간 세대에는 모든 민족으로 자기들의 길들을 가게 방임하셨으나 그러나 자기를 증언하지 아니하신 것이 아니니 곧 여러분에게 하늘로부터 비를 내리시며 결실기를 주시는 선한 일을 하사 음식과 기쁨으로 여러분의 마음에 만족하게 하셨느니라(행 14:16-17).

비를 내리시고 결실기를 주시며 양식과 기쁨으로 우리 마음을 흡족하게 하시는 것은 인간에 대한 하나님의 사랑의 증거입니다. 뿐만 아니라 인간이 하나님을 거역했음에도 하나님은 인간을 사랑하셨습니다. 하나님은 인간을 자유로운 존재로 창조하시고 그 자신의 자유의지로써 반응하도록 만드셨는데, 인간은 하나님에 대한 반역의 길을 택했습니다. 그럼에도 하나님은 여전히 우리를 사랑하십니다. 사랑이란 강요될 수 없으며 기꺼이 드려지는 충성이며 존경입니다. 우리에 대한 하나님의 사랑은 우리가 이루어 놓은 어떤 업적에 근거하는 것이 아니며, 사들이거나 획득할 수 있는 성질의 것도 아닙니다. 그것은 값없이 주어지고, 값없이 받아들여져야 하는 것입니다. 인간의 자존심을 두고 가장 견디기 힘든 것 중의 하나는, 사랑받을 만한 가치가 없는 우리가 하나님의 사랑을 받아들이는 일입니다. 우리는 늘 하나님의 사랑을 받기 합당해지기 위해 무언가 업적을 이루려고 노력하지만 결코 그러한 방법으로는 하나님의 사랑을 받을 수 없습니다. 다만 하나님의 사랑을 받을 만한 자격이 없는 존재임을 깨닫고 겸손히 그분 앞에 엎드릴 때 하나님의 사랑을 받을 수 있습니다.

셋째, 타락한 인간과 그의 사랑입니다. 타락한 인간이 경험하는 사랑에도 네 가지 유형이 있습니다. 첫째로 진리와 미에 대한 사랑을 들 수 있습니다. 모든 사람은 진리와 미에 대해 갈망을 갖는데 사람에 따라 그 갈망의 정도가 다릅니다. 둘째로는 이성간의 사랑을 들 수 있습니다. 성애(性愛)는 매우 강력한 개인적 관계로, 만일 그것이 자기를 내어주는 데(self-giving) 기초한다면 아름답게 꽃필 수 있겠으나 반대로 자기본위적인(self-seeking) 욕구 충족에서 비롯한 것이라면 비극적인 결말을 초래할 것입니다. 셋째로 들 수 있는 것은 친족 간의 사랑입니다. 이것은 어떤 의미에서 이성 간의 사랑이 남긴 부산물로 볼 수 있습니다. 조국에 대한 사랑도 여기에 포함됩니다. 마지막으로 친구에 대한 사랑을 들 수 있습니다. 이것은 매우 강력한 충성의 형태입니다. 동료를 사랑하는 이러한 능력은 아이가 양친을 고루 의존할 수 있는 가정에서 습득됩니다. 부모 중 한 분만 계시는 가정에서는 이러한 능력이 순조롭게 자라기 어렵습니다. 그러므로 대부분의 청소년 범죄는 가정파탄과 거기에 뒤따르는 사회에 대한 충성심의 왜곡과 관련이 있는 것입니다.

넷째, 죄사함 받은 인간과 그의 사랑입니다. 그리스도의 속죄로 거듭난 사람은 심령에 새 열매를 맺기 시작합니다. 첫째로 그는 하나님의 진리를 지상의 그 어떤 것보다, 심지어 자기 생명보다 더 사랑할 수 있는 자신을 발견하게 됩니다. 예수님에 대한 충성심이 생활의 최고 지침이 되기 때문입니다. 둘째로 한 사람의 거듭난 그리스도인으로서 내적 변화를 겪고 나면 인간에 대한 그의 사랑이 새로운 차원으로 승화되는 것을 알 수 있습니다. 그는 인간으로서의 존엄성이나 소망을 완전히 상실한 사람에게도 하나님에 대한 사랑을 보여 줄 수 있게 됩니다. 그리고 이웃을 섬기는 것만이 하나님에 대한 사랑의 빚을 갚는 길이며, 이로써 가장 곤궁에 처한 사람에게 가장 큰 사랑의 빚을 지고 있다는 사실을 알게 됩니다. 셋째로 주위의 그리스도인 형제들에 대한 사랑의 중요성을 새롭게 인식할 수 있게 되어 그들이 한 몸에 속한 지체로서 자신의 혈육과 다를 바 없다는 사실을 깨닫게 됩니다. 그들은 '샴쌍둥이'(허리가 붙은 쌍두아雙頭兒)와도 같은 존재인 것입니다.

믿는 사람이 다 함께 있어 모든 물건을 서로 통용하고 또 재산과 소유를 팔아 각 사람의 필요를 따라 나눠 주며 날마다 마음을 같이하여 성전에 모이기를 힘쓰고 집에서 떡을 떼며 기쁨과 순전한 마음으로 음식을 먹고 하나님을 찬미하며 또 온 백성에게 칭송을 받으니 주께서 구원받는 사람을 날마다 더하게 하시니라(행 2:44-47).
믿는 무리가 한 마음과 한 뜻이 되어 모든 물건을 서로 통용하고 자기 재물을 조금이라도 자기 것이라 하는 이가 하나도 없더라 사도들이 큰 권능으로 주 예수의 부활을 증언하니 무리가 큰 은혜를 받아 그중에 가난한 사람이 없으니 이는 밭과 집 있는 자는 팔아 그 판 것의 값을 가져다가 사도들의 발 앞에 두매 그들이 각 사람의 필요를 따라 나누어 줌이라(행 4:32-35).

형제들아 하나님께서 마게도냐 교회들에게 주신 은혜를 우리가 너희에게 알리노니…… 우리 주 예수 그리스도의 은혜를 너희가 알거니와 부요하신 이로서 너희를 위하여 가난하게 되심은 그의 가난함으로 말미암아 너희를 부요하게 하려 하심이라…… 이는 다른 사람들은 평안하게 하고 너희는 곤고하게 하려는 것이 아니요 균등하게 하려 함이니 이제 너희의 넉넉한 것으로 그들의 부족한 것을 보충함은 후에 그들의 넉넉한 것으로 너희의 부족한 것을 보충하여 균등하게 하려 함이라(고후 8:1, 9, 13-14).

이 구절들은 구속받은 인간의 사랑이 실제 삶에서 얼마나 아름답게 확증되고 있는지를 보여 줍니다. 초대교회 성도들은 받은 은혜를 서로 나누며 서로 평균케 하는, 이른바 호혜(互惠)와 평등이라는 기독교의 이념을 충실하게 실행했던 것입니다.

사랑 안에 두려움이 없고 온전한 사랑이 두려움을 내쫓나니 두려움에는 형벌이 있음이라 두려워하는 자는 사랑 안에서 온전히 이루지 못하였느니라 우리가 사랑함은 그가 먼저 우리를 사랑하셨음이라 누구든지 하나님을 사랑하노라 하고 그 형제를 미워하면 이는 거짓말하는 자니 보는 바 그 형제를 사랑하지 아니하는 자는 보지 못하는 바 하나님을 사랑할 수 없느니라 우리가 이 계명을 주께 받았나니 하나님을 사랑하는 자는 또한 그 형제를 사랑할지니라(요일 4:18-21).

이것은 사랑에 관한 한 가장 강조되어야 할 구절입니다. 눈으로 볼 수 있는 형제를 사랑할 줄 모르는 사람이 눈으로 볼 수 없는 하나님을 사랑할 수는 없습니다.

마지막으로 다루고 싶은 것은 "사랑이 정의를 대치하는 것인가?" 하는 문제입니다. 구약성경에는 정의의 사상이 율법과 선지자들의 가르침에 일관되게 흐르고 있으며, 이것이 하나님과 인간에 대한 모든 율법의 기초를 이룹니다. 창세기로부터 시작해 구약의 내용들은 부와 빈곤, 압제자와 피압제자의 차별을 끊임없이 사악한 것으로 규탄하고 있습니다. 율법의 핵심인 십계명의 근본사상은 하나님의 권위에 입각한 인간과 인간 사이의 평등한 관계입니다. 선지자들이 배격했던 거짓 신(神)들이란 압제와 불의, 부패를 허용하는 율법을 의미하는 반면에 진리의 하나님은 정의의 율법을 선포하시는 분입니다. 레위기에는 생명과 자유 및 토지에 대한 하나님의 자녀들의 평등한 권리가 '희년'(禧年)의 방법으로—비단 형식상으로만이 아니라—실질적으로 보장되어 있습니다.

이러한 정의에 관한 구약의 근본사상은 신약에 와서 좀더 확대되는데, 이제 정의의 법은 타율적으로 준행되는 것이라기보다 자원하는 마음 가운데 온전히 성취될 수 있는 것으로 나타납니다. 구약에서는 하나님의 율법이 열왕들의 행적에 의해 강요되거나 폐지된 반면, 신약에서는 각 사람이 성령의 능력을 받아 자원하는 심령으로 율법을 지킬 수 있게 된 것입니다. 예수님은 사람들에게 용서하라고 하셨고 남을 판단해서는 안 된다고 명하셨습니다. 우리는 다른 사람이 왜 그렇게 행동하는지에 대해 늘 알고 있는 것은 아닙니다. 따라서 처벌보다는 인애와 용서가 그 사람을 올바른 길로 인도하는 데 더 효과적일 것입니다. 그러나 하나님의 심판을 통해 정의가 성취될 것이라는 사실에 대해 예수님은 조금도 의문의 여지를 남기지 않으셨고, 자기 백성을 착취하는 자들에 대한 하나님의 심판을 매우 엄중하게 선포하셨습니다(마 24장; 막 13장).

그렇기 때문에 압제자, 위선자, 사기꾼, 불의한 자 및 행악자는 가차 없이 처단될 것입니다.

> 네게 이르노니 한 푼이라도 남김이 없이 갚지 아니하고서는 결코 거기서 나오지 못하리라(눅 12:59).

정의는 반드시 성취되고야 말 것입니다. 예수님은 구약의 율법들을 "폐하러 온 것이 아니요 완전케 하려고" 오셨습니다. 신약에서는 정의를 이루는 방법을 다른 관점에서 다루고 있는데, 더욱 확대되었고 사랑의 방법으로 융합되어 있습니다. 사랑은 정의를 대치하는 것이 아니라 그것을 초월하는 것이기 때문입니다.

5
십자가

예수 그리스도는 로마 당국에 의해 나무 십자가에 못박히심으로써 처형되었습니다. 실로 십자가형은 인간의 머리로 고안해 낸 가장 고통스러운 형태의 사형법입니다. 죄수의 손목과 발목을 나무 형틀에 대못으로 박는데, 이에는 엄청난 고통이 따릅니다. 이어 형틀을 수직으로 세운 뒤 지면에 단단히 묻으면 손목과 발목에 체중이 실린 채 매달려 있게 됩니다. 조금이라도 움직이면 심한 고통이 옵니다. 가슴의 위치가 호흡하기에 적합하지 않아 숨을 들이쉴 때마다 온몸을 들어 올려야 하고 내쉴 때는 다시 온몸을 내려야만 합니다. 이렇듯 숨을 쉬기 위해서는 손목과 발목에 심한 고통을 주는 동작을 반복해야 하는 것입니다. 죄수의 건강 상태에 따라 하루나 이틀이 지나면 더 이상 몸을 들어 올릴 수 없어 마침내 숨이 막혀 죽게 됩니다.

그러므로 불과 여섯 시간이 경과한 뒤 예수님의 숨이 끊겼다는 사실은 심히 놀라운 일이었습니다. 그리하여 총독과 병정들이 창으로 그분의 옆구리를 찔러 본 것입니다. 피와 물(혈장, plasma)이 분리되어 흘러나왔는데, 이것은 숨을 거둔 뒤 이미 상당한 시간이 경과했음을 의미합니다.

우리는 이것이 "목숨을 내게서 빼앗는 자가 있는 것이 아니라 내가 스스로 버리노라"(요 10:18)라는 예수님의 말씀을 성취하신 것이라고 믿습니다. 또 "아버지여, 내 영혼을 아버지 손에 부탁하나이다"라고 말씀하실 때 예수님은 문자 그대로 자신의 영혼을 단념하심으로써 숨을 거두신 것입니다(눅 23:46; 요 19:30).

우리는 이 사건을 인류 역사의 전환점으로 보며, 인간의 죄를 위해 바쳐진 유일한, 그리고 온전하고도 충분한 희생으로 여깁니다. 십자가는 세상 죄를 위해 하나님의 어린양이 봉헌된 제단으로 간주되기도 하는데, 십자가의 형상이 이러한 사실을 그 아름답고도 간결한 모양으로 함께 상징해 줍니다. 십자가의 수평선은 죄로 말미암아 인간과 하나님 사이에 형성된 장벽을 말하는데, 이로 인해 인간에게는 하나님과 하나 될 수 있는 길이 막혀 버린 것입니다. 수직선은 하나님께서 인간에게 손을 내밀어 강림하시고 막힌 장벽을 깨뜨리사 길을 열어 주신 것을 말해 줍니다. 그 결과 이제 우리는 십자가를 통하여 하나님께 가까이 나아갈 수 있고 하나님의 친구가 될 수 있습니다(요일 1:1-5).

십자가의 형상은 아주 단순하기 때문에 그리스도인들이 상징으로 사용하기에 안성맞춤이지만, 로마제국 내에서 십자가 처형제도가 폐기되기 전까지 십자가를 상징으로 사용하는 것은 상상조차 할 수 없는 일이었습니다. 초기에 기독교를 상징하는 것은 물고기였는데, 이 물고기란 단어는 헬라어 머리글자로 만든 합성어입니다. '예수 그리스도, 하나님의 아들, 구세주'라는 헬라어의 첫 글자를 모으면 '익투스'(*IXΘYΣ*), 즉 물고기란 단어가 됩니다.

십자가를 상징으로 사용하는 과정에서 그리스도인들은 그것이 참으로 다양한 상징적 의미를 지닌다는 사실을 발견하게 되었습니다. 십자가는 우리에게 사랑이 수평적 차원 및 수직적 차원을 함께 가지고 있음을 상기시켜 줍니다. 인간은 먼저 하나님을 사랑하지 않고서는 진실로 타인을 사랑(자기희생을 토대로 한 아가페적인 사랑)할 수 없습니다. 또 하나님을 사랑한다고 하면서 그의 형제를 사랑하지 않는 사람은 거짓말쟁이입니다(요일 4:20).

이처럼 십자가의 수평적 차원이 인간 상호 간의 사랑 및 사회에 대한 우리의 관심인 데 반하여, 수직적 차원은 인간의 힘만으로는 수평적 차원의 사랑을 행할 수 없으며 우리는 하나님과 더불어 교통(交通)해야 하고 우리의 생활과 하는 일에 하나님의 간섭하심이 있어야 함을 말해 줍니다.

지역에 따라 그리스도인들은 십자가를 상징하여 성호를 긋기 시작했는데, 먼저 이마에서 가슴으로 선을 그은 다음 왼쪽 어깨에서 오른쪽 어깨로 선을 긋고 마지막으로 가슴 한복판에 손을 갖다 댑니다. 이것은 '나는 십자가에 못박히신 그리스도를 믿는다'는 사실을 상징하지만 흔히 성호를 그으며 '성부와 성자와 성신의 이름으로'라는 말을 외웁니다. 이 말은 하나님의 세 인격(성부·성자·성령)이 완전한 통일 가운데 교제하심을 상기시켜 줍니다. 이러한 성호는 '나는 나의 머리를 하나님께 바쳐 드리며, 나의 감정(왼쪽 어깨)을 하나님께 바쳐 드리며, 나의 힘(오른쪽 어깨)을 하나님께 바쳐 드린다'는 의미이기도 하며, '성부 하나님께서 나의 머리를 주관하시고, 성자 하나님께서 나의 마음을 주관하시고, 성령 하나님께서 나의 행위를 주관하소서'라는 의미로 해석할 수도 있습니다.

한편 우리는 십자가를 인간의 역사를 상징하는 것으로 보기도 합니다. 십자가의 수평선은 창세기로부터 현세의 종말에 이르는 역사의 흐름을 말해 주고, 수직선은 A.D. 27년이라는 특정한 시점에서 하나님께서 십자가 사건을 통해 인간의 역사에 개입하셨음을 표현해 줍니다. 서방 세계에서는 '십자가'를 의미하는 라틴어 '크룩스'(Crux)란 말이 어떤 사물의 본질이나 핵심 혹은 결정의 순간을 나타낼 때 흔히 쓰이며, '심판'을 의미하는 헬라어 '크리시스'($\kappa\rho\iota\sigma\iota\varsigma$)는 전환점, 결정적인 순간의 뜻으로 쓰입니다.

십자가를 대할 때 우리는 심판을 떠올립니다. 하나님은 우리 인간에게 사형이라는 심판을 선포하셨고, 그 심판에 대한 대가로 스스로 죄에 대한 형벌을 받으셨습니다. 이 두 심판이 그리스도의 십자가에서 동시에 이루어진 것입니다. 그러나 그리스도인들은 예수님께서 마지막 심판주요 왕으로서 재림하실 것을 믿으며 그분에 대해 말할 때 "십자가에서 다스리신다"고 이야기합니다. 십자가에 달리실 때 예수님은 가시관을 쓰셨습니다. 로마 병정들은 로마 황제들이 흔히 썼던 승리자의 화관을 흉내내어 조롱삼아 씌웠을지라도, 그리스도인들은 그분을 진정한 승리자이며 오실 왕으로 모셔 들입니다. 이런 까닭으로 어떤 교회에서는 희생자인 동시에 사제로서 혹은 왕으로서 예수님이 달린 십자가를 사용하고 있습니다. 그것은 다시 오실 왕의 궁극적인 승리를 상징합니다.

극동 지역에서 십자가는 숫자 '十'(십)을 나타내는데 이것은 십계명, 즉 하나님의 법을 의미하는 것으로 볼 수 있습니다. 만일 우리가 십자가의 권능으로 죄악에서 해방되었다면, 예수님과 더불어 십자가에서 우리의 이기심에 대해 죽었다면, 예수님이 죽으시고 묻히시고 부활하신 지 50일 안에 하늘로부터 제자들에게 강림한 성령을 받았다면, 우리는 왕 되신 예수님께 순종하고 그분의 계명을 지키며 윤리적인 생활을 영위하고 건강한 사회를 창조할 수 있는 권능을 갖게 되는 것입니다. 동방에 살고 있는 그리스도인들은 지금까지 서구인들이 십자가에서 보아 왔던 의미들에 덧붙여 십(十)이라는 숫자의 의미, 즉 의로운 사회질서의 기초가 되는 십계명의 의미를 덧붙이기도 합니다.

6
성령

 성령님이란 누구이십니까? 성령은 인간과 교통(交通)하시는 하나님이며 권능을 주시는 분입니다. 성령은 하나님의 뜻을 알게 하고 그것을 실행할 힘을 줍니다. 성령을 통해 우리는 하나님의 역사(役事)하심을 알게 되고 진리를 깨달을 수 있습니다. 때때로 우리는 우리 자신이 실패자라는 사실을 깨닫는데, 성령은 우리가 이러한 사실을 직시하고 회개하도록 합니다.

 그러면 성령을 받는다는 것은 무슨 뜻일까요? 이것은 두 가지 측면, 즉 외적인 면과 내적인 면으로 나누어 볼 수 있습니다.

 성경에서 성령이 어떤 사람 '위에'(upon) 임한다고 할 때나 성령 '안에서' 세례를 받는다고 할 때, 그것은 성령의 외적인 사역을 말씀합니다. 성령이 어떤 사람 '위에' 임할 때, 그 사람은 예언을 하고, 기적을 행하거나 악령을 내쫓을 능력을 갖게 됩니다. 고린도전서 12

장에는 성령이 사람들 '위에' 임할 때 혹은 사람들이 성령 '안에서 세례를 받을'(baptised in) 때 그리스도인들이 받을 수 있는 아홉 가지 '은사들'(gifts)을 열거하고 있습니다. 또 성경의 다른 곳에서도 성령으로 인해 외적으로 새로워지는 사건을 찾아볼 수 있습니다. 이러한 갱신(renewing)도 성령으로 '충만함을 받는다'라는 뜻인데, 이때 사용되는 헬라어 '플레토'($\pi\lambda\acute{\eta}\theta\omega$) 혹은 '핌플레미'($\pi\acute{\iota}\mu\pi\lambda\eta\mu\iota$)는 배터리를 전기로 충전한다고 할 때의 '충전'(charge)이라는 말과 유사한 뜻입니다. 지금까지 설명한 것은 성령의 외적인 역사에 관해서입니다.*

성령의 내적인 역사는 수액(樹液)이 나무 안에서 하는 것과 똑같은 역할을 그리스도인의 내부에서 행하는 것으로, 계속해서 영적인 생명을 유지하게 하고 열매를 맺게 합니다. 시편 1편은 하나님의 사람이 물가에 심은 나무와 같아서 시절을 좇아 과실을 맺으며 그 잎사귀가 시들지 않을 것이라고 말해 주고 있습니다. 갈라디아서 5장에는 성령의 아홉 가지 '열매'(이것은 아가페적 사랑이 여러 가지로 상이하게 나타난 결과로, 실상은 서로 밀접하게 연관되어 있다)가 나옵니다. 사랑과 희락과 화평과 오래 참음과 자비(다른 사람의 입장을 이해할 수 있는 능력)와 양선(기꺼이 자신의 재물을 나누고자 함), 그리고 충성과 온유(자신의 권리를 주장하지 않고 시종일관 다른 사람이나 하나님의 권리를 옹호할 수 있는 성품)와 절제가 그것입니다. 이것과 관련하여 헬라어에서는 '충만'(fill)이란 뜻을 나타내기 위해 '플레로오'($\pi\lambda\rho\acute{o}\omega$) 혹은 '플레레스'($\pi\lambda\acute{\eta}\rho\eta\varsigma$)를 사용했는데, 그것은 마치 나무가 생명을 유지하고 열매를 맺기 위해 수

---

* 잽 브래드포드 롱·더글러스 맥머리 지음, 홍석현 옮김, 《성령의 능력으로 사역하라》(1999, 홍성사)를 참고하라.

액을 충분히 가져야 한다고 할 때의 '충분함'(sufficiency)의 의미를 내포합니다.

사람들이 성령을 받을 때 성령의 내적·외적인 역사를 함께 받는 것이 정상이지만 때로는 (흔히 교회에서 성령론에 대한 상세한 가르침을 받지 못한 이유로) 성령의 세례, 즉 외적인 역사만 경험하거나 혹은 중생, 즉 성령의 내적인 역사만을 경험하기도 합니다. 사람이 거듭나기 위해서는 성령으로 다시 태어나야 하는데, 이것은 성령을 그의 마음속에 받아들이는 것을 의미합니다. 그러나 많은 그리스도인들이 우리 안에 거하시는 성령 안에서 계속 자라며 열매 맺는 신자가 되어야 한다는 것을 깨닫지 못합니다.

그와 반대로 어떤 그리스도인들은 성장하고 열매는 맺지만 권능도 받을 수 있다는 사실을 알지 못합니다. "오직 성령이 너희에게 임하시면 너희가 권능을 받고 예루살렘과 온 유대와 사마리아와 땅끝까지 이르러 내 증인이 되리라"(행 1:8)는 말씀은 증거자가 되기 위해 먼저 성령의 능력을 받아야 한다고 말하고 있습니다. 성인이 되어 물세례를 받을 때 성령 안에서의 세례와 새로운 생명을 함께 받는 것이 마땅하지만 때로는 이 두 경험이 분리되어 나타나기도 합니다. 사마리아인들의 경우(행 8:16)는 거듭나기는 했어도 아직 성령세례를 받지 못한 상태였습니다. 그리고 이방인으로서 최초로 개종한 고넬료 집안 사람들의 경우는 먼저 성령세례를 경험하고 나서 물세례를 받는 것이 허용되었습니다(행 10:44-48).

그러면 누가 성령을 받을 수 있을까요? 최후의 만찬석상에서 예수님은 제자들에게 이렇게 약속하셨습니다.

너희가 나를 사랑하면 나의 계명을 지키리라 내가 아버지께 구하겠으니 그가 또 다른 보혜사를 너희에게 주사 영원토록 너희와 함께 있게 하리니 그는 진리의 영이라 세상은 능히 그를 받지 못하나니 이는 그를 보지도 못하고 알지도 못함이라 그러나 너희는 그를 아나니 그는 너희와 함께 거하심이요 또 너희 속에 계시겠음이라 내가 너희를 고아와 같이 버려두지 아니하고 너희에게로 오리라 조금 있으면 세상은 다시 나를 보지 못할 것이로되 너희는 나를 보리니 이는 내가 살아 있고 너희도 살아 있겠음이라(요 14:15-19).

내가 아직 너희와 함께 있어서 이 말을 너희에게 하였거니와 보혜사 곧 아버지께서 내 이름으로 보내실 성령 그가 너희에게 모든 것을 가르치시고 내가 너희에게 말한 모든 것을 생각나게 하리라(요 14:25-26).

예수님은 구하는 자들에게 성령을 주신다고 말씀하셨습니다. 누가복음 11장 9-13절에서 예수님은 "구하라", "찾으라", "두드리라"고 말씀하시고 이어서 "너희 중에 아버지 된 자로서 좋은 것을 자식에게 줄 줄 알거든 하물며 너희 하늘 아버지께서 구하는 자에게 성령을 주시지 않겠느냐"라고 하셨습니다. 우리는 사도행전에 소개된 여러 사례들 가운데 어떤 사람들이 안수를 통해 성령을 받았다는 사실을 알 수 있습니다만, 이와는 달리 아무런 중개자 없이 성령을 받은 경우도 많았습니다. 요한일서 5장 14절에는 "그를 향하여 우리가 가진 바 담대함이 이것이니 그의 뜻대로 무엇을 구하면 들으심이라"라고 기록하고 있으며, 이 밖에도 하나님께서 우리가 성령 받기를 원하신다는 성경 구절이 많이 있습니다. 계속해서 15절에는 "우리가 무엇이든지 구하는 바를 들으시는 줄을 안즉 우리가 그에게 구한 그것을 얻은 줄을 또한 아느니라"라고 했습니다. 그러므로 만일 어떤 사람이 성령 받기를 원한다면 먼저 예수님을 구주로 영접하고 예수님을 주님으로 모시어 따르겠다고 약속해야 합니다. 그리고 나서 성령의 권능으로 거듭나고 새로운 생활을 영위하며 성령의 권능을 통해 주님을 증명하기 위해 성령을 청하게 됩니다. 우리는 요한일서 5장 14-16절 말씀에 따라 이 그리스도인이 구한 것이 이미 이루어졌음을 알 수 있습니다.

그런데 다음과 같은 성경 구절이 있습니다.

오직 믿음으로 구하고 조금도 의심하지 말라 의심하는 자는 마치 바람에 밀려 요동하는 바다 물결 같으니 이런 사람은 무엇이든지 주께 얻기를 생각하지 말라 두 마음을 품어 모든 일에 정함이 없는 자로다 (약 1:6-8).

의심에는 두 종류가 있습니다. 모든 것을 시험해 보는 건전한 회의(懷疑, 요일 1장; 롬 12:2; 고후 13:5; 갈 6:4; 살전 5:21-22)가 있고, 하나님께 순종할 것인지 아니할 것인지의 여부를 결정하지 못하는 우유부단한 마음, 즉 두 마음이 있습니다. 그러므로 우리가 하나님의 뜻을 행하기 위해 성령을 구했다면 이것은 하나님의 뜻에 합당한 일이고 하나님께서 이미 우리의 기도를 들으셨다는 것과 우리가 성령을 받게 된다는 사실을 확신할 수 있어야 합니다. 그다음에 우리가 할 일이 무엇이겠습니까? 우리는 하나님께 감사드리고 찬양하며 성령께서 열매 맺는 일과 권능으로 역사하실 것을 기대하면 되는 것입니다.

  마지막으로 성령의 기능이 무엇인지 살펴봅시다. 그리스도인들 안에 역사하시는 성령은 교회가 그리스도의 몸이 되고 교회 안에서 그리스도의 생명이 나타날 수 있도록 신자들을 그리스도와 연합하게 합니다. 성령은 그리스도가 역사하실 수 있도록 신자를 그리스도의 지체로 만듭니다. 또 성령은 모든 권능의 근원이 되십니다. 그러므로 성령께서는 우리에게 지혜와 지식과 예언할 수 있는 능력, 병을 치유하고 귀신을 쫓아내는 능력, 원수도 사랑할 수 있는 능력, 핍박 속에서도 기뻐할 수 있는 능력을 주십니다. 성령의 도우심 없이는 기독교가 요구하는 그 어떤 것도 충족시킬 수 없습니다. 실로 기독교 신자는 성령을 도외시하면 어리석은 실패자밖에 될 수 없고 사악한 결과를 낳을 수밖에 없는 것입니다.

7
하나님 나라

하나님 나라에 대한 뚜렷한 정의를 찾아보기는 힘들지만, 다니엘서에서 비로소 이 개념이 구체화되고 있음을 발견하게 됩니다. 이것은 B.C. 2세기경 이스라엘인들 사이에 널리 보급된 개념입니다. '하나님 나라'라는 표현은 이처럼 후대에야 나타나지만 개념 자체는 매우 오래된 것으로, 아브라함으로까지 거슬러 올라갑니다. 그리고 예수님이 활동하던 시대에는 하나님 나라에 관한 개념이 이미 상당히 알려져 있었습니다. 그러나 예수님은 그 개념은 인정하되 정의는 내리시지 않고 다만 비유를 들어 설명하셨습니다.

하나님 나라 사상의 전개

아브라함은 우르 사람으로 아주 부유한 노예주였습니다. 그런데 어느 날 가족과 고향을 떠나 미지의 땅으로 가라는 하나님의 부르심을 받게 됩니다. 이에 순종한 아브라함은 모든 소유를 처분하고 유목민이 되었지요. 하나님의 말씀을 믿고 약속의 땅을 찾아가는 아브라함의 행적이 하나님 나라에 관한 가장 초기의 사상이었습니다. 그는 자신이 자라온 문화와 결별하여 유목민이 되었을 뿐 아니라 그 문화가 보장해 주는 모든 안정마저 포기했습니다. 역사상 수많은 유목민이 있었지만 아브라함은 문명화된 도시인 우르를 떠나 유목민이 된 유일한 인물입니다.

아브라함의 자손들인 유목 부족들은 마침내 애굽에 정착해 양을 치며 살았습니다. 애굽은 유목생활을 그만두어도 좋을 만큼 아주 비옥한 땅이었지만 그들은 곧 애굽인의 노예가 되고 말았습니다. 유일신에 대한 아브라함의 믿음이 애굽인의 신앙과 충돌하게 되었음에도 그의 자손들은 결코 애굽 문명에 동화되지 않았으며, 약속된 그 땅을 찾는 데 흔들림이 없었습니다.

그러나 400년 후, 모세가 이스라엘 백성을 해방시키고 다시 광야의 유목생활로 이끌고 갈 무렵에는 장기간에 걸친 노예생활 탓으로 그들의 도덕성이 완전히 손상되어 버렸습니다. 노예란 주인의 보호를 받으며—비록 조금이라도 독립의 기미를 보이면 심하게 매를 맞아야 하지만—주인을 위해 열심히 일해 주는 동안만큼은 어떤 의미에서 안전하다고 볼 수 있겠지요. 점차 그들은 노예로 살아가는 데 익숙해져 안정만을 추구하는 노예근성에 안주하고 역경과 중노동을 피하려 들게 되었습니다.

모세는 약속의 땅 가나안으로 이스라엘 백성을 인도하려 애썼지만, 그들이 심히 겁 많고 나약하여 약속된 땅에 들어갈 자격이 없다는 사실을 깨달았습니다. 그로 인해 모세는 그들을 광야로 이끌고 가서 이전의 노예근성이 없어질 때까지 계속 유목생활을 하도록 했던 것입니다. 결국 애굽을 떠날 당시 20세를 넘은 자 가운데 약속의 땅에 들어간 사람은, 단 두 사람을 제외하고 아무도 없었습니다. 역경을 두려워하지 않고 고달픈 유목생활을 견딜 수 있을 만큼 강인한 사람들만이 약속의 땅에 들어갈 수 있었던 것입니다.

가나안 땅에 정착하게 된 이스라엘 백성들은 둘로 나뉘었습니다. 즉 이스라엘 고유의 문화를 강조하고 평등과 정의의 이상(理想)을 충실히 지켜 노예제도 및 고리대(高利貸)를 배척한 무리가 있던 반면, 가나안의 선진문명을 받아들이고 토지 투기와 고리대 및 노예 소유를 통해 부유해진 '친동화파'(親同和派)가 있었습니다.

성경이 평등과 정의라는 유목민적 이상과 친동화파적 이상의 투쟁에 관한 이야기라는 사실은 주목할 만합니다. 한 유목집단이 주변의 선진문명에 맞서 그처럼 완벽하게 자신의 이상을 지킬 수 있었던 예는 역사상 일찍이 없었습니다. B.C. 6세기경 바빌로니아인들에게 정복당한 뒤에도 히브리인들은 교회라는 테두리 안에서 한 민족으로서의 주체성을 지켰습니다. 교회는 '민족 안에 존재하는 민족'(a nation within a nation)이었으므로, 비록 그들이 정치적 독립을 상실할 때라도 교회라는 형식 가운데 민족의 주체성을 유지할 수 있었던 것입니다. 교회 안에서 그들은 민족의 회복을 위해 기도했습니다.

다니엘이 하나님 나라의 도래를 예언할 때 그것은 주로 정치적 독립과 정복을 의미합니다. 그의 예언은 하나님께서 '기름부으심을 받은 자'(즉 그리스도)를 지도자로 보내사 모든 적들을 물리치시고 이스라엘 백성을 위한 왕국을 세우시리라는 내용입니다. 예수님의 복음 사역이 끝난 뒤에조차 하나님 나라에 관한 제자들의 염원이 '이스라엘 나라의 회복'(행 1:6)이었다는 사실은 주목할 만합니다.

하나님 나라와 역사

역사적인 관점에서 볼 때 하나님 나라에 관한 개념은 다음과 같이 나눠 볼 수 있습니다.

첫째, 이스라엘 왕국에 대한 이스라엘인들의 민족주의적 이상입니다. 제2차 세계대전 이후 이스라엘의 독립으로 실현되었지만 이것을 하나님 나라의 실현이라고 주장할 사람은 아무도 없을 것입니다.

둘째, 교회의 영향력을 전 세계로 확대하여 다른 민족들로 이스라엘의 하나님을 인정하게 만드는 세계주의적 이상입니다. 모든 유럽이 하나님의 권능을 인정했던 시대에도 하나님 나라는 이루어지지 못했습니다. 오히려 교회가 부패의 온상이 되고 타락의 진원지가 되었을 뿐입니다. 이 땅 위에 하나님 나라를 세우고자 했던 중세시대의 노력이 실패로 돌아간 뒤, 서유럽의 어떤 사람들은 플라톤의 명목주의적(名目主義的)인 경향을 받아들여 물질이란 본질적으로 악하다고 간주하고 하나님 나라는 지상의 사물과 아무 관련이 없으며, 교회는 죽은 이후의 '영적인' 천국에만 관여한다고 주장하기 시작했습니다. 신학적 견지에서 이러한 주장의 오류를 밝히기 위해서는 요한복음의 한 구절을 인용하는 것만으로도 충분합니다.

말씀이 육신이 되어 우리 가운데 거하시매 우리가 그의 영광을 보니 아버지의 독생자의 영광이요 은혜와 진리가 충만하더라(요 1:14).

만일 물질이 악한 것이라면 하나님께서는 성육(成肉)하실 수 없었을 것입니다.

셋째, 하나님 나라에 관한 변증법적 해석입니다. 요한계시록에 묘사된 새 예루살렘은 하늘에서 지상으로 내려왔으며, 지상에서 성취된 좋은 것 가운데 버려지는 것이 하나도 없다는 것입니다. 천국은 영적인 것과 물질적인 것을 다 포함하며, 물질적인 것과 영적인 것은 하나로 통일되어 하나님 나라가 도래할 때 양자(兩者) 모두 구속받아야 한다는 것입니다.

교회와 하나님 나라

신약성경에서 우리는 '하나님 나라'가 다음 다섯 가지 의미로 사용되고 있음을 볼 수 있습니다. 첫째, 예수님을 주님으로 인정하는 곳이면 그 어디나 하나님 나라입니다. 따라서 한 개인의 마음속에도 하나님 나라는 존재할 수 있다는 것입니다. 둘째, 이와 동일한 의미에서 예수님을 주님으로 인정하는 어떠한 집단도 하나님 나라의 식민지가 됩니다. 셋째, 눈으로 볼 수 있는 교회 조직도 예수님을 주님으로 인정하므로 하나님 나라라고 할 수 있습니다. 따라서 역사의 어느 시점, 어느 나라에 존재하는 교회라도 현존하는 사회 안에서 '하나님의 식민지'(하나님의 통치가 이루어지는 곳)나 '대사관'(하나님께 보내심을 받은 대리인들로 구성된 집단 혹은 구역) 혹은 '지하 세포 조직'(지하 교회 네트워크)으로 간주할 수 있습니다. 세 가지 유형의 집단 중 어디에 속하게 되는지는 교회에 대한, 그 지역의 세속 사회에 대한 태도에 달려 있겠지요.

위에서 언급한 바와 같이 어떤 나라들은 스스로 그리스도를 왕으로, 그 나라를 하나님 나라로 자처했지만, 모든 경우 실제로는 엄청난 환멸을 낳는 경험으로 끝나고 말았습니다. 왜냐하면 그리스도를 단지 형식적으로 인정하는 것과 그리스도에 대한 진정한 복종 및 성령의 인도하심에 기꺼이 의탁하는 것은 판이하기 때문입니다.

물론 똑같은 문제로 인해 기존의 조직화된 교회도 고통을 겪고 있습니다. 입술로는 그리스도를 주님이라 하면서도 실제로는 하나님의 뜻이 아닌 자신의 이익만을 추구하는 사탄의 첩자 같은 무리들이 항상 존재하기 때문입니다. 이 때문에 많은 사람들이 교회에 환멸을 느끼지만, 그렇다고 해서 교회를 대신할 만한 어떤 대용물이 있는 것도 아닙니다. 예수님은 교회를 자신의 몸(마 26:26; 롬 12:1-5; 고전 10:16; 12:27)이요 포도나무와 가지(요 15장)라고 하셨습니다. 이런 이유로 어떤 사람들은 '보이는'(visible) 교회와 '볼 수 없는'(invisible) 교회를 구별하려고 하지만, '볼 수 없는 교회'는 볼 수 없다는 사실로 말미암아 식별해 내기도 불가능한 것입니다.

한편 교회가 살아 있는 몸 혹은 살아 있는 포도나무라면 그것은 어떤 사물이 아니라 하나의 '유기적인' 과정이라는 사실을 깨닫게 되고, 그럴 경우 우리는 모든 과정을 '정'(正, 테제), '반'(反, 안티테제), '합'(合, 진테제)으로 분석하는 헤겔의 변증법을 참고로 할 수 있습니다. '정'이란 지금 볼 수 있고 권세를 잡고 있는 것처럼 보이는 교회를 말하며, '반'이란 교회를 왕 되신 주님께 보다 더 진실하게 순종하는 방향으로 나아가게 만드는 부단한 시도라 할 수 있습니다. 이것은 통상 교회 내에서 활동하는 작은 세포 집단의 형태로 나타나며, 기도하고 연구하면서 흔히 부흥 또는 쇄신이라고 일컬어지는 현상을 실현하고자 노력합니다.

이러한 안티테제적 운동이 활발해지면 현저한 변화가 일어나 새로운 '합'의 단계, 즉 이전보다 더 건강하고 충성스러운 새로운 단계가 출현하게 됩니다. 그렇다고 이것이 최종적인 성과나 궁극적인 해결책은 아닙니다. 그 안에서는 성령의 인도를 받아 보다 앞으로 나아가야 할 필요성을 깨닫는 소수의 사람들이 존재하는데, 그들은 새로운 '정'(이것은 이전의 변증법적 과정에서의 '합'에 불과합니다) 안에서 다시 안티테제적 요인이 됩니다. 이러한 과정은 최종적인 하나님 나라가 도래할 때까지 반복될 것입니다.

성경에서 말하는 '하나님 나라'란 표현에는 이와 더불어 다른 두 가지 의미가 더 내포되어 있습니다. 그 하나는 '천년 왕국'으로서 예수님이 친히 정치적 권력을 취하시고 마귀나 사탄을 이렇다 할 이론(異論) 없이(계 20:2) 천년 동안 지상에서 통치하게 된다는 것입니다. 많은 사람들이 이 구절을 상징으로만 해석하지만, 내가 믿기로는 환경이 온전하다고 해서 인간의 본성이 바뀌는 것이 아니라는 사실을 증명해 주는 하나님의 한 방법으로 보입니다. 성경은 천년 왕국의 마지막 때가 이르면 엄청난 수의 사람들이—하나님을 포함한—어느 누구의 다스림도 받고 싶지 않다는 단 한 가지 이유 때문에 하나님의 통치에 반기를 들고 일어날 거라고 말해 줍니다. 하나님이 인간을 창조하셨는데 인간이 반기를 든다는 게 도무지 논리적으로 납득할 수 없는 일이지만 '타락한' 인간은 비논리적인 존재인 것입니다.

최종적인 하나님 나라는 시간과 공간이 폐기되고 하나님을 사랑하며 그분의 사랑에 의해 다스림 받기를 원하는 왕국입니다(계 21, 22장). 근본적인 의미에서 그리스도인이란 하나님 나라를 이루기 위해 싸우는 군병들이라 할 수 있습니다. 군병이 되기 위해서는 필히 한 조직체의 구성원이 되어야 하는데, 사실상 교회는 하나님 나라를 세우기 위한 '교두보'인 것입니다.

8
인류와 종말

 현존하는 사회질서를 지칭하는 '세상'에 대해 성경은 종말이 올 것이며 다른 사회질서로 대체될 것이 분명하다고 말씀합니다. 현재의 사회질서 이후에 도래할 몇 가지 사회질서를 성경은 다음과 같이 말해 줍니다. 먼저 '환난'의 시기(혹은 '적그리스도'의 시기라고도 함)에는 전 세계, 최소한 성경에서 주로 다루는 유라시아 대륙과 아프리카의 인접 국가들은 한 세계 지도자의 통치를 받는 세계 정부의 지도 아래 하나로 통합될 것입니다. 이 세계 정부는 여러 가지 재난으로 인해 불과 7년 만에 소멸될 것이 확실한데, 이 재난은 대부분 연속적으로 일어나는 천재지변으로—초자연적인 권능에 의해 지배되어—모든 사람이 명백하게 볼 수 있는 일련의 순서를 따라 차례로 진행될 것입니다.
 성경에 기술된 수많은 사건들이 어디까지가 상징이고 어디까지가 문자 그대로 사실인지에 대해 성경 연구가들 사이에 견해차가 있을 뿐만 아니라, 그것들이 실제로 어떤 사건들과 부합하는 것인지에 대해서도 적지 않은 논란이 있습니다. 저는 가능한 한 성경을 문자 그대로 해석하려 합니다.

　성경은 이러한 대혼란과 짧은 재앙의 시기가 지난 후 그리스도께서 통치하시는 천년 왕국이 도래할 것이라고 말씀하고 있습니다. 신약성경은 이것에 관해 두세 구절 정도로 간략하게 언급하고 있지만, 이것은 구약 예언의 대부분을 차지하는 중요한 주제입니다. 평화의 천년 왕국이 끝날 무렵 잠깐 동안의 반란이 일어나는데, 이 같은 반란의 소지가 말끔히 제거된 다음에 최후의 심판이 있습니다. 그리고 이때 그리스도께서 다시 소생한 모든 인류를 친히 심판하실 것입니다. 그러나 그리스도를 구주로 영접한 사람들은 이미 부활의 생명을 누리며 그리스도와 함께 천년 왕국을 다스리는 데 참여하여, 이 최후의 심판에 포함되지 않을 것이 분명합니다. 또 이와는 별도로 천년 왕국 직전에 성령의 권능에 힘입어 예수님을 위해 무엇을 했는지에 따라 보상이 주어질 것입니다(고전 3:10-15; 롬 14:10; 고후 5:10).

　최후 심판과 관련하여 항상 제기되는 질문이 있는데, 사는 동안 한 번도 복음을 들어본 적이 없어 하나님과 그리스도에 대해 찬성이든 반대이든 양단간에 선택의 기회가 없던 사람들은 과연 어떻게 될 것인가 하는 문제입니다. 성경은 그들이 아주 정당하게 다루어질 것이라고 가르치고 있습니다. 왜냐하면 하나님은 의로우시고 사랑이시기 때문입니다. 그러나 어떻게 다루어질지에 대해 구체적으로 보여 주는 구절은 성경에 한 구절 정도밖에 되지 않는 것 같습니다. 바로 베드로전서 4장 5-6절 말씀입니다.

그들이 산 자와 죽은 자를 심판하기로 예비하신 이에게 사실대로 고하리라 이를 위하여 죽은 자들에게도 복음이 전파되었으니 이는 육체로는 사람으로 심판을 받으나 영(靈)으로는 하나님을 따라 살게 하려 함이라.

저는 이 말씀이 단지 해석의 실마리를 제공하는 '단서'일 뿐이라고 생각합니다. 여러 해석 가운데 어떤 해석이 다른 해석보다 더 정확한 것이라고 뒷받침해 줄 만한 적절한 관련 구절이 충분치 않다는 사실도 고려해야 합니다. 그러나 제가 다시 한 번 강조하고 싶은 것은 사랑과 정의의 하나님이시기에 그분께서 올바르게 행하실 것이라는 사실입니다.

성경은 최후 심판 이후 새 하늘과 새 땅이 나타날 것이며 하나님으로부터 거룩한 도시가 마치 '신랑을 위해 단장한 신부'처럼 내려오리라고 말해 주고 있습니다. 성경에서 교회는 계속 그리스도의 신부로 비유되고 있으므로, 거룩한 도시는 다름 아닌 교회를 가리키는 것으로 해석할 수 있습니다.

그리고 이 점이 주목할 만한데, 하나님께서 친히 지상으로 강림하셔서 사람들 사이에 자신의 장막을 세우실 것입니다. 성경은 처음부터 끝까지 하나님의 궁극적인 목표가 인간과 더불어 사귐을 갖는 것이라고 말합니다. 인간의 죄악으로 이 땅이 오염되면서 하나님은 천상의 피난처에서 장막을 치고 살게 되셨습니다. 하나님께서 우주의 관리를 계속 담당하셨음에도 마치 신부가 신랑을 사랑하듯이 하나님을 사랑하여 정결하고 아름다우며 완성된 세상으로 하나님을 기꺼이 맞아들일 사람들을 몸소 되찾게 될 그날까지는 결코 만족할 수 없으셨습니다. 그날이 오면 하나님께서 그들과 함께 거하시고, 그 사람들은 하나님의 자녀가 되며, 하나님은 모든 눈물을 그 눈에서 씻기실 것이라고 말씀하십니다. 성경은 에덴동산에서 인간과 하나님이 긴밀한 사귐을 누리는 것으로 시작해 사귐이 회복되는 동산과 도시—도시는 인간의 창조적 노력을 말합니다—의 묘사로 끝을 맺습니다. 주지하는 바와 같이 하나님의 형상대로 창조된 인간은 창조적인 능력이 있습니다. 그러므로 하나님의 도시는 인간과 하나님의 협동적인 창조물로서 건설될 것입니다.

어떤 그리스도인들은 하나님께서 행동을 취하시도록 기다리는 것 외에 우리가 해야 할 일은 아무것도 없다고 생각합니다. A.D. 1000년 무렵 많은 그리스도인들이 하나님께서 이 세상에 종말을 가져오고 평화의 천년 왕국 혹은 영원한 하나님 나라를 세우시리라고 기대했습니다. 그와 같은 일이 전혀 일어나지 않자 그들은 하나님 나라란 사람들의 영혼이 죽은 후에 가게 되는 비물질적인 세계를 가리킨다고 단정하기에 이르렀습니다. 이런 생각은 '천당', '극락' 혹은 '신들의 처소'에 관한 이교적(異敎的) 개념과 아무런 차이가 없는 것입니다. 19세기에 이르러서야 비로소 이런 개념에 대한 진지한 재평가가 이루어졌고, 그 결과 많은 사람들이 역사의 어느 시점에서 도래할 종말과 차후 이 땅 위에 이루어질 하나님에 의한 창조 행위에 대해 다시금 문자 그대로 기대할 수 있게 되었던 것입니다.

따라서 우리가 명심해야 할 중요한 사실은 우리에게도 책임이 있다는 점입니다. 성경은 어떤 일이라도 아무런 원인 없이 '우연하게 발생하는' 법이 없다고 가르칩니다. 오히려 성경은 모든 인간이 그들의 행위에 책임을 져야 하며, 역사의 사건이 진행되는 과정은 하나님의 초자연적인 개입까지를 포함해 인간의 행위에 의해 결정된다는 사실을 명백히 밝혀 주고 있습니다. 심지어 선지자들이 하나님께서 어떤 행동을 취하실 것이라고 무조건적인 예언을 하는 듯이 보일 때에라도, 사람들이 겸손해져 순종의 길로 돌아오면 하나님께서는 분명히 자신의 뜻을 돌이키신다는 것을 볼 수 있습니다. 하나님께서 '자신의 뜻을 돌이키신다'라는 말은 물론 '신인동형(동성)론적'(神人同形[同性]論的)인 말이지만, 이 이야기는 인간의 행위와 태도가 역사적인 효과뿐만 아니라 시간을 초월하는 효과마저 가진다는 진리를 의미하는 것입니다. 성경의 위대한 메시지는 '네가 어떻게 행동하느냐에 따라 그 결과가 초래될 것'(If you do so-and-so, such-and-such will be resulted)이라는 것입니다. 따라서 자기 자신과 자신이 몸담고 있는 사회에 대한 개인적인 책임을 모면하려는 사람들은 성경 이외의 다른 곳에서 위안을 구해야 할 것입니다.

그리스도인들의 세계에 널리 알려진 격언 가운데 이런 말이 있습니다.

"그리스도께서 내일 오시는 것처럼 살아라. 그러나 일하기는 그리스도께서 장차 천년 동안 오시지 않을 것처럼 하여라."

바꿔 말하면 성령의 도우심을 힘입어 설령 예수님께서 내일 오신다 하더라도 당황하거나 준비되지 않은 상태에서 안절부절못하는 일이 없도록 살아야 하되, 우리의 사업과 계획에 관한 한 우리는 이웃과 우리가 살고 있는 사회에 대한 책임감을 지니고 장기적인 안목으로 계획을 세우고 일해 나가야 한다는 것입니다.

대천덕 신부와의 대담

○ 좀더 나은 인간 생활을 이루기 위한 신부님의 궁극적인 관심사는 무엇입니까? 다시 말해 인생의 궁극적인 목표가 무엇이라고 생각하십니까?

— 장로교 교리문답에 따르면, "하나님을 영화롭게 하고 그분을 영원토록 즐거워하는 것"이라고 되어 있습니다. 인간이 하나님을 즐거워하기 위해서는 인간의 성품이 지닌 여러 결함들이 변화되어야 하고, 하나님을 영화롭게 하기 위해서는 하나님의 피조물이 지녀야 할 아름다움이 회복되어야 합니다. 그러므로 하나님이 받으시기에 합당한 영광을 돌리기 위해 우리는 무질서한 상태로부터—그것이 질병이든, 전쟁이든, 빈민굴이든, 굶주림이든, 압제든 간에—질서를 회복시키는 일에 우리가 할 수 있는 모든 노력을 해야 합니다. 하나님께서 이런 목적을 위해 우리를 사용하시도록 일하면서 다른 사람들이 보다 더 아름다운 세계 안에 살 수 있도록 헌신할 때, 우리와 다른 사람들 모두가 더욱더 풍요로운 아름다움과 질서를 누릴 수 있게 되고, 궁극적으로는 하나님을 즐겁게 할 수 있을 것입니다. 결국 우리의 궁극적인 목표는 인간에 대해서는 기쁨이요, 하나님께는 영광이라고 요약할 수 있겠습니다. 이러한 목표를 성취하기 위해 예수 그리스도께서는

자신을 비우시고 종의 역할을 담당하사 십자가를 지셨습니다. 그리스도인들도 십자가와 고난을 통해서만 이웃에게 기쁨과 영광을 위한 진정한 자유를 누리게 할 수 있다는 사실을 깨닫고, 예수님처럼 자신을 비우며 인류의 종으로서 십자가를 져야 합니다.

○ 신부님은 그리스도인이 됨으로써 어떤 은혜를 받았다고 생각하십니까?
– 무엇보다 먼저 죄의 용서를 들어야겠습니다. 지금의 저는 지난날의 나처럼 악한 사람이 아닙니다. 당시 제가 얼마나 악했는지, 아직도 제 안에 뿌리 뽑아야 할 사악함이 얼마나 더 있는지 정녕 모르고 있을지라도, 제가 확실히 아는 것은 하나님께서 저에게 저의 죄를 보고, 인정하며, 고백할 수 있는 힘을 주실뿐더러 그 죄악을 극복할 수 있는 힘 또한 주신다는 사실입니다. 경험을 통하여 알건대 이것은 자연적인 능력이나 지성적인 계몽의 결과가 아닙니다. 계몽은 우리에게 바른길을 보여 줄 수 있지만, 만일 그와 더불어 변화시킬 수 있는 능력이 없다면 계몽의 결과로 절망에 빠질 수도 있을 것입니다. 잘못된 것을 개선할 수 있는 능력 외에, 그리스도는 성령을 통해 저에게 매일의 생활을 계획하는 지혜도 주셨으므로 저는 그날에 해야 할 일과를 알 수 있습니다.

또 성령께서는 육체적인 인내력도 주셨습니다. 그리하여 저는 시편 기자와 같이 노래할 수 있는 것입니다. "내 영혼아 여호와를 송축하라 내 속에 있는 것들아 다 그의 거룩한 이름을 송축하라 내 영혼아 여호와를 송축하며 그의 모든 은택을 잊지 말지어다 그가 네 모든 죄악을 사하시며 네 모든 병을 고치시며 네 생명을 파멸에서 속량하시고 인자와 긍휼로 관을 씌우시며 좋은 것으로 네 소원을 만족하게 하사 네 청춘을 독수리같이 새롭게 하시는도다"(시 103:1-5).
기도 응답 받은 목록을 간직하고는 있지만, 정녕 제가 하나님께 받은 은혜가 너무나 많아서 그 모든 내용을 다 기억해 내지는 못하겠군요.

○자기 자신을 그리스도인이라고 말할 수 있는 특징은 무엇일까요? 그리스도인의 본질적인 속성은 무엇이며 그리스도인을 비그리스도인과 구별 짓게 하는 필수 요건이 있다면 무엇이겠습니까?
-공개적으로 예수 그리스도에 대한 신앙을 고백하고 세례를 받은 사람은 누구나 그리스도인이라고 자처할 권리가 있습니다. 그리고 그리스도인으로서 마땅히 지녀야 할 본질적인 겸손을 그가 갖추고 있는지의 여부는 제3자만이 판단할 수 있는 법입니다. 누가 자신이 입고 있는 상의(上衣) 뒷자락에 묻은 먼지를 볼 수 있겠습니까? 고린도전서에서 사도 바울은 그리스도인을 구분하여 자연적 신자(혹은 육에 속한 신자)와 영적인 신자로 나누었습니다. 자연적 신자란 그리스도를 받아들이고 그리스도에 의해 용납되었으나 성령의 충만함을 받지 못한 사람들입니다. 따라서 이들은 그리스도인이 아닌 사람과 별다른 차이가 없으며 때로는 신자가 아닌 선량한 사람보다 못한 경우도 있습니다. 반면 영적인 신자는 스스로 자부하는 바에 따라 구별되는 것이 아니라 그의 생활 가운데 나타나는 성령의 '열매', 즉 사랑, 희락, 화평, 오래 참음, 자비, 양선, 충성, 온유, 절제(갈 5:22-23)에 의해 구별됩니다. 이러한 사람은 자신이 그리스도인임을 자처하고 나설 필요가 없습니다.

그의 생활 자체가 충분한 증거가 되기 때문입니다.

○ 신부님은 성령이 지혜의 영이라고 말씀하신 적이 있는데 지혜는 은사입니까, 아니면 열매입니까?
- 세속적인 지혜는 경험으로 얻어지는 열매이기에 우리는 백발의 노인들이 현명하리라고 기대합니다. 그러나 하나님은 어린아이에게라도 지혜를 주기 원하시면 최소한 그 입술에라도 지혜의 말씀을 주실 수 있습니다. 실제로 '지혜의 말씀의 은사'는 지혜의 은사와 차이점이 있습니다. 지혜의 말씀은 (예언의 말씀처럼) 교회생활 가운데 발생하는 어떤 위기에 대처하기 위해 성령의 권능으로 갑자기 생각이 떠오르거나 말이 나오게 되는 은사입니다. 그것은 특별한 위기를 극복하기 위한 순간적인 은사로서 꼭 반복되는 것은 아닙니다. 어떤 경우에는 지혜의 말씀이 다른 사람을 통해 주어질 수도 있습니다. 그러나 교회를 운영하거나 그 밖의 다른 사역을 위해서는 지혜와 성령이 충만한 사람들, 즉 지속적으로 지혜와 성령의 열매가 충만한 사람들이 필요합니다. 사도행전 6장 3절은 이와 같은 상황을 잘 말해 줍니다. 여기 언급된 일곱 '집사'들은 성령의 열매인 사랑과 양선뿐만 아니라 지혜를 갖춘 사람들이었으며 그들 중 더러는 초자연적인 기적을 행할 능력도 있었습니다.

○ 지혜의 은사를 구하면 누구나 받을 수 있습니까?
- 그렇다고 할 수도, 그렇지 않다고 할 수도 있습니다. 하나님은 모든 사람이 지혜를 갖기를 원하시지만 거기에는 한 가지 조건이 있습니

다. 요한복음 7장 17절에는 "사람이 하나님의 뜻을 행하려 하면 이 교훈이 하나님께로부터 왔는지 내가 스스로 말함인지 알리라"고 했으며, 야고보서 1장 5-8절에는 "너희 중에 누구든지 지혜가 부족하거든 모든 사람에게 후히 주시고 꾸짖지 아니하시는 하나님께 구하라 그리하면 주시리라 오직 믿음으로 구하고 조금도 의심하지 말라 의심하는 자는 마치 바람에 밀려 요동하는 바다 물결 같으니 이런 사람은 무엇이든지 주께 얻기를 생각하지 말라 두 마음을 품어 모든 일에 정함이 없는 자로다"라고 기록되어 있습니다. 우리는 오직 한 마음으로, 다시 말해 하나님께 기꺼이 순종하며 성령의 지혜를 자신의 영광이나 유익을 위해서가 아니라 하나님만을 위해 사용하려는 마음으로 구해야 합니다.

요한복음 16장 13절에서 예수님은 성령이 너희들을 모든 진리 가운데로 인도하실 것이라고 말씀하시되, '너희'라는 복수형을 사용하셨습니다. 우리는 서로 의논해야 하며 성령의 교제를 나누고 협력하여 성령의 인도하심을 받아야 하는 것입니다. 물론 그날그날의 간단한 문제들의 경우에는 다른 사람들과 상의할 필요 없이 성령의 인도하심을 받을 수 있긴 하지만 우리는 결코 개인주의적이어서는 안 됩니다. 그러나 우리는 인도함을 받을 때 매우 조심해야 하고, 그것이 참으로 성령의 인도하심인지 '나의 생각'인지 자문해 보아야 합니다.

○ 성경 읽기와 성령은 어떤 상관관계가 있습니까?
- 아주 중요한 질문입니다. 시편 1편 2절의 말씀에서 하나님의 사람은 '밤낮으로 하나님의 율법을 묵상하는' 사람으로 그려져 있습니다.

그러고 나서 그는 강가에 심은 나무와 같이 열매를 맺는다고 말합니다. 나무는 물 속이 아니라 비옥한 땅에 심어야 하는데 이 땅이 바로 성경인 것입니다. 하나님의 율법을 묵상한다는 말은 성경을 읽고 그것에 관해 깊이 생각하는 것을 의미합니다. 마치 나무를 비옥한 땅에 심었으나 물이 없으면 땅 속의 영양분이 흡수되지 않는 것처럼, 우리에게는 물의 역할을 해서 성경 속의 영양분을 용해시킴으로 소화할 수 있도록 만들어 주는 성령이 필요합니다. 성령을 달라고 구한 다음 곧 우리가 시작해야 할 것은 성경을 읽고, 성령께서 가장 쉽게 소화할 수 있는 영양분이 담긴 성경 구절로 우리를 인도하시며, 그 말씀들을 이해하고 적용할 수 있도록 도움을 청하는 것입니다. 얼마 가지 않아 우리는 하나님의 사랑과 계획 및 하나님의 방법에 대해 흥미 있는 발견을 하게 될 뿐 아니라 주위의 동료 그리스도인들과 함께 나눌 수 있는 많은 것들을 갖게 될 것입니다.

만일 우리를 인도하심이 동료 그리스도인들과 충돌을 빚을 경우 그것은 재검토해 보아야 합니다. 우리가 인도하심을 받은 것이 성경과 일치하는지 여부를 살펴보는 것은 한층 더 중요한 일일 것입니다. 성령께서 우리에게 하나님의 말씀을 전하고자 성경 저자들을 친히 도우셨으므로, 성령의 인도하심이 성경에 기록된 하나님의 말씀과 모순되는 경우는 결코 없을 것입니다. 성령과 성경은 그리스도인의 두 동반자입니다. 여기에 우리는 교회를 빼놓을 수 없습니다. 성령은 우리에게 성경을 주셨고, 성령은 교회를 통하여 역사하시며, 또 성령은 우리 각자 안에 개별적으로 거하기를 원하십니다. 이 세 가지가 일치할 때 그리스도인이 정로(正路)를 벗어나지 않고 있는 것입니다.

○ 믿음이란 무엇입니까?

- 순수한 한글인 '믿음'이란 말을 중국어로 분석해 보면 신앙, 의지(혹은 의뢰) 및 충성이라는 세 의미를 담고 있습니다. 한국어와 마찬가지로 헬라어나 히브리어 또는 영어에서는 이 세 가지 개념을 모두 한 단어로 표현하고 있습니다. 그러나 중국어는 대단히 포괄적인 언어이기 때문에 한 단어 안에 이와 같이 상이한 의미를 내포합니다. 야고보가 왜 '행함이 없는 믿음은 죽은 것'이라고 했을까요? 그 이유는 그것이 충성이 없는 '신앙뿐'이기 때문입니다. 바울은 왜 '사랑으로 역사하는 믿음'을 주장했습니까? 그 까닭은 사랑이란 하나님을 전적으로 의지하려는 태도를 나타내는 것이며, 그것은 또한 윤리적인 행동으로 표현되는 충성을 낳기 때문입니다.

○ 그런데 마르틴 루터는 야고보서를 가리켜 '지푸라기에 불과한 서신'이라고 부르고, 구원은 오직 믿음으로 얻는다는 바울의 가르침을 따라야 한다고 주장하지 않았습니까?

- 저는 루터의 신학을 세밀하게 연구하지는 않았지만, 바울이 야고보와 전적으로 견해를 같이한다고 알고 있습니다. 예를 들면 믿음에 관해 가장 강조한 바울은 다음과 같이 갈라디아서의 논의를 요약하고 있습니다.

"그리스도 예수 안에서는 할례(즉, 율법의 역사)나 무할례나 효력이 없으되 사랑으로써 역사하는 믿음뿐이니라"(갈 5:6).

그렇습니다. 바울이 '믿음만으로'라고 말한 것은 사실이지만 그 말에 뒤이어 곧 '믿음'에 관한 정의를 내리고 있는 것입니다. 믿음이란 사랑을 통해 표현되는 것이며, 사랑이란 선한 일과 윤리적 행위를 낳는다는 사실을 바울은 분명히 밝히고 있습니다. 갈라디아서 5장의 나머지 내용은 육신의 일과 성령의 열매를 비교하고 있는데, 여기서 강조되는 것은 육신의 일이 이기주의의 문제라는 점입니다. 그리고 바울은 이렇게 사는 사람들은 하나님 나라를 유업으로 받지 못하리라고 주장합니다(21절). 그다음에 성령의 열매가 열거되는데 그것은 사랑과, 또 사랑에서 비롯되는 생활 및 행동상의 여러 속성들을 가리킵니다.

이것은 성경 전체를 통해 흐르는 일관된 주제입니다. 사도 요한 역시 사랑한다고 주장하면서 자신의 행실, 즉 윤리적 실천으로 그 사랑을 보여 주지 않는 사람은 거짓말쟁이에 불과하다고 지적함으로써 이 사실을 말해 주고 있습니다.

○ 그리스도인이 된다는 것은 공동체적 의무와는 상관없이 자신의 영혼과 그 구원에만 관심을 갖는 개인적인 사건에 불과한 것인가요?

— 하나님께서 우리를 다루시는 관계에는 개인적인 요소가 있으며, 각 개인은 자신의 행위에 책임을 져야 합니다. 개인은 자신의 책임을 면할 수 없을 뿐만 아니라 이웃에 대한 책임도 면할 수 없습니다. 피할 수 없는 하나님의 명령은 "네 이웃을 네 몸같이 사랑하라"는 것입니다. 이것은 모든 사람에게 적용되는 명령입니다. 한편 그리스도를 구주로 영접하고 구원받았다고 말하는 사람에게는 또 한 가지 명령이 주어집니다. 즉, 그리스도와 같은 마음을 품고, 자신을 비우며, 날마다 자기 십자가를 지라는 것입니다. 이것은 자신만의 개인적 구

원을 추구하지 말고 자발적으로 형제의 책임을 감당하는 것을 의미합니다. 모세는 자기 백성을 도외시한 구원을 거절했던 대표적인 인물이며(출 32:32), 사도 바울도 "나의 형제 곧 골육의 친척을 위하여 내 자신이 저주를 받아 그리스도에게서 끊어질지라도 원하는 바로다"(롬 9:3)라고 말했습니다. 복음서에서는 구원을 일반적으로 하나님 나라에 들어가는 것으로 생각하고 있는데, 서신서에서는 그리스도의 몸에 들어가는 것으로 해석합니다. 이 두 가지 개념은 모두 공동체적 성격을 띱니다. 개인주의적 기독교는 성경 내용을 대부분 무의미하게 합니다.

○ 내재적(內在的)인 심령의 왕국, 즉 그리스도의 주(主) 되심을 인격적으로 받아들인다는 것은 구체적으로 무엇을 의미합니까?

− 예수님 생존 당시 유대인들은 크게 실망했습니다. 왜냐하면 자기들이 '메시아'(즉, 그리스도)에게 기대했던 것과 달리 예수님이 정치적 왕국을 조직하는 것을 거부했기 때문입니다. 승천하시던 바로 그 순간에도 그의 가장 가까운 제자들은 다시 한 번 이 문제에 대해 질문했습니다. 하지만 예수님은 "이것은 너희들이 상관할 바가 아니며 너희들은 다만 온 세상에 두루 다니며 나의 증인이 되리라"고 말씀하셨습니다. 그리고 마침내 그들은 심령의 왕국이 먼저 실현되어야 한다는 것을 깨달았습니다. 예수님의 가르침은 하나님의 율법을 외면적으로 순종하는 것보다 내면적으로 순종해야 할 것을 강조했습니다. 구약의 선지자들이 경고했던 것과 마찬가지로 예수님도 덧없이 사라져 버릴 권력에 대항하느라고 시간과 정력을 낭비하지 말고 로

마제국 내부에 새로운 심령의 왕국을 세워야 한다고 밝힌 것입니다. 얼마 지나지 않아 성령의 '교통'(交通), 즉 '코이노니아'(κοινονία) 가운데 서로 단합된 신자들이 사랑과 정의로 충만한 생활을 함에 따라 그리스도의 다스림은 점점 더 현실화되었음이 입증되었습니다. 이와 함께 하나님의 심판이 이 세상에 임하여 민족들이 저지른 사악함과 무자비함 및 불의에 대한 열매를 거둬야 할 때, 성도들의 생활 가운데 구현된 영광스러운 하나님 나라가 실패로 돌아간 세속의 왕국을 대신하게 되리라는 사실 또한 분명해졌습니다. 이렇듯 하나님 나라는 결코 이 세상으로부터의 도피가 아니라 오히려 세상 안에서 승리를 거두는 왕국인 것입니다.

○ 종교란 억압받는 백성이 정의와 자유를 위한 의로운 투쟁에 나서지 못하도록 방해하는 일종의 아편이라고 주장하는 견해에 대해 어떻게 생각하십니까?

− 그렇게 되기 쉬운 일입니다. 그런데 이러한 비난을 교회에 대해 맨 먼저 던진 사람은 다름 아닌 성공회 신부였습니다. 그는 역사상 항상 그랬듯이 백성을 억압하는 자들이 교회를 다스리는 사실을 보고 격분했습니다. 그러나 참으로 놀라운 것은 근 39세기 동안에 걸쳐 자신들을 부패시키려는 온갖 유혹을 물리치면서 믿음으로 '의(義)를 이루고, 왕국들을 정복해 나간' 수많은 인물들이 유대교와 기독교의 품안에서 끊임없이 배출되었다는 사실입니다(히 1:18−38).

○ 헨리 조지는 하나님 나라를 이 땅에서 실현되어야 할, 정의와 평등

의 그리스도의 왕국으로 보지 않았습니까?

-그리스도는 하나님께서 구약에서 선포하신 정의의 요구를 철회하지 않으셨으며, 오히려 그것이 '실현'되어야 한다고 밝히셨습니다. 다시 말해 단순히 율법주의적이거나 외면적인 체제로서 의무화되기보다는 정의와 평등의 충분한 내면적 의미가 우리가 살고 있는 시대에 합당하도록 구체화되어야 한다는 것입니다.

미국의 위대한 경제학자로서, 그의 가르침이 모세 및 구약 선지자들의 가르침과 너무나 유사해 흔히 '샌프란시스코의 선지자'로 불린 헨리 조지는 "만일 그리스도께서 단순히 피안(彼岸)의 세계에 관해서만 설교하셨다면 대제사장과 바리새인들이 그리스도를 박해하지 않았을 것이며, 로마 병정들도 그분의 두 손을 십자가에 못박지 않았을 것"이라고 썼습니다. 그에 의하면 초대교회가 로마 제국의 핍박을 받게 된 주된 이유는 그들이 "노동자를 착취하면서도 그 노동의 결과를 향유함으로써 한 특정계급이 호사스런 생활을 누릴 수 있도록 허용하는 엄청난 불의를 공격했기" 때문이었습니다. 헨리 조지는 또 "우리는 흔히 이렇게 생각하는 데 익숙해 있다. 즉, '하나님 나라는 사실상 마귀의 세상에 불과한 현세와는 무관한 것이며, 하나님 나라는 선한 사람들이 죽었을 때 하나님께서 그들을 데려가시는 그 어떤 피안의 영역에 속하는 것이다.' 그러나 이러한 견해는 가난한 사람들을 착취하는 자들이 마음대로 극악무도한 불의를 자행할 수 있는 여지를 남겨 두는 것으로, 성경에 충실한 견해라고 볼 수 없다"고 지적했습니다. 우리의 책임이라는 관점에서 볼 때 하나님 나라는 이 땅에서 실현되어야 할 정의와 해방의 나라이며, 모든 그리스도인은 자신이 속한 사회 안에서 사회·경제 및 정치적 활동을 통하여 '지금 그리고 여기에서' 그 실현을 위해 싸우지 않으면 안 됩니다. 다만 그것은 서로 다른 여러 상황에서 무엇이 가장 적절한 행동인지 우리에게 보여 주실 수 있는 성령의 인도하심 아래에서 가능합니다 (요 16:13).

○ 과학적 방법을 고수하기로 한 사람이 기독교를 진리로 받아들일 수 있다고 보십니까?

- 저의 가장 강한 믿음 가운데 하나는 과학과 양립할 수 없는 신앙은 미신에 불과한 것이고 기독교 신앙과 양립할 수 없는 과학은 비과학이라는 것입니다. 왜냐하면 자연계를 창조하신 하나님은 오직 한 분이고 자연과학의 어떠한 연구도 하나님의 법칙을 연구하는 범주를 벗어나지 못하기 때문입니다. 그렇다고 해서 자연계가 유일한 세계라거나 과학 이외에는 지식의 원천이 없다는 이야기는 아닙니다. 이렇게 말한다면 과학을 독단(dogma)으로 몰아넣는 것이 되고 맙니다. 과학을 종교로 만들려고 노력하는 과학자들이 있는데, 이것은 어리석은 시도이며 원시적인 자연숭배나 우상숭배의 조금 더 세련된 변형일 뿐입니다. 성경은 탐욕이 우상숭배이며 살아 계신 하나님을 성문법전(成文法典)—성경까지 포함해서—으로 대치하는 것도 치명적인 우상숭배의 한 형태라는 사실을 분명하게 밝혀 주고 있습니다.

2부 다스리시는 하나님

Reuben Archer Torrey III

1
과학에 대하여

우리가 '종교'라는 용어를 사용할 때, 이것은 흔히 기독교를 의미합니다. 기독교 신학에서는 두 종류의 계시를 인정하는데, 하나는 특별계시(special revelation)라고 하고 다른 하나는 일반계시(general revelation)라고 합니다. 전자가 인간의 구속과 관련된다면, 후자는 구속과 죄의 문제를 제외한 모든 영역의 법칙을 다룹니다. 그러므로 과학도 일반계시에 속하는 분야라 할 수 있습니다.

이런 구별 속에서 과학자들을 다음 세 종류로 분류할 수 있습니다.

(1) 특별계시를 이해하고 받아들이는 과학자
(2) 특별계시를 부정하지만 자연계의 진리(일반계시)를 탐구하려는 불가지론자(不可知論者)
(3) 특별계시를 부정하는 이론을 의도적으로 조작하려는 반종교적 과학자

우리가 명심해야 할 것은, 오직 한 분이신 하나님이 존재하신다면 특별계시의 여러 사실들이 일반계시의 여러 사실들과 모순될 수 없으며, 신학상의 모든 발견과 과학상의 모든 발견도 서로 대립될 수 없다는 점입니다. 모든 것은 사실에 의해 검증되어야 할 것입니다. 만일 사실에 관한 이 두 가지 이론이 서로 모순될 경우에는 신학적 해석이나 과학적 해석 가운데 어느 한쪽 또는 양쪽을 모두 사실과 부합하도록 수정해 나가야 할 것입니다.

과학이란 용어를 사용할 때 우리는 다음과 같은 두 가지 측면을 조심스럽게 구별해야 합니다.

(1) 자연계에서 관측된 규칙성이라고 정의할 수 있는 '검증된 법칙', 즉 새롭게 진술하거나 보충할 수는 있지만 폐기할 수는 없는 '기술적(記述的, descriptive) 법칙'
(2) 증명되지는 않았으나 오직 실험을 목적으로 사용될 수 있는 가설(假說, hypothesis)

그렇다면 현대 과학은 어떤 방식으로 진행되고 있으며, 소위 과학적 방법이란 무엇을 의미하는 걸까요? 과학적 방법은 아래와 같은 여섯 단계의 과정을 밟습니다.

(1) 사실 관찰
(2) 관찰된 사실을 기초로 한 가설 설정
(3) 가설 검증

(4) 새로운 사실의 관찰

(5) 가설 수정(혹은 다른 새로운 가설 설정)

(6) 법칙 확정

(법칙이 확정될 때까지 1~5의 과정을 반복함.)

이러한 과정은 일반계시에 적용되는 과학적 방법의 핵심을 이룹니다. 그렇다면 이러한 과학적 방법과, 성경 혹은 특별계시는 서로 어떻게 비교할 수 있을까요?

오직 **모든 것을 시험하여**(test them all) 선한 것을 굳게 잡고(살전 5:21 참고).

만일 어떤 선지자가 내가 전하라고 명령하지 아니한 말을 제 마음대로 내 이름으로 전하든지 다른 신들의 이름으로 말하면 그 선지자는 죽임을 당하리라 하셨느니라 네가 마음속으로 이르기를 그 말이 여호와께서 이르신 말씀인지 우리가 어떻게 알리요 하리라 만일 선지자가 있어 여호와의 이름으로 말한 일에 증험도 없고 성취함도 없으면 이는 여호와께서 말씀하신 것이 아니요 그 선지자가 제 마음대로 한 말이니 너는 그를 두려워하지 말지니라(신 18:20-22).

유대교의 창시자인 모세는 예언이 참인지 거짓인지를 분별하려면 그것의 성취 여부를 시험해 보라고 제안하였습니다. 만일 선포된 예언의 말씀이 사실에 의한 증거로 확인되지 않는다면 그 예언자는 방자히 말한 것입니다. 여기서 강조할 점은 과학적 방법이 성경에 기초하고 있다는 것입니다.

만군의 여호와가 이르노라 너희의 온전한 십일조를 창고에 들여 나의 집에 양식이 있게 하고 그것으로 **나를 시험하여**(prove me) 내가 하늘 문을 열고 너희에게 복을 쌓을 곳이 없도록 붓지 아니하나 보라(말 3:10).

또 이튿날 요한이 자기 제자 중 두 사람과 함께 섰다가 예수께서 거니심을 보고 말하되 보라 하나님의 어린 양이로다 두 제자가 그의 말을 듣고 예수를 따르거늘 예수께서 돌이켜 그 따르는 것을 보시고 물어 이르시되 무엇을 구하느냐 이르되 랍비여 어디 계시오니이까 하니 (랍비는 번역하면 선생이라) 예수께서 이르시되 **와서 보라**(come and you shall see) 그러므로 그들이 가서 계신 데를 보고 그날 함께 거하니 때가 열 시쯤 되었더라 요한의 말을 듣고 예수를 따르는 두 사람 중의 하나는 시몬 베드로의 형제 안드레라 그가 먼저 자기의 형제 시몬을 찾아 말하되 우리가 메시아를 만났다 하고 (메시아는 번역하면 그리스도라) 데리고 예수께로 오니 예수께서 보시고 이르시되 네가 요한의 아들 시몬이니 장차 게바라 하리라 하시니라 (게바는 번역하면 베드로라) 이튿날 예수께서 갈릴리로 나가려 하시다가 빌립을 만나 이르시되 나를 따르라 하시니 빌립은 안드레와 베드로와 한 동네 벳새다 사람이라 빌립이 나다나엘을 찾아 이르되 모세가 율법에 기록하였고 여러 선지자가 기록한 그이를 우리가 만났으니 요셉의 아들 나사렛 예수니라 나다나엘이 이르되 나사렛에서 무슨 선한 것이 날 수 있느냐 빌립이 이르되 **와서 보라** 하니라(요 1:35-46).

기독교의 메시지는 본질적으로 "나를 시험하여 보라"(prove me) 혹은 "와서 보라"(come and see)는 말로 요약할 수 있습니다. 장황한 논쟁이 필요없는 것입니다. 빌립은 하나의 사실을 발견하고, 나다나엘에게 단순히 와서 그 사실을 "보라"고 말했을 뿐입니다. 과학이나 기독교의 태도가 모두, 실제적인 사실을 '와서 보는' 것인 만큼 양자 사이에 모순이 있을 수 없습니다. 실로 객관적인 증거와 역사적인 접근 방법에 대한 강조야말로 성경을 꿰뚫는 원칙임을 명심할 필요가 있습니다.

태초부터 있는 생명의 말씀에 관하여는 우리가 **들은 바요 눈으로 본 바요 자세히 보고 우리의 손으로 만진 바라** 이 생명이 **나타내신 바** 된지라 이 영원한 생명을 우리가 **보았고** 증언하여 너희에게 전하노니 이는 아버지와 함께 계시다가 우리에게 나타내신 바 된 이시니라 우리가 보고 들은 바를 너희에게도 전함은 너희로 우리와 **사귐이 있게** 하려 함이니 우리의 사귐은 아버지와 그의 아들 예수 그리스도와 더불어 누림이라(요일 1:1-3).

여기서 우리는 객관적인 관찰이 강조되고 있을 뿐만 아니라 배운 바를 서로 나누는 것 또한 강조되고 있음을 볼 수 있습니다. 이러한 진리는 인간과 인간 사이, 그리고 인간과 하나님 사이를 가장 강하게 결속하도록 하는 근거입니다.

끝으로 과학에는 비민주적이고 비인도적인 측면이 있음을 잊어서는 안 될 것입니다. 자연의 법칙은 무자비하고도 냉혹한 것입니다.

물론 사회는 '규범적 법규'(規範的法規, normative laws)를 제정할 수 있지만, '기술적 법칙'(記述的法則, descriptive laws)은 하나님만이 만들 수 있습니다. 우리는 겸손한 자세로 하나님의 법칙을 발견하고 거기에 순종해야 합니다. 아무리 유창하게 외치고 외형적인 멋을 부린다고 해도 그 법칙을 변경할 수는 없는 것입니다. 오직 거기에 순종할 때만이 우리는 자유와 권능을 누릴 수 있습니다.

그런데 과학과 기독교의 기본적인 태도가 동일한 것이라면 어떻게 이 양자 사이에 그토록 오랜 대립이 있어 왔을까요?

중세 초기 서유럽은 교회의 성공으로 인해 자기만족에 빠지게 되었습니다. 그런데 진리 탐구자는—그것이 자연적인 진리에 관한 것이든 초자연적인 진리에 관한 것이든 불문하고—결코 자기만족에 빠질 수 없으며, 새로운 진리의 발견은 흔히 낡은 견해에 대한 고통스러운 재평가를 하도록 강요할 것입니다. 교조적인 입장을 취하는 것이 불편함을 피할 수 있는 일인 만큼 교회는 교리(도그마) 뒤에 숨어 버림으로써 살아 계신 하나님의 도전을 피하려는 유혹을 끊임없이 받습니다. 과학적인 발견들로 인해 새로운 변혁이 요구되자 기존 질서 체계에는 동요가 일어났습니다. 하지만 당시 교회는 나이가 들어 변화를 원치 않았고, 변화를 요구하는 사람들을 핍박할 수 있을 만큼 강력한 권세를 잡고 있었습니다. 그 결과 과학자들과 신학자들 사이에 거의 오늘날까지 계속되어 온 일종의 투쟁이 전개된 것입니다. 처음에는 신학자들이 과학자들에 반대하는 행동을 했지만 뒤이어 과학자들도 '진리'에 대한 정의를 새롭게 하여 관측 가능한 물리적 세계 이외의 모든 것을 배제해 버림으로써 유물론적 인본주의를 위한 기초를 닦았습니다. 그래도 깊이 감사하는 것은 20세기에 들어오면서 신학계나 과학계 모두 궤도를 수정하고 있으며, 과학자들과 신학자들이 다시 한 번 자연계와 초자연계의 창조주이신 하나님 앞에 겸손한 자세를 취하고 있다는 사실입니다.

그동안 새로운 문제가 대두되어 과학자들을 위한 교회의 적극적인 후원이 필요하게 되었습니다. 이제 과학자 한 사람이 자기 재력으로 개인 실험실을 운영하며 독자적으로 연구를 지속하는 것은 불가능하게 되었습니다. 현대적 연구의 복잡성 때문에 대규모 공동 작업이 요구되는, 종합대학으로서도 감당할 수 없는 경우도 있습니다. 그 결과 보다 많은 과학적 연구가 정부의 후원 아래 이루어졌고, 이로 인해 과학자들의 자유는 점진적으로 상실되어 왔습니다. 과학이 교조적인 정치적 요구(political dogma)에 예속되는 현상이 나타났고, 연구 방향도 생명 구원보다는 대량 파괴와 관계되어 진행되었습니다. 이러한 때 교회는 정부에게 건설적인 연구를 후원하도록 압력을 가하면서 어떤 정치적인 계획(political program)에 구속당하지 않고도 독자적인 연구를 할 수 있도록 후원해 주는 통로를 발견하여 과학자들에게 도움을 주어야 할 것입니다. 과거의 종교적인 이단 박해가 현대의 정치적 이단 박해로 대치된 오늘날, 교회는 진리탐구를 수호함으로써 인간 사회에 해방을 가져오는 요인이 될 새로운 기회를 맞게 된 것입니다.

2
인간의 지위*

토마스 아퀴나스는 이렇게 말했습니다.

홀로 존재하는 것보다는 자기보다 더 고상한 타자(他者) 안에 거하는 것이 훨씬 큰 존엄성을 지닌다. 그리스도의 인성(人性)이 우리의 인성보다 더 존귀한 것도 바로 이와 같은 사실, 즉 홀로 존재하는 인간 내면의 인성은 자신에게 속한 인격을 지니는 데 불과하지만 그리스도 안에서의 인성은 육신이 되신 말씀 가운데 거한다는 사실 때문이다. 영혼과 육신은 인간 안에서 하나로 존재할 수 있도록 결합되어 있다. 그렇다고 해서 그리스도 안에서의 영혼과 육신의 결합이 우리 자신

---

* 2부의 2장 "인간의 지위"와 3장 "기독교는 관념론의 한 형태인가"는 필자가 늘 흠모하는, 일찍이 과학자였다가 나중에 성공회 신부가 된 F. H. 스미스 신부가 공의회(S.C.C.) 총회에서 한 강론과 그 밖의 S.C.C. 간행물을 참고로 필자가 편집한 것임을 밝힙니다.

들의 결합보다 약하다는 말은 아니다. 보다 고상한 타자(他者)와의 결합으로 말미암아 존귀함과 그 가치가 감소되는 것이 아니라, 오히려 상승하기 때문이다. 이것은 흡사 동물에게는 감각적인 혼이 그 종(種)의 특성을 이루지만, 인간에게는 그것이 더 섬세하고, 존엄성을 가지면서도 보다 더 우월하고 고귀한 완성체인 합리적인 이성과 결합되어 있기 때문에 감각적인 혼으로 인간의 속성이 결정되지 않는 것과 마찬가지다.

토마스 아퀴나스는 여기서 한 가지 중요한 진리를 지적하고 있습니다. 즉, 창조계(창조된 자연계) 안에서 발견할 수 있는 좀더 복잡하고 섬세한 여러 단계들을 분석해 보면, 열등한 단계의 속성이 우월한 단계의 속성에 의해 대치되는 경우 어떠한 가치(유용성)도 없어지거나 말살되지 않는다는 사실입니다. 반대로 가장 열등하고 단순한 단계의 속성들은 완벽하게 보존되어 우월하고 복잡한 구조 안에 고스란히 흡수됩니다. 그리고 어떤 의미에서 열등한 속성들은 우월한 단계로 나아가기 위한 필수적인 기반으로 잠복하게 된다는 것입니다.

예를 들면 물질의 위계질서 가운데 광물성 단계의 돌과 같은 물체는 다른 광물질과 함께 어떤 일반적인 속성을 공동으로 보유하고 있기 때문에 우리는 그것들을 특정한 속성을 지닌 물체로 분류할 수 있을 것입니다. 즉, 그것들은 모두 불활성(不活性) 물체로서 중력의 견인력(牽引力)에 반응합니다. 또 여러 종류의 충전이 가능할 뿐 아니라 빛을 반사하고 다른 물체의 침투에 대해 일정한 저항력을 나타내며 대체로 외부로부터 주어진 힘에 의해서만 움직입니다. 이러한 속성은 광물질에 속한 어떠한 물체라도 모두 지니는 것들입니다.

광물질보다 우월한 단계로 분류되는 것에는 식물성을 보유한 물체가 있습니다. 살아 있는 식물 안에서 발견되는 새로운 속성 중 가장 중요한 것에는 우선 주위의 물질을 체내로 흡수(동화작용)할 수 있는 이른바 소화 기능 및 영양 섭취 능력과 더불어 점점 더 복잡하고 크게 자랄 수 있는 성장력을 들 수 있습니다. 그리고 이러한 영양 섭취 능력을 갖춘 복합체는 식물의 신진대사로 말미암아 생기게 된 노폐물을 체외로 배출할 수 있는 능력이 있습니다. 둘째 속성은 동일한 종의 테두리 안에서 번식할 수 있는 재생산 능력이 있는 것이며, 이외에도 외부 자극, 특히 직사광선 및 주변 온도의 변화가 일으키는 자극에 대해 반응을 나타낼 수 있다는 것입니다. 이러한 변화와 운동은 대체로 식물 자체 내의 내부적인 원인으로 말미암은 힘에 의해 발생합니다.

그러나 광물성 단계의 다른 단순한 속성들은 식물성이 보유한 이와 같은 모든 복합체로서의 속성에 동화(同化)됨으로써 소멸되거나 상실되는 것이 아닙니다. 모든 식물은 광물성 단계에서만 존재하는 물질들로 구성되어 있는데, 이것들은—자연의 질서에서 좀더 우월한 단계로 이행됨에 따라—식물성이라는 좀더 '고상한' 단계 안에서 새롭고 고차원적인 목표를 수행하기 위해 사용되는 것입니다. 어떤 의미에서는 독립적인 존재로 있을 때의 광물성이 이러한 새로운 관계 속에서 그 자체의 속성을 상실한다고 볼 수도 있겠지만, 이러한 상실은 분명 이득이 됩니다. 그 이유는 무생물로서 단순한 광물질에 불과하던 것이 더 우월하고 섬세한 단계인 식물성 안에서 '자신을 발견하게' 되기 때문입니다.

자연의 위계질서에서 한층 우월한 창조물, 즉 감각기관을 갖춘 동물의 등장과 함께 열등한 식물의 속성은 식물의 단계를 훨씬 초월하는 새로운 종류의 속성을 가진 구조 안으로 고스란히 흡수됩니다. 동물의 속성을 보유한 어떤 생물체라도 온갖 식물적 요소를 다 갖추고 있습니다. 하지만 동물의 체내에서 이러한 식물적 요소는 이미 독립적으로 존재하는 것이 아니라 우월한 단계의 구조 안에 완벽하게 동화되어 보다 섬세하고 훨씬 더 복잡한 존재양식의 목적을 위해 기여하게 되는 것입니다. 동물의 감각기관은—아주 발달되지 못하고 희미한 잠재력을 가진—의식(意識)이 있으며 외부 자극에 능동적이고도 의도적인 방식으로 반응하는데, 그것은 단순한 식물적 단계에서 나타나는 움직임 및 반응 양식과는 질적으로 다른 것입니다. 그리고 식물적 단계의 소화 능력 및 번식 능력도 이제—단순한 식물적 단계에서는 허용되지 않았던—훨씬 더 복잡한 의식적 행위에 속하는 좀더 우월한 목적을 위해 기여할 수 있게 됩니다.

인간의 창조와 더불어 이성의 능력을 구비한 다른 종의 생명체가 등장하게 되었습니다. 그들은 이성을 가진 존재인 까닭에 단순한 감각기관만을 가진 동물보다 질적으로 우월한 창조의 단계에 속합니다. 인간도 온갖 본능적인 동물의 속성을 지니고 있지만 그것은 이미 독립적으로 존재하는 것이 아니라, 인간의 합리성이라고 일컬어지는 좀더 고차원적인 존재에 종속되는 구성요소로서 흡수되고 있습니다. 동물의 단계에서 독립적으로 존재하는 동물적 속성의 발현(發現)이라는 면에서는 감각적 본성이 '스스로를 잃어버리는 것'이지만—합리적인 인간의 특수한 목적과 가능성에 기여한다는 점에서—이전보다 훨씬 더 진보된 기능을 완전하게 충족시키는 '자신을 발견하게 되는' 것입니다.

이성을 가진 인간의 본성이 이 세상에서 우리가 알고 있는 최고의 단계에 속한 피조물이긴 하지만, 그럼에도 그것은 훨씬 더 우월한 단계—어떤 의미에서는 실로 측량할 수 없을 만큼 우월한 단계—로 승화될 수 있습니다. 그 결과 인간의 본성은—인간의 역사 가운데 육신을 취하신—성삼위(聖三位)의 성자(聖子) 예수 그리스도의 목적을 구현하는 도구로서 힘써 봉사하는 것을 통해 그분과 완전하게 연합할 수 있는 것입니다. 이처럼 예수 그리스도를 통해 하나님의 생명으로 승화된 합리적 인간의 본성은 이제 단순한 한 인간으로서의 차원을 넘어 '성육적(成肉的) 인간성'(an incarnated human nature)이라고 일컬어집니다. 인간 예수는 이 세상에 나타나신 하나님이신데, 그 실현은 '신성(神性)의 전환(轉換)으로 인해 육신으로 나아간 것'이 아니라 '인성(人性)을 취해서 하나님께로 나아간 것'이었습니다.

자연의 위계질서 가운데 주목할 만한 사실은 보다 우월한 단계로 오르는 과정에서 두 가지 특징을 살펴볼 수 있다는 점입니다. 첫 번째 특징은 열등한 단계의 속성이 보다 우월한 단계에서 충분히 기여할 수 있는 것이 그 자체의 능력에 의한 것이 아니라는 사실입니다. 열등한 속성은 우월한 속성에 동화되는 것일 뿐입니다. 비록 열등한 단계의 속성에는 다음 단계의 속성으로 승화되어 사용할 수 있도록 협력하는 능력이 있긴 하지만, 우월한 단계의 속성이 그 기능을 충족시키는 데는 열등한 속성 그 자체의 능력에 의한 어떤 적극적인 기여에도 의존하지 않습니다. 오직 이성을 가진 인간의 경우만이 예외적인 것으로, 이러한 상향적(上向的) 승화의 과정에서 자발적이고도 협조적인 충성을 바침으로써 결정적인 역할을 할 수 있는 것입니다.

그다음으로 지적하고 싶은 특징은 열등한 단계의 속성이 우월한 다음 단계로 동화되는 과정에서 볼 수 있는 '원활성'(the smoothness)에 관한 것입니다. 일반적으로 광물성과 식물성의 관계에서나 식물성과 동물성의 관계에서는 이러한 우월한 단계로 동화되는 과정이 아주 원활하게 진행되어 별다른 부적응 현상이 나타나지 않습니다. 그러나 점점 더 복잡한 단계로 나아갈수록 열등한 속성이 우월한 속성에 대한 부적응 현상을 나타내기 시작합니다. 인간의 경우에는 동물적 본능이 보다 우월한 이성적 단계로 완전히 동화되어 조화를 이루지 못하는 데 심각한 실패의 부조리가 있는 것처럼 보입니다.

열등한 속성의 요소가 우월한 단계에 제대로 동화되지 못하고 자신의 고유한 행동양식을 그대로 고집하는 경우, 그러한 상황을 우리는 악이 존재한다고 규정합니다. 그리고 동물성이 완전하고도 조화를 이루는 동화, 즉 그로 인하여 본능적인 동물의 속성으로 하여금 독립적으로 존재하는 것이 지양되고 이성적인 인간성 안에 완전히 흡수되게 하지 못하는 것은 전통적으로 '원죄'(original sin)라고 일컬어지는 상태를 규정하는 한 방법입니다.

이러한 두 본성 사이에 존재하는 갈등의 문제(동물적 본성이 이성적인 인간성 안에 완전히 동화되지 못하는 부조리)를 해결하기 위해 인간이 모색한 한 가지 방법은 가능한 범위까지 본능적 단계의 행동양식으로 되돌아가는 것, 즉 이성을 본능적 동물성을 충족하는 데 종속시키는 것이었습니다. 인간의 이성은 목숨이 끊어지지 않는 한 소멸되지 않을 것입니다. 그러나 이성을 동물적 본성에 종속시키려는 계획적이고도 자발적인 결정을 함으로써 인간은 고도로 지능적이며 교활하고 영리한 야수(野獸)로 전락할 수 있습니다. 그들은 자기중심적인 권력을 행사함으로써 자신의 목적을 이루기 위해 혈안이 되어 있으며, (이제는 교활함과 간계로 전락하여) 본능적인 욕구를 충족시키기 위한 도구에 불과한 이성을 활용하는 것입니다.

한편 집단은 단결과 통일에 대한 비이성적인 힘을 찬양하면서 어떻게 해서든 한 개인의 합리적인 추리력을 말살하려고 합니다. 그리고 이러한 이성적 본성을 철저하게 타락시키는 것을 완성하기 위해 독재와 오락, 선전과 공포 및 비밀경찰제도가 도입되고 있는 것입니다.

우리 기독교 신자들이 알고 있는 바와 같이 '원죄'의 문제, 즉 본능적 동물성이 이성적 인간성을 완전히 장악하는 문제는 인간에게 부여된 미해결의 문제입니다. 인간의 힘으로 이 원죄의 문제를 해결한다는 것은 도저히 불가능합니다. 하나님만이 이 '성육(成肉)의 신비' 가운데 타락한 상태로부터 본래의 인간성을 회복시킬 수 있습니다.

하나님께서 인간을 회복시키신 방법은 단순히 본능적 동물성을 합리적 인간성 안에 성공적으로 동화시키는 것을 완결하는 데 그치지 않습니다. 그 대신 인간의 합리성을 보다 고귀한 새로운 창조물의 단계, 즉 이성적 본성이 이러한 고귀한 본성의 완전한 시녀로서 봉사할 수 있는 '성육적 성품'(an incarnational nature)으로 승화시키신 것입니다. 그것은 본능적 동물성이 본래 이성적 본성의 완전한 시녀로 종속되도록 의도했던 것과 동일한 방법입니다. 이성을 초월하는 이러한 성품은 이 세상에서 인간 예수의 개별적인 인성(人性) 안에서 시작된 것입니다.

이것은 결코 인간의 이성적인 본성 그 자체의 능력으로 얻어질 수 있는 것이 아닙니다. 그러나 자발적인 결단의 자유는 합리적인 인간성의 본질에 속하는 특성이므로, 이러한 승화를 이루려면 그리스도의 성육적 권능의 뜻에 기꺼이 자신을 맡기는 완전한 동의, 자발적인 협조 및 자유로운 충성이 반드시 필요합니다.

지금까지 오직 한 분의 개별적인 인성(人性) 안에서만 이성적 본성이 성육적 인성의 단계로 승화되었습니다. 이처럼 개별적인 인성은 또 다른 의미에서 독특한 것이기도 합니다. 그것은 시간과 공간 안에서 확산될 수 있는 것으로, 인간 예수는 단순히 하나의 개체적인 인간으로만 존재했던 것이 아닙니다. 성육하신 그리스도의 몸은 이미 한 독립된 인격으로서 합리적인 본래의 성품을 회복한 사람들로 구성된 집단을 그 품안에 받아들여 스스로를 확대시킬 수 있었으며, 사람들 가운데 '성육의 사회적 확산'이라고 일컬어지는, 즉 유기적으로 결합된 새로운 종류의 집단을 창설하였던 것입니다.

성육적 본성의 고유한 덕목은 '믿음', '소망', '사랑'입니다. 그것의 특징이자 가장 중요한 실제적 행위는 희생을 위한 물질적 제물을 준비하는 것입니다.

성육의 단계에서는 보다 열등한 단계의 본능적 동물성이 합리적인 인간성에 불완전하게 결합되는 문제가 사라지고, 인간은 좀더 고귀한 성품을 받음으로써 새로운 피조물로 승화됩니다. 인간이 그리스도의 성육적 성품을 지닌 존재로 변화되는 것은 오직 하나님의 은혜로 말미암아 이루어지는 것이지만 각 개인은 이러한 성품의 변화가 실현될 수 있도록 마음을 열고 하나님의 은혜를 받아들이며 전적으로 협력해야 합니다. 사람들은 '성육의 사회적 확산'이라고 일컬어지는 그리스도의 몸에 속하게 되는 때에라도 독립된 인격의 개별성을 그대로 보존하면서 성육적 성품을 누릴 수 있습니다. 이것이야말로 '생명을 되찾기 위하여 생명을 버린다'는 것의 완전한 의미입니다.

합리적인 단계의 독립된 인격의 개별성은 더없이 고귀한 성육의 질서에 동참하기 위하여 자발적으로 포기되는 것입니다.* 이리하여 기쁨에 충만한 인간은 바울의 말씀처럼 "이제는 내가 사는 것이 아니요 오직 내 안에 그리스도께서 사시는 것"이라고 외칠 수 있게 되는 것입니다.

---

* '합리적인 단계의 독립된 인격의 개별성은 자발적으로 포기되는 것'이라는 이 구절은 '방언'으로 말하는 것이 왜 중요한지를 이해할 수 있는 단서가 된다. 알아들을 수 있는 언어는 합리적인 단계의 독립된 인격의 상징이다. 그리고 방언으로 기도하는 습관을 유지함으로써 주님과 관계가 정상화될 수 있으며, 그 결과로 '합리적 단계의 인격이 더없이 고귀한 성육의 질서에 동참하게 된다'
(행 2:1-12; 고전 14:18; 막 16:17; 행 10:46).

3
기독교는
관념론의 한 형태인가

　기독교를 관념론의 한 형태로 이해하는 사람이 있다는 것은 참으로 유감스러운 일입니다. 관념론은 보통 비물질적인 관념(idea)이 관찰할 수 있는 모든 실재(reality)의 제일원인(第一原因)이자 근원이라고 말합니다. 이에 반해 유물론자들은 자연적 물질세계 내에서의 운동과 변화야말로 심령적(관념적) 활동에 우선하며, 우리가 존재하는 이 세계에서는 의식(意識)·사상(思想)·심령적 상부구조가 자연적 물질세계의 1차적 운동 과정에서 파생되어 2차적으로 형성되어 가는 것이라고 주장합니다. 유물론자에 의하면 추상적인 의식이나 관념, 또는 사유 과정은 시간과 공간으로 이루어진 실재 세계에 대해 자율적인 제일동인(第一動因)이 될 수 없으며 오히려 하부구조에서의 물질적 운동 과정이 의식적 사유 및 목적 지향 등 인간의 심령적 차원의 운동을 유발하는 일차 원인이 된다고 합니다.

주지하는 바와 같이 유물론자들은 인간의 삶에서 흔히들 정신적 가치라고 말하는 것을 배격하지는 않습니다. 그들도 합리적인 인간의 정신활동으로 나타나는 심령적 상부구조와 객관적인 실재를 부정하지 않습니다. 그러나 그들의 요지는 역사의 진행에 영향을 주는 이러한 심령적 혹은 정신적인 기여를 실재의 구조 안에서 적절하게 분석·평가한다는 것입니다.

인간의 이성적 사고행위는 그것이 접촉하는 사회 및 물질적 환경에 지속적이고도 적극적인 변화를 줌으로써 기여합니다. 실존하는 정신적 운동 과정은 유물론자들에게 단순히 부차적인 현상이 아닙니다. 유물론자들도 정신적 활동 과정이 일단 형성되면, 그 하부구조에서 진행되는 물질적 생성 과정에 변증법적인 반작용을 한다고 인정하고 있습니다.

실재에 대한 유물론적 분석은 하나님의 창조 질서에 관해 우리가 알고 있는 모든 사실과 일치합니다. 유기적 생명체가 나타나기 전에 물리적 무기물질이 존재하였으며, 무의식적 식물 형태는 신경조직을 갖춘 동물에 선행합니다. 이러한 신경계통은 의식의 기초를 이루게 되었는데, 의식에서도 자극에 대해 단순한 반응을 보이는 형태가 목적지향적인 행위보다 먼저 나타났으며, 마침내 인간만이 소유하는 특유의 자의식(自意識)과 합리적 지성이 뒤이어 등장하게 되었습니다.

이 모든 새로운 피조물은 각기 생명력을 유지하고 존재하기 위해 보다 열등한 단계를 필요로 합니다. 식물적 속성은 합리적 속성의 기초를 이룹니다. 이러한 형태의 전체 위계질서를 통하여 모든 존재의 각 단계에 고유한 기능을 발휘할 수 있도록 자연계에는 (물리적으로 조직된) 물질적 하부구조가 필연적으로 존속해야 합니다. 합리적인 개념으로 파악할 수 있는 이 세계에서는 정신적 차원의 모든 활동의 밑바닥에 물질적 하부구조 안에서의 움직임이 뒷받침되고 있습니다.

두뇌의 물리적 작용이 없으면 인간은 생각할 수 없습니다. 다시 말해 사유하는 것이 두뇌를 창조하는 것이 아니고 물질적 단계에서 창조된 두뇌가 정신활동을 가능케 하는 것입니다. 이것과 관련해 볼 때 '가치의 위계질서'(value hierarchy)와 '과정의 위계질서'(process hierarchy)를 구별하는 것은 매우 중요합니다.

가치의 위계질서에서는 합리적 사유활동이 그것을 가능케 하는 물리적(혹은 물질적) 기관보다 상위에 있지만, 과정의 위계질서에서는 객관적으로 진행되는 물질적 생성 과정이 정신적(혹은 심령적) 과정에 선행하며 이를 유발한다고 할 수 있습니다. 그 이유는 정신적 활동 이전에 물질이 존재하여 그 기능을 발휘하기 때문인데, 이러한 순서는 예나 지금이나 바뀔 수 없습니다.

그리스도인으로서 우리는 순수한 영(靈)이시며 만유의 근원이자 존재하는 모든 것의 제일원인이신 하나님을 믿습니다. 자연계의 존재양식에서 검증해 본 계통 순서를 논리적으로 추론해 봄으로써 우리는 이러한 제일원인이 존재한다는 사실을 긍정할 수 있습니다. 그러나 이러한 사실이 현존하는 자연 질서에 대한 관념론자들의 해석을 이끌어 내는 것은 아닙니다. 우리가 이성적인 논리와 함께 경험적으로도 확인할 수 있는 것은, 물질의 생성 과정에 의해 파생된 정신활동이 다시 역으로 물질의 생성 과정에 영향을 주고, 이와 같이 변증법적인 작용과 반작용의 과정이 계속 진행된다는 사실입니다.

주목할 만한 것은, 합리적 이성을 갖춘 물질적 존재로서의 인간은 하나님께서 친히 물질계의 질서 안으로 들어오셔서 그분의 영적 계시와 활동에 피조물의 존재 범주인 물질적 생성 계통이 종속될 때 비로소 하나님을 알 수 있다는 사실입니다. 인간에게 스스로를 나타내 보이시고 그들 가운데 일하시며 구원의 역사를 이루신 하나님은 먼저 물질계의 질서에서 기초가 되는 육신을 취하셨습니다. 이것 없이는 인간 예수 안에서 유일하게 성취된 어떤 심령적 상부구조의 완성도 인간 역사의 현실과 변증법적인 통합을 이룰 수 없었을 것입니다. 이러한 이유에서 하나님으로 말미암고 예수 그리스도의 성육을 통하여 주어지는 어떤 초자연적인 가치라도 순수한 영적 차원으로부터 직접 인간 역사에 투입될 수 없었으며, 그래서 물질적 하부구조—시간과 공간의 3차원적인 세계를 생성하도록 작용하는 제일동인—위에 서 있는 역사와의 변증법적 통합이 필요했던 것입니다.

이러한 의미에서 우리 그리스도인들은 유물론자라고 할 수 있을 것입니다. 하나님과 연합될 수 있는 소위 '순수한' 영적 접근이란 정상적이거나 필연적인 경험이라고 할 수 없으며, 또 이론적으로 가르치거나 습득될 성질의 것도 아닙니다. 신자들이 체험하는 통상적인 영적 운동은 반드시 물질계의 생성 과정을 거쳐야 할 것입니다. 이것이 제대로 이해될 수 없다면 성육의 의미 자체가 위태롭게 됩니다. 그러므로 인간 세계의 구원은 육신의 몸을 취하신 주님의 물질적 범주 내에서 실현될 수 있는 바, 여기에는 이 지상에서 생존하셨을 때 개별적으로 인성을 취하셨던 그분의 육신과 이제 사회적으로 확산

된 그분의 몸 된 교회라는 두 측면에서 이해되어야 할 것입니다.

'심령의 종교'(Religion of the Spirit)를 위한 역사적 개혁운동이 일어난 것은 유산(부르주아) 계급의 대두와 때를 같이합니다. 역사적으로 볼 때 이들은 이전의 어떤 지배계급보다 현세에서의 물질적 가치와 그 효용성에 더 깊은 관심을 가졌던 사람들임에도 대부분이 관념론자들이었다는 사실은 결코 우연이 아닙니다. 그 이유 중 하나는 관념론이 인간의 자존심을 부추기며 지탱시켜 준다는 은밀한 사실에 기인합니다. 만일 물질적 생성 과정이 심령적 상부구조의 존재를 가능케 하는 것이 아니라 사유(思惟)라는 정신 과정이 물질적 생성 과정을 움직이게 하는 것이라면, 인간은 자연계에 존재하는 물질적인 피조물로서 자신의 위치를 초월할 수 있고 창조적 신성(神性)의 차원까지 승격될 수 있을 것입니다. 인간이 자연계 안에서 의식적인 활동을 할 수 있는 것은 단지 그것에 선행하는 위계질서상의 물질적 작용이 있기 때문이라는 사실을 망각하고 있기 때문입니다. 또 인간은 자신이 자연 질서를 만들지도 않았으며, 오직 인간이 창조되기 전부터 존재한 물질의 모든 법칙에 관한 자신의 (지식과 경험의) 축적을 통해 지금 자연 질서를 어떻게 다스릴 수 있는지 배우고 있는 중이라는 사실을 망각하기 쉬운 것입니다.

그리고 지금은 물질의 생성 과정이 인간의 다스림을 받는 듯이 보여 자연의 정복자라도 된 것처럼 위세를 부리면서, 인간이 그러한 물질의 생성 과정 안에서 창조되었다는 엄연한 사실마저 망각하고 있습니다. 하지만 그것은 인간이 만든 법칙이 아니라 그 자체의 고유한 법칙을 따르고 있습니다. 인간은 자신이 마치 초월적인 신이나 된 것처럼 "나는 내 운명의 주인이자 내 영혼의 선장이다"라고 말합니다. 인간을 자연계의 생성 과정에서 근원적이며 최종적인 존재로 보는 견해는 자연계 안에서 인간의 위치에 대한 관념론자들의 관점을 한 단계 더 발전시킨 것일 뿐입니다. 여기에서 극단적인 인본주의가 출현하게 되었고 이것은 하나님 대신 인간이 모든 역사의 알파요 오메가인 것처럼 생각하게 하는 데 이론적 뒷받침이 되었습니다.

 유산계급이 관념론자로 남게 된 또 다른 이유는, 관념론 덕분에 실제로는 사악한 물질적 환경 속에 파묻혀 버리는 생활을 영위하면서도 머릿속으로는 고상한 생각을 얼마든지 할 수 있기 때문입니다. 만일 역사의 물질적 생성 과정이 2차적이고—더럽고, 냉혹하며, 경쟁적인 물질적 실재와 동떨어져 존재하는—관념적 세계가 유일한 진리의 세계라면 물질적 세계는 완전히 비실재적인 것으로 사라져 버릴 수도 있습니다. 그리하여 사악한 물질적 환경의 희생물이 되면서도 인간은 다음과 같이 노래할 수 있게 되었습니다. "암벽도 나를 가둘 수 없고, 쇠창살도 나에게는 감옥이 아니라네!" "가난한 사람은 제 스스로 재난을 초래한 것이다." "노예는 비록 주인의 소유물이 되었다 할지라도 궁극적인 종말이 존재하는 한 자신의 생명 및 기타 모든 것에 대해 양도할 수 없는 권리를 보유할 수 있다."

4
기독교는 오늘을 위한 것

    지금은 변혁의 시대로서 엄청난 역사의 대전환이 진행되고 있습니다. 세속 사회에서는 경쟁적 개인주의 경제에서 협동적 공동 경제로, 기독교계에서는 개인주의적 경건성과 개인 구원을 강조하는 데서 이 세상의 구원과 지금 여기에 하나님 나라를 객관적으로 구현하는 것으로 각각 이행되고 있습니다. 공동체적 봉건주의가 무너지고 개인주의적 자본주의 사회로 넘어가는 역사적 전환과 더불어 가톨릭교회의 공동체적 연대성이 현대 기독교의 세분화된 개인주의적 경건성으로 이행하였듯이, 오늘날 우리는 범세계적으로 진행되는 세속의 혁명적 안티테제에 대응할 수 있는 안티테제적 기독교 운동을 전개할 필요성에 직면한 것입니다.

    오늘날 우리 시대의 비극은 기독교가 각 개인의 영혼을 사악한 이 세상으로부터 분리시켜(혹은 건져 내어) 천당으로 보냄으로써 구원을 이루는 한 종교적 수단으로 제시되고 있다는 사실일 것입니다. 이것이야말로 기독교를 철저히 왜곡한 것이며, 이것이 널리 보급되는 한 기독교가 탈속(脫俗) 종교인 불교나 이슬람교보다 결코 낫다고 할 수 없을 것입니다.

다른 종교인들은 물질이 본질적으로 악한 것이기 때문에 회복할 수 없을 정도로 나쁜 것이라고 믿는 데 반해, 그리스도인들은 자연계가 절대선(絶對善)이며 전능하신 하나님의 창조물이기 때문에 본질적으로 선하다고 믿습니다. 이러한 세계관 차이 때문에 실로 중대한 결과가 초래되는데, 만일 자연계를 본질적으로 사악한 것이라고 믿게 되면 진정한 선, 즉 구원을 이루고자 하는 모든 사람이 취할 수 있는 유일한 길은 현세의 구속(救贖) 불가능한 환경으로부터 분리됨으로써 그 절망적인 악에서 벗어나는 것일 겁니다. 이와 반대로 하나님의 선하신 뜻에 대적하여 성공적으로 영원히 맞설 수 있는 구속 불가능한 악이란 존재할 수 없다고 믿는다면, 우리는 다시 완전해질 수 있다는 매우 중요한 가능성을 기대할 수 있으며, 완성을 성취하는 문제(보통 '구원'이라고 일컬음)를 사악한 자연계로부터의 도피나 분리와 동일시하지 않아도 될 것입니다.

우리 그리스도인들에게 구원이란 본질적으로 선하게 창조된 세계—사악한 무질서의 상태로 전락했지만 이 세상을 위한 하나님의 뜻에 순응하여 아직은 유기적인 완성의 가능성이 있는—의 질서를 회복하는 것을 의미합니다. 그리스도인들에게 현재 우리가 경험하는 실제의 세계는 근본적으로 부패한 것이 아닙니다. 마치 산산조각 난 위대하고도 완벽한 예술작품처럼 현재의 무질서한 세계는 언젠가는 다시 회복되어 구속될 수 있습니다. 이 세상의 구속이란 무질서해진 인간 생활의 여러 활동 영역 및 관계들 가운데 새로운 질서를 회복하는 것입니다.

죄악이란 인간 생활의 여러 활동 영역 가운데 스며든 무질서로, 인간 생활의 활동 영역 그 자체는 본질적으로 회복 가능한 선(善)을 보유하고 있습니다. 그러나 죄악이 지니는 심히 고통스러운 속성 그 자체를 소홀히 다루어서는 안 될 것입니다. 오히려 다른 모든 사람 이상으로 그리스도인들은 인간 생활에 널리 침투한 악의 실재에 대해 가장 절실하게 애통해야 할 것입니다. 무엇보다도 이러한 무질서는 하나님께로부터 온 것이 아니라 인간의 행위에서 온 것으로, 하나님의 뜻에 대한 인간의 거듭 되풀이되는 반항 때문에 점점 더 심각해지고 있음을 깨달아야 합니다. 인간은 자유의지를 가진 합리적인 관리자로 창조되었으며, 하나님의 목적을 이 땅에서 충족시키는 데 자발적으로 동참할 수 있는 독특한 사명과 특권을 받았습니다.

하나님의 목적은 그분의 창조세계를 본래의 질서대로 유지할 뿐 아니라 인간의 역사 가운데 질서 있는 발전을 계속 전개함으로써 보다 풍요로운 것으로 만드는 것입니다. 하지만 불행히도 인간은 하나님께서 부여하신 자유를 하나님의 뜻에 위배되는 목적을 위해 사용하였습니다. 하나님에 대한 이러한 반역으로 말미암아 인간은 중대한 도덕적 타락의 구렁텅이에 빠졌을 뿐 아니라 심각한 위험에 처하게 되었습니다. 하나님은 여전히 전능하신 분으로, 얼마 동안은 인간의 불순종을 참으실 테지만 궁극적으로는 하나님의 뜻을 관철시킬 것이기 때문입니다. 그러므로 하나님의 뜻에 거역하려고 고집하는 자는 마침내 멸망을 자초하고야 말 것입니다. 인간의 죄악이라고 일컬어지는 무질서는 인간의 존재 그 자체에 대한 중대한 위협이 아닐 수 없습니다. 자연적인 인간이 자신의 자유롭고 합리적인 능력에만 의지해서는 도저히 죄악을 제거할 수 없다는 사실을 고려할 때 우리는 이러한 무질서가 엄청난 재앙일 뿐만 아니라—만일 하나님께서 인간을 구원하기 위해 다시 오시지 않는다면—궁극적이며 최종적인 재앙이라는 것을 분명히 깨닫게 될 것입니다.

하나님께서 인간의 생활을 창조하면서 인간을 구원하신 방법은 독생자의 성육(成肉)이었습니다. 하나님의 독생자가 실제로 무질서한 상태에 빠져 버린 피조물 가운데 새롭게 태어나신 것입니다. 그분은 한 인간으로 이 세상에 오셨으며, 자신의 인성 안에서 스스로 인간 생활의 여러 물질적 요소들을 취하시기 시작했습니다. 이러한 과정 가운데 인간의 본성 및 인간의 사회생활에 존재하는 무질서한 물질적 요소들이 우리 주님의 완전한 질서 안으로 흡수되었습니다. 무질서한 물질적 요소의 내면에는 본질적으로 선한 본성이 회복될 수 있는 가능성이 있었지만, 이제 이러한 가능성이 현실적으로 충족되었으며 완성된 인성을 되찾는 역사가 시작된 것입니다. 인간의 본성이 '새롭게 지으심'을 받게 되고, 죄악이라 일컬어지는 무질서는 제거되기 시작했습니다.

기독교는 '자연계의 구속'을 실현하는 종교란 점에서 다른 종교와 구별됩니다. 주지하는 바와 같이 우리 주 예수 그리스도는 죽음에서 부활하사 성부께로 승천하시기 전에 인간의 자연 질서 가운데서 육체와 정신과 영혼을 그 몸에 취하셨으며, 재창조된 자연적 인성은 초자연적 부활을 가능케 하는 질료적(質料的) 기초로서 필수불가결한 것입니다. 이 말은 다시 말해 "성육하신 하나님이 초월적인 존재로서의 초자연적 단계로 다시 들어가시기 전에 완전한 인성을 취하실 필요가 있었다"고 표현할 수 있습니다. 하나님의 뜻에 따라 다시 조성되고 재창조된 자연계는 약속된 바 세계의 궁극적인 구속을 위한 기초로서 요청되는 것입니다.

잘 알려진 대로 인간이란 사회적 동물로서의 본성을 지닌 존재로, 서로 협조하는 사회적 완성의 과정을 거치지 않고는 개인의 완성을 이룰 수 없습니다. 그리스도인들은 우리 주님께서 이 세상 구속 사역의 첫 열매로서 개별적인 인성을 완성시킨 것처럼, 성령의 도우심을 힘입어 그분과 유기적인 연합을 이루는 가운데, 타락한 이 세상의 한복판에서 새롭게 창조된 공동체의 사회적 인성을 완성시켜야 합니다.

주님의 개별적 인성의 완성을 중심으로 공동체의 사회적 인성은 거룩하게 재창조된 사회질서 안으로 사람들을 결속시키는 가운데 온 세상으로 확산되고, 주님의 인성을 근원으로 해서 역사 가운데 계속 이어져 나갈 것입니다. 이러한 사회적 인성은 자연계 안에 세워지는 '하나님 나라'라고 일컬어지는 것인데, 주님의 계시와 언약에 의하면 그 나라는 초자연적인 질서 안으로 수용되어 영원 속에 완성될 것입니다(고전 3:9; 고후 11:2; 엡 4:11; 계 21:2).

새롭게 창조된 가시적이고 완전한 사회질서가 이 땅에 요청되는 것은 하나님 나라의 완성을 위한 자연적 실체를 준비하기 위함입니다. 구속사역 과정의 첫 부분이 자연계의 질서 안에서 충분히 성취된 뒤에야 비로소 우리는 주님의 재림을 통해 하나님 나라의 완성을 기대할 수 있습니다. 하나님 나라의 완성은 구체적인 자연계의 기초, 즉 이 세상 안에서 성령이 충만한 새로운 사회질서의 일차적 완성 없이는 생각할 수 없으며, 이러한 최종적 하나님 나라의 완성은 진정한 의미에서 우리 주님의 사회적 부활이자 승천이라 할 수 있겠습니다.

그러므로 인간의 생활 및 경험과 관련하여 자연적 단계의 세상 안에서 그리스도인들을 구별하는 특별한 활동은 그들 가운데 성령의 교제, 새로운 사회질서, 완전한 신세계 및 하나님이 창조하신 재물과 자원을 공동으로 소유함으로써 필요에 따라 모든 사람에게 혜택을 줄 수 있는 새롭고 완전한 물질·문화적 공동생활을 건설하는 활동인 것입니다.

과학적 인본주의자들도 이 세상에서 보다 나은 생활방식과 보다 많은 행복을 실현하기 위한 준비에 지대한 관심이 있지만, 좀더 완성된 세계질서를 추구하는 그리스도인의 동기와는 근본적으로 다릅니다. 그리스도인들은 보다 가치 있고 완성된 희생을 추구하지만 대체로 과학적 인본주의자들은 그들의 후손들을 위하여 자유와 행복과 기회 및 좀더 나은 생활방식을 추구합니다. 만일 그들에게 "이것의 궁극적인 목적이 무엇입니까?"라고 물어본다면 "우리에게 그런 질문은 아무런 의미가 없습니다. 왜냐하면 이것은 세계를 움직이는 역사의 진행방식일 뿐이며 인간은 세계의 일부분이기 때문이지요"라고 대답할 것입니다. 이러한 인본주의자들 가운데 가장 조직적으로 발전된 체제로 마르크시즘을 들 수 있습니다. '인간의 왕국'을 건설하고자 하는 그들의 이상은 현재 전 세계의 절반을 지배하고 있습니다.

이제 '하나님 나라'와 마르크시즘에 입각한 '이상적인 공산국가'의 차이점을 간략히 검토해 봅시다. 먼저 마르크스주의자들의 철저한 존재론(본체론)적 신념(물질이 궁극적인 실체이며 그 자체 안에 운동을 위한 충분한 원인을 가진다는 견해)을 살펴보겠습니다. 마르크스주의자들에게는 변증법적인 대립이 물질 그 자체의 본질일 뿐만 아니라 그들은 그 자체의 변증법적 대립을 내포하는 물질 외에는 어떠한 실재도 부정합니다. '마르크시즘적 이상국가'의 기초를 제공하는 이러한 존재론적 유물관이 기독교와 도저히 화합할 수 없는 적이라는 사실은 굳이 설명할 필요도 없을 것입니다.

사회혁명—즉 테제(正)에 대한 안티테제(反) 운동의 폭력적 승리—에 의해 성취되는 새로운 진테제(合)가 마르크스주의자들에게는 일종의 신비스러운 후광을 받고 있습니다. 그들은 이러한 사회혁명 저 너머로 정의와, 계급 없는 왕국(마르크시즘적 이상국가)이 찬란하게 동터 올 거라고 믿고 있습니다. 또 인간의 죄악은 혁명 이전의 조건에 의해 생겨난 산물이므로 마르크시즘의 새 예루살렘에서는 사라질 것이라고 확신합니다. 그러나 어떠한 그리스도인도 이러한 묵시적 환상은 받아들이지 않을 것입니다. 왜냐하면 그들의 환상은 창조주이신 하나님 안에 있는 인간 본래의 목표와 동떨어진 것이기 때문입니다.

마르크시즘의 광신적 병기고에 들어 있는 한층 더 위험한 요소는 '증오'입니다. 마르크스주의자들은 그들의 변증법적인 혁명에 동기를 부여하기 위해 타락한 세상이 안고 있는 악마적 요소들을 이용해 왔습니다. 마르크시즘의 혁명 지도자들의 주된 관심사는 자본가와 노동자 계급 사이에 존재하는 경제적 이해관계상의 변증법적인 대립을 프롤레타리아 계급의 부르주아 계급에 대한—개인적으로나 집단적으로—뜨거운 감정적 증오의 불길로 전환하는 것이었습니다. 증오는 불의에 입각한 경제의 물질적 하부구조로 인한 합리적인 이해관계에서 비롯한 것이지만 일단 불이 붙게 되면 엄청난 정신적 추진력이 되어 기존의 물질적 하부구조에 대해 반발하고 혁명적 대전환을 이루는 본연의 과업을 진행시킬 것입니다.

마르크시즘적 증오가 그리스도인에게 용납될 수 없음은 자명한 것입니다. 그리스도인으로서 우리는 타락한 세계의 여러 조건으로 말미암아 혁명과 폭력과 불행을 애통해하지 않을 수 없으며, 기독교적 혁명은 그 추진력인 에토스(ethos, 고유의 정신적 분위기)가 마르크시즘적 혁명과 판이하게 다르다는 사실을 명심해야 합니다. 주님께서 "무릇 내게 오는 자가 자기 부모와 처자와 형제와 자매와 더욱이 자기 목숨까지 미워하지 아니하면 능히 내 제자가 되지 못한다"(눅 14:26)고 말씀하신 적이 있지만, 여기서 '미워하라'는 것은 주님의 제자가 되기 위해서는 이 세상에서 가장 아끼는 어떤 것이라도 주님을 위해 저버릴 준비가 되어 있어야 한다는 뜻입니다. 주님께서 '적개심'이라는 뜻의 증오(미워하라)를 언급하실 때는 그와는 반대로 "너희를 미워하는 자를 선대하라"(눅 6:27), "너희 원수를 사랑하며 너희를 박해하는 자를 위하여 기도하라"(마 5:44)고 하셨습니다. 이것은 성령을 받은 사람만이 할 수 있는 일입니다.

결론적으로 말해 지금은 말씀이 성육의 신비 가운데 육신이 되셨다는 사실을 깊이 생각해 볼 때입니다. '순수한 심령적' 종교란 종교적 이상에 대한 실제적 가르침에 부합하는 행실을 위해 정서적인 영감을 제공해 주는 것 외에는 아무것도 할 수 없습니다. 우리가 강조하는 것은 자연적 세계에서 현존하는(혹은 장차 있게 될) 인간의 업적·경험·행위 및 상호관계의 유일한 가치가 우리 주님의 '성육적 생명' 안에 있는 부요함과 온전함에 얼마만큼 기여할 수 있느냐에 달려 있으며, 이러한 생명은 거룩한 그리스도인의 집단의 새로운 사회질서에 표출된다는 사실입니다. 따라서 자연계에서 그리스도인들이 할 수 있는 고유한 활동은 그들 가운데 성령으로 충만한 새로운 사회질서를 건설하는 것이며, 그것을 통해 거룩한 말씀의 성육의 신비가 계속 전파되도록 하는 것입니다.

자연적 인성이 재창조되지 않고서는 초자연적인 부활을 위한 실질적인 기초가 있을 수 없고, 따라서 새롭게 창조된 온전한 사회질서는 사람들 가운데 하나님 나라의 영원한 실체를 준비하기 위해 요청되는 것입니다. 이처럼 그리스도인의 성육 안에서 진행되는 이 세상의 구속은 양면성을 지닙니다. 첫째로 개인 및 사회생활의 무질서한 요소는 이 세상 안에서 주님에 의해 그분의 인성에 결합됨으로써 재창조되며, 성령의 강림을 통하여 거룩한[聖事的] 교회가 새 창조의 객관적 구현으로서 출현하게 되는 것입니다. 둘째로 자연적 단계에서 이루어지는 새로운 영적 창조는 궁극적으로 주님에 의해 그분의 부활과 승천하신 초자연적인 단계의 생명 안으로 수용될 것입니다.

근본적으로 무질서한 환경 혹은 근본적으로 사악한 인간의 사회

구조로부터 바쳐지는 인간의 희생제물은 하나님께서 수용하시기에 심히 곤란한 것입니다. 실제적인 역사의 목적을 달성하기 위해 노력하는 과정, 즉 도덕적으로 좀더 나은 사회 및 경제구조의 성취를 이루기 위해 노력하는 광범위한 역사의 진행 과정에서 그리스도인들은 세속의 과학적 인본주의자들과 합의할 수 있는 포괄적인 도달점을 발견할 수 있을 것입니다. 우리 그리스도인들은 마르크시즘의 이상국가의 존재론적 기초와 화합할 수 없는 적일 수밖에 없습니다. 그들도 믿음이 있긴 하지만 인간만을 의지하는 믿음인 까닭에 그릇되고 맹목적인 믿음으로, 결국에는 배반당하고 말 것입니다. 또 그들도 독실한 소망을 품고 있긴 하지만 결국 망각으로 사라져 버릴 역사에만 교조적으로 묶여 있기 때문에 헛된 소망일 뿐입니다. 사도 바울은 "우리가 바라는 것이 다만 이 세상의 삶뿐이면 모든 사람 가운데 우리가 더욱 불쌍한 자"(고전 15:19)라고 하였습니다.

하나님의 자비에 관하여 말하자면, 마르크스의 이상국가는 하나님의 자비를 배척하며, 초자연적인 미덕으로서의 사랑은 엄청난 미신으로 전락해 버리고 맙니다. 원수에 대한 인간의 사랑의 의식(意識) 가운데—(마르크스주의자들에게는) 설명할 수 없는 어떤 이유로 말미암아—우러나오는 경우에도 그것은 완전히 제거되어 파괴되어야 하는 것이 되고 맙니다.

소위 '복지국가'라고 일컫는 것도—성육의 종교와 분리되는 한—강압적인 인간의 권력에 의해 심령의 변화가 없는 대다수의 국민들에게 강요될 수밖에 없을 것이고, 그로 인해 국민들을 여러 세대에 걸쳐 인간 이하의 수준으로 전락시킬 것입니다. 하나님 나라만이 그 백성들을 창조주께서 태초부터 의도하셨던 초자연적인 수준으로 승화시킬 수 있으며, 진실로 서로 협력하는 구조 안에서 완전히 자발적이며 열성적으로 참여할 수 있도록 해방시켜 줄 것입니다. 이러한 질서는 그 사회 전체를 위한 대규모의 자발적인 자기희생이 반드시 필요하기 때문에 "생명을 찾기 위해 생명을 버리지 않으면 안 되는 것입니다." 타락한 인간은 그리스도의 몸 안에서 초자연적인 은혜를 받지 않고서는 도저히 이것을 실행할 수 없습니다.

5
비성경적 사회에
성경적 해결책을

　오랫동안 교회는 세속 사회의 사회·경제 제도를 창출해 가는 일을 도외시한 채 이에 참여해 본 일이 거의 없었습니다. 그러다 보니 하나님이 교회제도만 이해하실 뿐 그 외의 일은 도무지 알지 못하는 분이라고 하는 정신분열증적 사고방식까지 만연하게 되었습니다. 진정 하나님께서 창조자이시라면, 또 전지전능하시다면, 모든 것을 본질부터 완벽하게 아시는 분인데 어찌 일반 사회와 경제와 정부에 대한 바른 지침을 주는 데 부족하시겠습니까? 이를 인정하면서도 우리는 하나님의 의로우심의 기준이 너무 높아 세속 사회가 신적인 제도를 받아들일 수는 없다고 적당히 넘겨짚어 생각하곤 합니다. 이런 얼토당토않은 가설은 우리 성경 교사들이 구약에 가득한 일상생활의 단순하고도 명백한 원칙을 가르치지 못했기 때문에 생겨난 것입니다. 이같이 구약의 모든 사실을 영적으로만 해석하고 상징적으로만 다루어 왔기 때문에 구약을 매일 읽어도 구약이 말하는 현실 세계를 생생하게 보지 못하고 다만 숨겨져 있는 우화적 의미만을 탐구하게 되는 것입니다.

어떤 의미에서 구약 사회는 비성경적인 사회였습니다. 유대민족이 그들에게 주어진 성경을 인정했다고 볼 수 있지만, 실제로는 중생하지 못했고 성령의 도움 없이 산 자연인에 불과했습니다. 그리스도인이 성경적이라는 용어를 쓸 때는 신약을 포함해 말하는 것인데, 신약은 성령을 약속받은 하나님의 믿음의 백성에게 전달된 것입니다. (신약에서 말하는 교회는 가르치는 '敎會'가 아니라 교제 단체인 '交會'인 것을 기억해야 합니다.)

구약은 잘 읽어 보면, 공자의 《논어》나 칼 마르크스나 레닌의 저술처럼 자기희생이나 원수 사랑이 전혀 불가능한 자연인들로 구성된 사회에 주어진 것임을 알 수 있습니다. 그러나 모든 자연적인 사회에서 개인이 사회적 기능을 발휘하고 개인의 목표를 이루려면 개인의 자유를 집단을 위해 부분적으로 희생해야만 한다는 것을 쉽게 깨닫게 됩니다. 세력이 강한 사람일수록 어떤 이유로든 질서를 강요하면서 자신은 더 많은 자유를 누리는 쪽으로 일을 진전시켜 결국 세력 있는 사람이 질서 유지의 조정자로 등장합니다. 또 세력이 약한 사람도 악한 이들로부터 보호받기 때문에 질서를 유지하는 그룹이나 세력이 있는 사람에게 더욱 고마워합니다. 강자의 보호 없이 개인의 자유란 의미가 없는 것입니다. 어느 시대나 개인의 자유를 지키기에는 너무도 약하고, 자유인으로 있다가는 굶거나 무참히 사기나 당하지는 않을까 하는 (흔히 저변에 깔린) 두려움 때문에 이런저런 방법으로 자기를 노예로 팔아 버리는 사람들이 수없이 존재했습니다. 이것이 홉스(Thomas Hobbes, 1588~1679)가 쓴 《리바이어던》(Leviathan)에 깔려 있는 가설입니다. 그리고 비록 어조는 조금 다르더라도 본질적으로 같은 내용의 가설이 로크(John Locke, 1632~1704)의 사회계약설의 개념에 담겨 있습니다. 사실 나치즘과 공산주의는 인간을 노예상태로 파는 절차를 이론화한 것일 뿐입니다.

성경, 특히 구약은 본 논의에 대해 단순하고 실용적이며 현실에 극히 적합한 사회·경제제도를 보여 줍니다. 성경은 경제학이 모든 인간 생활의 밑바탕임을 잘 파악하고 있습니다. 사람은 먹고 입고 잘 집이 있어야만 생존할 수 있으며, 집단으로 사는 경우에는 기본 욕구를 충족시킬 방법을 결정해 어떤 형태라도 규칙을 정할 필요가 있습니다. 이러한 규칙들이 발전해 나가면 결국 경제법규가 되는 것입니다. 성경은 아주 단순하고 가장 기본적인 경제법을 제시합니다. 사회 전체가 이 법을 실행하려면 어느 개인이나 사회의 일부 세력이 권력을 장악하여 하나님의 경제법을 무너뜨리려고 할 때 그들의 모든 시도를 재빨리 포착하여 제지해야 합니다. 그러면 문제없이 시행할 수 있을 것입니다. 하나님의 경제법을 무너뜨리려고 획책하는 자들은 모든 수단을 강구하여 민중을 기만하고 잠재우기 위해 달래는 등 갖은 애를 씁니다. 이리하여 일단 법이 폐기되면 피 흘리는 일이 없이는 다시 세우기가 불가능해집니다.

또 다른 방법으로 이것을 설명할 수 있습니다. 성경에서 우리가 살펴볼 수 있는 법은 자연법과 초자연법, 이 두 가지로 되어 있습니다. 자연법은 일반적으로 관찰이나 논리로 증명될 수 있는 반면, 초자연법은 성령의 충만함을 받아 초자연의 영역으로 들어간 사람들에 의해 증명됩니다. 하나님께서는 창조주이시자 자연 질서(이상적인 조건하의 자연 질서가 아니라 사도 바울이 로마서 8장 19-22절에서 말하는, 탄식하며 함께 고통하는 피조물이 있는 엔트로피 법칙을 따르는 자연 질서)를 유지하시는 섭리주로서 사회의 기능을 발휘할 수 있게끔 자연 사회에 법칙을 주셨습니다. 또 하나님께서는 믿는 사람들(성령을 받아 책임을 다하기로 결심한 자들)에게 법을 주시어 인간의 자멸을 막고 생명의 길로 인도하심으로써 인간 사회를 더 높은 수준으로 향상시키고, 파괴되어 가는 인간을 구원하도록 하셨습니다.

성경에 나오는 모든 자연법 중에서 가장 기본이 되는 법은 '토지법'입니다. 이는 역사적으로나 현대 세계를 살펴볼 때도 쉽게 파악할 수 있습니다. 헨리 조지는 성경의 가르침과 자연에 대한 관찰 결과가 일치하는 것에 깊은 감명을 받고 성경을 믿는 자들만이 아니라 온 세계 국민에게 폭넓게 알리기 위해 《진보와 빈곤》(*Progress and Poverty*, 살림 역간)이라는 대작을 저술하였습니다. 그리고 이것이 경제학의 자연법칙임을 논리적인 관찰 결과 입증하였습니다. 《진보와 빈곤》이 출판되자 그의 주장이 서구 사회에 만연된 문제들을 피흘림 없이 간단하게 치유하는 해결책으로 각광받게 되었습니다. 미국 노동자에서부터 아일랜드의 자작농에 이르기까지, 나아가 저명한 레오 톨스토이 백작이나 손문 박사에 이르기까지, 세계에 여명이 비치고 자유라는 오랜 꿈이 성취되는 듯싶었습니다. 그러나 이는 너무나 안이한 기대였습니다. 러시아 지주 계층의 완고함으로 그 나라가 피로 물들었습니다. 그리고 급기야 진홍빛 파도가 세계로 흘러들어

자연법의 논리성이나 하나님의 음성을 거절하는 나라마다 그와 같은 완고함이 분노와 폭력을 불러일으켰습니다.

헨리 조지가 논리성과 관찰 그리고 이성에 호소했기 때문에 하나님의 계시만을 믿는 사람들은 이를 무시하였습니다. 또 이성이라는 얄팍한 외양으로써 이러한 이론을 받아들인 사람들은 탐욕과 권력욕에 의해서만 움직였습니다. 그리고 헨리 조지에게 반대하는 자들은 세계의 이목이 갑자기 볼셰비키 혁명에 집중되어 헨리 조지가 잊혀지자 아주 반가워하였습니다.

그럼에도 헨리 조지의 《진보와 빈곤》에 나타난 진리는 여전히 그 빛을 발할 것입니다. 이사야와 예레미야 같은 위대한 선지자들이 당시 권력층으로부터는 외면당했으나 그 진리는 살아서 더욱 영롱하게 빛을 발하듯이 말입니다.

6
성경적 경제 원리

 성경이 어떤 경제 질서를 의로운 경제 질서라 하는지 살펴봅시다. 정의는 모세의 율법과 이스라엘 선지자들의 모든 가르침의 골자가 되는 일관된 사상입니다. 사회정의와 경제정의는 인간에 대한 법이든 하나님에 대한 법이든 모든 율법의 기초를 이룹니다.

 창세기부터 시작해 성경의 전체적인 내용은 부자와 가난한 자, 압제자와 압박받는 자 사이에 빚어지는 불평등이 하나님의 뜻에 어긋나는 사악한 것이라고 끊임없이 지탄하고 있습니다. 히브리인들이 애굽을 떠나 가나안 땅으로 이주하게 된 직접적인 동기는 바로 불의와 압제로부터의 탈출이었던 것입니다. 하나님의 율법의 핵심이 구체적으로 표현된 십계명을 보면, 율법의 본질을 이루는 것은 하나님 아래에서 인간과 인간의 평등한 관계라는 것을 알 수 있습니다. 또 우리는 구약성경을 통해 거짓 신(神)이란 압제와 불의와 부패를 허용하는 신인 반면, 하나님은 정의의 율법을 대표하는 참 신이심을 알 수 있습니다.

레위기 25장은 성경의 경제 원칙들을 위한 초석이 되는 내용을 담고 있으며, 따라서 성경에서 가장 중요한 장(章) 가운데 하나라고 볼 수 있습니다. 신구약을 막론하고 어디에서나 이 원칙이 폐기된 적이 없습니다. 다만 신약에서는 그것이 '성취되어야'(다시 말해 그 기본 원칙들을 구체화하는 실제적인 적용이 이루어지는 것을 말함) 한다고 가르치고 있습니다. 이 레위기 25장은 이스라엘 백성들이 약속의 땅 가나안에 들어간 이후 수립해야 할 경제 및 사회생활의 기초를 제시합니다. 그것은 불평등한 사회 계급이 생겨나지 않게 하고, 심각한 빈곤을—우발적인 요인으로 초래하는 것을 제외하고는—방지할 수 있는 사회제도였습니다. 그 밖에 이러한 율법을 보완해 주는 다른 율법들이 있었습니다. 그것은 '자비'의 율법으로, 근본적으로 의로운 제도의 테두리 안에서도 우발적인 요인 때문에 발생할 수 있는 빈곤을 구제하는 데 목적이 있었습니다.

이에 대한 중심 구절은 레위기 25장 23절에 나타나 있습니다.

……토지는 다 내 것임이니라 너희는 거류민(나그네)이요 동거하는 자로서 나와 함께 있느니라.

정녕 우리는 단 하룻밤 동안 머무는 나그네요 하나님의 품꾼일 뿐임을 명심해야 합니다.

창세기는 이 지구가 주님의 것으로, 그 누구의 개인 재산이 될 수 없음을 명백히 가르치고 있습니다. 레위기와 신명기에는 생명과 자유 및 토지에 대한 각 개인의 권리가 보장되어 있으며, 하나님 아래에서 사람과 사람 사이의 평등한 관계가 경제적으로 구체화되어 있습니다. 레위기 25장에는 모든 세대의 인간이 토지에 대한 자신의 권리를 확보할 수 있게끔 한 방법을 제시하는데, 바로 '희년('자유의 해' 혹은 '나팔의 해'라고도 함)의 방법'입니다.

희년의 방법이란 무엇입니까? 희년이란 일곱 번째 안식년의 다음 해를 가리킵니다. 안식년은 7년마다 오는데, 안식년이 되면 땅을 경작하지 않고 묵히며 부채를 탕감하면서 노예나 종을 해방시켜 줍니다. 일곱 번째 안식년이 지난 다음 해, 즉 희년에는 토지 그 자체가—그동안 그 토지의 소유권이 얼마나 많은 사람들의 손을 거쳐 넘겨졌든지 관계없이—맨 처음 분배되었던 원 소유주의 가족에게 돌아갑니다. 오늘날 소위 '문명화된' 대다수의 국가에서 허용하고 있는 토지 매매 개념을 성경은 죄악으로 엄격히 금지하고 있습니다. 토지 소유주가 자기 토지를 팔려고 할 때 그가 할 수 있는 것이란, 다음 희년이 오기까지 그 토지에 대한 임대권을 제공하는 것입니다. 그리고 토지의 매도인(賣渡人)—혹은 그의 가족—은 자기 토지를 매도(즉 임대)한 후 언제라도 임대료의 잔여금을 반환함으로써 그 토지를 되무를 수 있는 권리를 가집니다. 성경에서 'redeem'('구속[救贖]하다, 되무르다'란 뜻)은 임대료의 잔금을 지불하고 자기 토지를 되무르는 경우나 전쟁 포로에 대한 몸값[贖錢]을 지불하여 석방시키게 하는 경우에 동일하게 쓰입니다. 이 말은 원래 토지와 관련된 뜻으로 쓰였는데 후에는 주로 영적인 의미나 상징적인 의미로 사용되었습니다.

성경에 따르면, 토지에 대한 최장 임대 기간은 50년이 되는 셈입니다. 모든 임대(즉 매매)는 희년에 이르러 기한이 끝나고 토지는 원소유주에게 돌아갑니다. (홍콩은 모든 임대 기한이 1979년에 만기가 됩니다. 이러한 사실은 홍콩의 경제에 지대한 영향을 주었으며 그 효과는 아주 긍정적이었습니다.) 토지는 그 소유 가족의 '상속 재산'으로 위탁된 것이기도 한데, 이러한 '상속 재산'의 개념은 매우 중요합니다. 왜냐하면 그 개념은 토지가 하나님의 소유라는 의미를 내포하기 때문입니다. 성경에서 주로 '기업'이라고 번역한 헬라어 원뜻은 '제비뽑기로 토지를 나눈다'라는 뜻입니다. 성경에 무수히 언급되는 '기업', '몫', '경제', '재산' 등의 낱말은 제비뽑기를 통하여 모든 백성에게 공평하게 나누어 주시고자 하는 하나님의 뜻을 알 때 비로소 확실하게 이해할 수 있을 것입니다.

요약하면 희년의 방법은 가난한 사람들에게 다음과 같은 세 가지 기본권을 주는 것입니다.

(1) 토지를 되무를 수 있는 권리(토지를 매도한 때부터 희년까지의 기간에 해당하는 임대료의 나머지 금액을 지불하고 되무를 권리)
(2) 토지를 되무를 능력이 없는 경우, 희년에 자기 땅으로 되돌아갈 수 있는 권리
(3) 안식년에 자신의 부채를 탕감받을 수 있는 권리

이와 같은 희년의 방법은 백성들 사이에 토지의 균등한 분배를 보장해 주었으며, 백성들이 토지의 상속권을 박탈당하지 않게 해주고

토지가 지주 계급에 집중되는 것을 방지해 주었습니다. 레위기 25장 23절은 "토지를 팔 경우에 아주 팔아넘기는 조건으로 팔아서는 안 된다. 이것은 토지가 너희 것이 아니라 내 것이며 너희는 다만 그 토지를 사용할 수 있도록 허락받은 나그네요 우거하는 자로서 나와 함께 있기 때문이다(토지를 매매할 때는 본래의 소유주가 언제든지 그 토지를 다시 사들일 수 있는 권한이 계약상에 인정되어야 한다)"라는 뜻입니다.

가난한 사람들을 위한 이러한 권리에 덧붙여 권리 보장의 손이 미치지 않을 경우를 대비해 여러 가지 세부 규정도 마련하고 있습니다. 예를 들면 어린 자녀들을 길러야 하는데 자신의 땅을 경작해 줄 일꾼이 없거나 이미 팔아넘긴 토지를 되무를 능력이 없는 과부를 위한 규정이 그것입니다. 성경은 정의와 자비를 구별하고, 합법적인 권리와 윤리적인 권리도 구별합니다. 어떤 사람의 합법적인 권리나 정의에 호소하는 것이 모두 강구되었을지라도 함께 사는 마을 사람들의 자비에 의뢰할 수 있는 윤리적 권리가 있어서 그를 구제할 수도 있었습니다. 예를 들면 밭에서 이삭을 거둘 수 있는 권리가 여기에 포함되는데, 수확이 끝난 뒤 토지 소유주가 떨어진 이삭까지 거두는 것을 금하는 것입니다. 그 밖에 매 3년째 되는 해 수확의 십분의 일을 지역 마을에 비축해 둠으로써 다른 구제책으로 돌볼 수 없는 사람들의 필요를 충족시키도록 하고 있습니다.

오늘날 소위 복지국가에서 채택하고 있는 사회보장제도가 복잡하고 비인격적이며 관료주의적일 뿐만 아니라, 엄청난 경비가 들어 혜택을 주기보다 오히려 자체 운영비가 더 들어가는 것에 비해 성경상의 제도가 얼마나 인격적이며 효율적인 방법인지를 쉽게 깨달을 수 있을 것입니다. 이러한 복지 체제가 실시되면 전체 국가 예산이 대폭 줄 것입니다. 희년의 방법을 현대 사회에 적용한 '토지가치세'를 비판하는 사람들은 그렇게 해서는 오늘날의 국가 경제를 운영하기에 충분한 세입이 마련될 수 없다고 주장하지만, 좀더 세밀히 검토해 보면 성경적 모델을 채택할 경우 국가 기관이 훨씬 단순해지고 경비도 적게 드는 것을 알 수 있습니다.

신약성경에서 예수님은 구약 율법을 "폐하러 온 것이 아니라 완전케 하려고" 오셨다고 말씀하십니다. 정의에 대한 기본적인 메시지가 다른 관점에서 재해석되고 있는데, 강제적이며 기계적인 준수 규정보다는 인간의 마음에서 자발적으로 우러나오는 실천의 문제로 발전하고 있는 것입니다. 구약성경에서는 주님의 율법이 왕의 정책(즉 정부의 규약)에 의해 강요되기도 하고 폐지되기도 했지만, 신약성경에 이르면 각 개인이 성령의 권능에 힘입어 어떤 외부 제재 없이 자발적으로 율법을 지키되, 최소한의 합법적인 요구를 단순히 지키는 것만이 아니라 관대하게 서로 나누는 공동체를 영위할 수도 있음을 보여 줍니다. 이처럼 정의의 길이 사랑의 길로 활짝 열려 함께 융합되고 있는 것입니다.

역사의 과정에서 예수님은 많은 사람들에게 많은 의미를 주셨으며, 그분의 역할과 말씀에 대한 이해도 다양한 생활 방식과 관습 및 이념에 부합하도록 재해석되고 조정되어 왔습니다. 교회가 생기고 3세기 동안 교회는 가장 단순한 형태의 공동체 생활을 실천한 결과 놀라운 효과를 거두었는데, 국가에 의한 가혹한 박해에도 불구하고 생명을 유지했을 뿐만 아니라 계속 확산되고 성장하였습니다. 하지만 로마제국이 기독교를 수용하게 되면서 아무런 토지개혁도 도입하지 않은 채 교회를 지배하기에 이르렀습니다. 교회는 지주제도를 용납했고, 오히려 이에 대항하는 사람들을 이단자로 몰면서 암암리에 지지하기까지 했습니다.

전체 교회사를 훑어보면 여러 시대에 걸쳐 '코이노니아'(서로 나눔, 공동생활) 혹은 토지 소유에 관한 성경적 개념을 회복하기 위해 다양한 형태의 많은 운동이 전개되었음을 알 수 있습니다. 그러나 그때마다 이러한 운동은 집권자들에 의해 철저히 좌절되었는데, 이는 현실에 어두운 순진한 '신학자'들이 금전에 매수되거나 이들을 비호했기 때문입니다.

이후 희년 개념을 현대화한 것으로 볼 수 있는 토지가치세 도입과, 19세기와 20세기에 일어난 민주화 과정의 진전과 더불어 개혁에 대한 진지한 노력은 널리 확산되었고, 어느 정도 성과를 거두기도 했습니다. 그럼에도 교회 당국은 지주제도인 바알의 법을 대부분 계속 지지하며 경제학에 관한 성경의 가르침을 '영적인 것으로 해석'해 버리거나 믿을 수 없는 것으로 여겨 왔습니다.

다시 예수님께로 돌아가 보면 그분은 자신을 희년, 즉 자유의 해를 선포하는 사람으로 간주하고 있음을 알 수 있습니다.

> 주의 성령이 내게 임하셨으니 이는 가난한 자에게 복음을 전하게 하시려고 내게 기름을 부으시고(이는 메시아, 즉 그리스도를 의미함)······ 눌린 자를 자유롭게 하고 주의 은혜의 해(자원의 해, the voluntary year of the Lord)를 전파하게 하심이라(눅 4:18-19).

이 말씀은 희년이 정부에 의해 선포되기를 기다리지 말고 성령을 받은 신자들 사이에서 자발적으로 희년을 실천해야 한다는 것입니다. 이것이야말로 오순절에 초대교회가 성령을 받자마자 행동으로 옮긴 것입니다.

희년 개념의 본질은 '자유'입니다. 인간은 각자─아무런 채무나 부담도 없이─자유롭게 자신의 기업으로 돌아갈 수 있으며, 그것에 합당한 어떠한 행위도 필요하지 않습니다. '은혜'란 값없이 주어진 선물이자 채무의 탕감이고, 유업으로 물려받은 것의 회복을 말합니다. 예수님은 자유와 구속을 선포하신 것입니다. 여기에는 다음과 같은 영적인 진리가 내포되어 있습니다. 즉 하나님은 그의 백성을 마귀에 의해 유업을 빼앗기고 죄의 노예가 된, 하나님에 대한 의무를 실행치 못함으로써 빚에 묶여 버린 존재로 여기고 있는 것입니다. 예수님은 백성들을 해방시켜 자기의 기업으로 돌아가게 하셨는데, 이때의 기업이란 팔레스타인의 옥토가 아니라 앞으로 실현될 나라를 가리킵니다. 또 희년을 실현시킬 수 있는 것도 덧없이 사라져 갈 세속의 권력이 아니라 성령인 것입니다.

교회가 그 가르침을 영적인 진리에만 국한하려는 경향이 있지만 우리는 이렇게 의문을 제기해 보아야 할 것입니다.

'이러한 희년의 원칙을 우리 일상생활에서 실제로 적용할 방법은 없을까? 하나님께서는 그리스도인들이 이 희년의 원칙을 어떻게 적용하기를 원하실까?'

초대교회의 경우에는 자원해서 재물을 서로 나누고 공동체 생활을 어느 정도 실현함으로써 자발적인 희년의 형태를 취했습니다(행

2:41; 4:32). 그리고 우리는 성령의 권능으로 세워진 이러한 희년의 실행이 효과적이었음을 분명히 확인할 수 있었습니다. 그들 가운데 핍절한 사람이 한 명도 없었던 것은 "믿는 사람이 다 함께 있어 모든 물건을 서로 통용하고, 재산과 소유를 팔아 각 사람의 필요에 따라 나눠 주었기" 때문입니다.

그런데 우리의 소위 '민주'사회는 어떤 실정입니까? 미국의 독립선언문에는 "우리는 이러한 진리를 자명한 것으로 선포하노니, 만인은 평등하게 창조되었으며 창조주로부터 양도될 수 없는 제 권리를 받았으니 이중에는 생명과 자유 및 재산에 대한 권리가 포함된다"라고 선언하고 있습니다. 만일 이것이 성경의 말씀대로 '생명과 자유 및 토지'라고 기술되었더라면 역사가 얼마나 다르게 변했을까요! 그러나 의회는 흑인 노예가 과연 '재산'인가 아닌가에 대한 논쟁의 수렁으로 빠져들었고, 그 결과 무의미하기 짝이 없는 '행복의 추구'라는 쾌락주의적인 용어를 대용(代用)하기로 합의하기에 이른 것입니다.

오늘날 대다수 미국인들은 하나님의 뜻은 고사하고 자유나 토지 혹은 상호 간의 여러 권리보다도 행복 추구에 더 관심을 기울이고 있습니다. 미국 대법원의 결정에 의해 공립학교에서는 '창조주가 계시며 인간은 창조된 존재'라고 가르치는 것을 금지하며, 대신 인류는 우연의 산물이라고 가르치게 하고 있습니다. 이러한 움직임의 영향 아래 유엔은 30조항에 이르는 '인권'(人權)을 선포했는데, 세밀히 검토해 보면 그것들은 토지나 자유를 갖지 못한 '노예의 권리'라는 사실을 알 수 있습니다.

미국의 경제학자 헨리 조지는 다음과 같이 신랄하게 지적하고 있습니다.

오늘날 우리 문명의 한복판에 존재하는 이 뼈저린 고난과, 부와 빈곤 사이의 이 엄청난 괴리를 하나님 탓으로 돌리는 것은—비록 직접 말하지 않고 암시적으로 내비치겠지만—신성모독이다. 이 근원적인 모순의 원인은 다른 데 있다. 그것은 하나님의 자녀들로부터 기업을 없애 버리고 그들의 유업을 빼앗아 간 불의에 기인하는 것이다.

하나님은 만인의 아버지이시고 우리는 모두 이러한 전 우주적인 아버지의 자녀들입니다. 우리가 살고 있는 비옥한 이 땅은 하나님께서 값없이 거저 주신 선물입니다. 우리는 하나님 안에서 한 형제로, 이 땅을 평등하게 사용할 권리를 갖습니다. 그럼에도 불의에 기초한 인간의 법은 이 비옥한 지구가 모든 하나님의 자녀들이 고루 사용하도록 존재하는 것이 아니라 소수의 특권층만이 사용하도록 존재한다고 주장합니다. 헨리 조지에 의하면 바로 이것이야말로 풍요 속의 빈곤이라는 현시대의 수수께끼와, 퇴보와 같은 경제적 악의 근원이 된다는 것입니다.

경제적 악을 초래하는 근본 원인에 대한 헨리 조지의 이러한 분석은 하나의 적절한 해결책을 제시하고 있습니다. 그것은 모든 사람에게 토지에 대한 그들의 자연적 권리를 회복시키는 일입니다. (소위 '인권'이라고 하는 것에 관한 유엔의 목록 가운데는 바로 이것이 생략되어 있습니다.) 그러나 우리의 현대적 조건 아래에서는 토지를 균등하게 분할하여 분배하거나 원 소유주를 정하기가 불가능합니다. 그렇다면 어떻게 할 수 있겠습니까? 헨리 조지는 신성한 재산권에 대한 그의 지지를 표명하면서 토지와 재산을 구별해야 한다는 사실을 명백히 하고 있습니다. 그는 신성한 재산권이 각 개인의 자기 자신('자유' 및 '생명')에 대한 권리와 자신의 능력을 사용하는 데 대한 권리 그리고 자신의 노력의 결과를 즐길 수 있는 권리에 입각한다고 주장합니다. "만일 내가 노동을 하여 고기를 잡았다면 그 고기는 마땅히 내 것이고, 내 힘으로 기계를 만들었다면 그 기계는 나에게 속한 것이다. 이것이 바로 신성한 재산권이다"라고 할 수 있겠지만, 비옥한 이 땅은 그 누구의 생산물도 아닙니다. 이것은 하나님께서 값없이 거저 주신 선물로, 만인에게 그에 대한 평등한 권리가 있는 것입니다.

헨리 조지는 토지를 균일한 크기로 분할하지 않고서도 만인이 평등한 권리를 확보할 수 있는 방도를 제시합니다. 그것은—토지에 대한 각 개인의 노동의 결과로서가 아니라—인구 증가 및 사회의 성장과 발전의 결과(즉 도로 건설·급수·전력 공급 등)로서 토지에 부가되는 가치를 사회 전체를 위해 쓰일 세금으로 거두어들이는 방법입니다. 이것이 바로 '토지가치세'(land value taxation) 혹은 '대지가치세'(site value taxation)입니다.

오늘날 대중간행물에서는 '재산'과 '토지'라는 두 단어를 계속 혼동하여 사용하고 있습니다. 흔히 '재산세'라 부르는 것은, 부분적으로는 소유 재산에 대한 세금이고 부분적으로는 토지에 대한 세금입니다. 만일 '토지'와 '부가가치물'(improvements, 노동을 투여해 개량된 것)이라는 단어를 구별해 일관성 있게 사용하고 조세에 대한 논의를 이 중심적인 두 대상에 따라 명확하게 분류한다면 모든 혼동을 피할 수 있을 것입니다. 하지만 토지를 많이 소유한 사람은 공동사회의 경비를 철저하게 분담해야 하는 조세납부를 피하려면 그와 같은 문제점을 계속 혼동시키는 것이 자신에게 유리하리라고 생각할 것입니다. 그러나 성경 연구가들은 결코 이런 함정에 빠져서는 안 됩니다. 하나님께서 창조하신 것과 사람이 만든 것을 명확히 구별해야 합니다.

헨리 조지는 토지 가치에 대한(개인의 노력의 결과로 얻어진 개량 혹은 진보의 가치에 대한 것이 아니라) 과세를 제안했는데, 이것은 생산이나 고용 분배 그리고 경제 안정에 이로운 영향을 줄 것으로 기대됩니다. (이미 수많은 도시에서 시행되어 효과가 입증되었습니다.) 토지가치세는 토지를 소유하려고만 하는 사람들과 투기꾼들에게는 아주 불리하게 작용하겠지만, 토지를 활용하려는 사람들에게는 토지를 쉽게 입수하여 사용할 수 있도록 도움을 줄 것입니다. 토지가치세를 실시하면 지주는 자기 토지를 사용하든지 아니면 사용할 의향이 있는 다른 사람에게 양도해야 할 것입니다. 또 토지가치세는 토지를 가장 효율적으로 사용하는 사람들을 지원해 줄 것입니다. 그것은 자연에 자본과 노동력을 투여할 수 있는 기회를 열어 주며, 높은 경제 성장과 인플레 억제 및 대외 경쟁력 향상에 이바지하도록 이끌어 줄 것입니다.

7
인구문제

 오늘날 세계적인 기근 현상에 대해 성경은 어떤 해결책을 제시할까요? 기근 현상과 인구 증가는 어떤 상관관계가 있을까요?

 이 문제에 대한 성경적인 해결 방법이 정확할 뿐만 아니라 실행 가능성이 있다는 사실을 밝혀 내기 위해 과학적이며 통계학적인 연구가 꾸준히 시도되어 왔습니다. 그런데 세계경제를 배후에서 움직이는 집단들 중에는 사람들이 성경의 해결 방법을 믿거나 적용하지 못하도록 막아야 한다고 주장하는 무리들이 있습니다. 이러한 주제를 다룬 책 가운데 드카스트로(Josue DeCastro, 1908~1973)가 쓴 《기근의 지정학地政學》(The Geopolitics of Hunger)이 있습니다. 브라질 학자인 저자는 단백질 결핍이 인구문제를 얼마나 악화시키는지 밝히면서 인구 증가로 단백질 결핍 현상이 더욱 심화된다는 사실을 보여 주고 있습니다.

하지만 단백질을 대량 생산하려면 곡물을 생산하기 위한 것보다 더 넓은 토지가 필요합니다. 따라서 이 문제는 결국 우리에게 '토지 문제'의 심각성을 깨닫게 합니다. 드카스트로는 전체 인구가 풍부한 단백질을 섭취할 수 있을 만큼 활용할 땅이 충분하다면 인구는 계속 안정선을 유지하게 되고, 단백질이 풍부한 음식을 섭취하는 식이요법이야말로 자연의(나는 이것을 '하나님의'라고 말하고 싶습니다) 자연스러운 출산조절법이라고 주장합니다. 빈곤하면 국민들의 생활수준이 낮아질 수밖에 없고, 결과적으로 영양분이 형편없는 곡물류만 섭취함으로써 출생률이 급증한다는 것입니다.

그렇지만 이 문제에 대한 성경의 해결책은 놀라울 정도로 간단합니다. 모든 가족에게(결코 남에게 양도될 수 없는) 자기 소유의 땅을 기업으로 가질 수 있게 권리를 보장하는 것입니다. 토지에 대한 이러한 권리는 다른 모든 인권을 가능케 하는 '인권의 기초'인 것입니다. 이것을 배제한 인권이란 실상은 '노예의 권리'(the rights of slave)에 지나지 않으며, 정부가 토지에 대한 권리를 떠나서 인권을 보장하려고 한다면 그것은 완곡하게 표현해 '국가의 고용인'(wards of the state), 좀더 노골적으로 말하면 '국가의 노예'로 전락한 국민 대중을 정부 차원에서 단순히 관리하는 것에 지나지 않습니다.

'인구 과잉 현상'을 경고하는 주장들이 계속 들려오는데, 누구라도 세계지도를 가져다가 지구상의 개간할 수 있는 땅을 계산한 뒤 그것을 총인구로 나누어 보면 인구문제란 있을 수 없다는 사실을 발견할 것입니다. 이것은 인간의 토지에 대한 천부(天賦)의 권리를 부정하려는 지주들이 문제의 핵심을 숨기고자 조작한 '신화'(神話)에 불과합니다. 전 세계 인구를 모두 미국 전역의 개간 가능한 땅으로 이주시켰다고 가정해 봅시다. 그래도 인구밀도는 남한의 4분의 1에 불과합니다.

개간할 수 있는 땅과 경작 가능한 기간의 관점에서 볼 때, 기근에 시달리는 나라들은 대부분 오히려 인구밀도가 낮은 편에 속합니다. 그러므로 기근을 초래하는 근본 원인은 가혹한 지주, (좀더 현대적인 용어로 표현하면) 토지 투기꾼들에 의한 비효율적인 토지 사용에 있음을 알 수 있습니다. 게다가 식량을 자급자족할 만큼 충분히 생산해 내지도 못하는 국가에서—그 가운데는 경작 가능한 땅에 대한 인구밀도가 세계에서 가장 높은 편인 한국도 포함됩니다—엄청난 면적의 경작지를 맥주용 보리나 술 만드는 원료로 쓰이는 쌀, 위스키용 옥수수와 보리, 보드카용 감자, 그 밖에 차·커피·아편·담배 등과 같은 비식용작물을 위해 사용합니다. 세계 시장에서 가장 수익성이 높아 토지 투기꾼들이 투자 대비 최대의 수입을 얻기 위해 주로 경작하는 것이 바로 비식용작물입니다.

지금도 (이미 우리가 사용해 온 농사법으로) 전 세계 인구를 열 번 먹이고도 남을 만한 엄청난 양의 식량을 경작하기에 충분한 면적의 토지가 남아 있습니다. 하나님은 우리에게 지구라고 하는 풍요로운 행성을 주셨습니다. 사태가 악화된다고 해서 그분을 비난하지 맙시다. 오히려 우리가 하나님의 법 가운데 어떤 것을 무시해 버렸는지 살펴보고 그 법에 따라 살며 일합시다. 그러면 우리는 이 지구를 '에덴동산'처럼 만들어 갈 수 있을 것입니다.

최근 출판된 해리슨(Fred Harrison, 1944~)의 《부동산 권력》(*The*

Power in the Land, 종합출판 범우 역간)은 토지를 소유한 사람들이 경제를 독점해 버리고 소위 '민주적인' 절차란 것을 이용함으로써 어떻게 권력을 장악할 수 있는지, 그리고 실업문제 등 중요한 사회문제들을 해결하지 못하도록 교묘하게 영향력을 행사하게 하는 실체에 대해 밝히고 있습니다. 땅값을 올림으로써 건설업계를 불경기로 몰아넣고 실업문제를 악화시켜 심각한 경기 침체와 경제 파탄을 초래하는 원인도 설명하고 있습니다. 이 책을 통하여 해리슨은 마르크스주의 국가들도 동일한 문제 때문에 어려움을 겪고 있다고 밝힙니다. 왜냐하면 토지 소유권이 국가로 넘어감으로써 하나의 지주만 존재하게 되었지만, 토지에 대한 적절한 임대료 책정이라는 기본 문제를 해결하지 못했기 때문입니다. 그 결과 사회주의 국가들도 자본주의 국가들과 동일한 문제를 안게 되고 만 것입니다.

현대 세계에서 '자본주의'(capitalism)라고 일컬어지는 것의 실상은 봉건주의의 변형된 한 형태에 불과한 것입니다. 고전적인 경제학자들(아담 스미스와 리카르도 등과 마르크스주의 경제학자들)은 토지와 자본을 구별하지 못한 똑같은 실수를 범하고 말았습니다.

성경을 읽는 사람이라면 누구나 "토지를 영구히 팔지 말 것은 토지는 다 내 것임이니라"(레 25:23)라는 말씀을 주목하게 됩니다. 토지와 공간은 하나님이 창조하신 것으로, 공기와 물과 마찬가지로 자연 질서의 한 부분으로 존재합니다. 어떤 방법으로든 사람이 토지를 만들어 낸다는 것은 불가능한 일입니다. 반면에 자본이란 저축한 것이든 다른 사람으로부터 착취한 것이든 누군가의 노동의 결과입니다. 자본을 다른 말로 정확히 표현하면 '동결(凍結)된 노동'(frozen labor)

이라 할 수 있겠지만, 토지는 결코 그렇게 표현할 수 없습니다.

해방신학을 주장하는 사람들은 최근 멕시코에서 교황 바오로 2세에 항거하는 대집회를 가졌습니다. 그들은 이렇게 말합니다.

"내가 배가 고프다면 그것은 내 개인의 문제다. 그러나 내 이웃이 주리고 있다면 그것은 영적인 문제다. 중남미에는 지금 허다한 영적인 문제들이 있다."

거기까지는 그럴싸한 말입니다. 맞는 말입니다. 그러나 영적인 문제를 해결하는 데 폭력을 이용한다거나 마르크스의 수법을 쓰려는 것은 해결책이 될 수 없습니다.

성경은 이미 분명하고도 실행 가능한 해결책들을 보여 주고 있습니다. 따라서 교회의 과제는 성경의 가르침을 실행하는 것뿐입니다. 그리하면 영원하며 평화적이며 자유를 유지할 수 있는 해결책을 당장 얻게 될 것입니다. 어째서 이 올바른 해결책에 대해서는 침묵을 지키면서 실현 불가능한 해결책만을 그리 열심히 지지한단 말입니까?

소위 민중신학과 해방신학의 주장에 대해 제가 심히 분개하는 이유가 여기에 있습니다. 그들은 '자본가 계층'을 지목하여 비난을 퍼붓는다는 점에서 마르크스주의 노선을 따르고 있으며, 결국은 지주들을 유리하도록 만드는 데 충실한 기여를 하는 셈입니다. 한편 지주들은 덕분에 자기들이 만들어 놓은 '연막' 뒤에 숨어 초연하게 지낼 수 있는 것입니다. 지주들은 아주 교묘한 방법으로 문제의 초점을 노동과 자본 간의 허구적인 싸움으로 돌려 버립니다. 그렇게 함으로써 그들은 국가의 경제문제를 해결할 수 있는 정책들이 효과적으로 시행되지 못하도록 좌절시킵니다. 반면에 토지의 가치에 따라 세금을 부과하는 간단한 방법은 피를 흘리거나 강제로 토지를 몰수하지 않고서도 실행 가능한 것입니다.

그런데 왜 이것이 실행되지 않을까요? '토지의 권세를 잡은 자들'인 지주들이 교묘하게 영향력을 행사함으로써 어떠한 법이 통과되더라도 효과적인 '토지가치세'만은 제정되지 못하도록 막고, 어떤 경제학 이론도 허용하되 토지의 성경적 개념에 기초를 둔 경제학만은 대학에서 금지하며, 어떤 종류의 신학도 다 가르치되 토지에 대한 성경의 가르침만은 다루지 못하도록 제외합니다. 또 외설적인 것이든지 선정적인 것이든지 관계없이 어떤 종류의 책도 다 출판할 수 있되 지주에 관한 것만은 손대지 못하도록 만들어 버린 데 그 원인이 있습니다. 이러한 은밀한 영향력으로 말미암아 장기간에 걸친 경제불황과 국제적인 전쟁이 초래되었는데, 이 상태는 더욱 심화될 것 같습니다. 성경은 죽은 후의 영생에 대한 비밀뿐만 아니라 이 땅에서 영위할 선(善)한 삶에 대해서도 말해 주고 있습니다.

그럼에도 다른 한편으로 우리는 영원한 것을 항상 염두에 두어야 합니다. 주위의 헐벗고 굶주리는 이웃에게 직접 옷을 나누어 주거나 간접적으로 할 수 있는 가능한 모든 경제·정치적 영향력을 행사하여 빈곤과 소외 및 비참한 상태를 유발하는 제반 사회 여건을 변화시켜야 합니다. 아울러 궁극적인 해결책은 오직 다시 오실 '의로운 심판관'이신 주님의 손에 달려 있음을 명심해야 할 것입니다.

성경의 가장 기본적인 가르침은 대략 다음과 같이 요약할 수 있습니다.

예수님은 그리스도이시며 우리 죄로 인하여 죽으셨고, 그 결과 우리는 성령세례를 받아 그분의 지혜와 능력으로 성결한 삶을 누릴 수 있습니다. 그리고 주님은 이 세상을 공의로 심판하시기 위해 다시 오실 것이며, 그때 그에게 속한 사람들은 죽음에서 부활하여 주님을 영접하기 위해 공중으로 들림 받을 것입니다. 그 후 천년 동안 이 땅을 다스리기 위해 그분과 함께 모든 성도가 돌아올 텐데, 그 기간은 완전한 평화와 정의의 시대가 될 것입니다. 그렇지만 참으로 문제가 되는 것은 인간의 마음이라는 사실을 성경은 분명히 밝히고 있습니다. 모든 사람이 그리스도의 다스림에 순종할 것이지만 자원적이거나 사랑에서 비롯한 것이 아니고, 그중에 많은 사람들은 단지 두려움 때문에 복종하며 그 마음속에는 분노가 가득할 것이라고 말씀하고 있습니다.

천년 왕국의 마지막 무렵 하나님은 이 사람들에게 진정한 자신의 의사를 밝힐 수 있는 선택의 기회를 주실 텐데, 놀랍게도 그들은 이 지구상의 가장 완벽한 통치 질서의 권위에 반역하여 싸우게 될 것입니다. 그때 (아마도 사악한 사람들이 고도의 공학기술을 악용함으로써) 이 지구는 파괴되고 말 것입니다. 그 후 그리스도께서 최후의 심판을 위하여 보좌에 앉으실 것이며, 하늘의 영광을 버리고 사람이 되셔서 인류를 위해 생명을 바치신 예수 그리스도의 심판을 받기 위해 이 땅에 살았던 모든 사람이 나아올 것입니다. 그때에야 진리와 공의와 은총을 거부했던 모든 죄인이 제거되고 비로소 영원한 하나님 나라 곧 새 예루살렘과 더불어 새 하늘과 새 땅이 세워질 것입니다.

우리 그리스도인들은 두 종류의 세계에 살도록 부르심을 받았습니다. 즉, 지금 이 땅에서 예수님의 이름으로 이웃을 섬기기 위해 힘쓰는 한편, 항상 영원한 하나님 나라에 소망을 두고 살아야 하는 것입니다!

8
그리스도인의 경제윤리

　성경이 분명히 밝히고 있는 것은 그리스도인들이 '이 세상의 왕국'에 살고 있는 동안에도 하나님 나라에 속한 윤리에 의해 다스림을 받아야 한다는 사실입니다. 바울은 "무엇을 사는 사람은 그것을 소유하지 않은 것처럼 하고 세상 물건을 쓰는 사람은 다 쓰지 못하는 사람같이 하라"고 했습니다. 왜냐하면 이 세상의 형적(形跡)은 다 지나가는 것이기 때문입니다(고전 7:30-31). 예수님도 "내가 너희에게 말하노니 불의의 재물로 친구를 사귀라 그리하면 그 재물이 없어질 때에 그들이 너희를 영주할 처소로 영접하리라…… 너희가 만일 불의한 재물에도 충성하지 아니하면 누가 참된 것으로 너희에게 맡기겠느냐…… 집 하인이 두 주인을 섬길 수 없나니 혹 이를 미워하고 저를 사랑하거나 혹 이를 중히 여기고 저를 경히 여길 것임이니라 너희는 하나님과 재물을 겸하여 섬길 수 없느니라"(눅 16:9-13)라고 말씀하셨습니다.

이 말씀이 그리스도인은 항상 가난해야 하고, 부유하게 될지도 모르는 사업을 하지 말라는 뜻일까요? 전혀 그렇지 않습니다. 이 말씀은 그 사업에 종사하는 그의 태도와 목적이 지극히 중요함을 의미합니다. 이에 관한 중심 구절은 마태복음 6장 33절입니다.

너희는 먼저 그의 나라와 그의 의(義)를 구하라 그리하면 이 모든 것[衣食住]을 너희에게 더하시리라.

사업을 할 때 그리스도인의 동기는 하나님 나라와 그의 의를 확장하는 것이어야 합니다. 그리스도인은 유해한 사업, 즉 이 세상에서 하나님의 질서를 파괴하는 사업에 종사해서는 안 됩니다. 선하고 유익하며 건설적인 사업에 종사하면서 윤리적인 방법, 즉 하나님의 성품과 하나님의 계명 및 하나님의 원칙에 부합하는 방법으로 사업을 경영해야 합니다. 또 그와 같은 사업을 찾아 윤리적인 방법으로 경영해 가는 경우에도 그리스도인은 사업에서 나오는 수익으로 무엇을 할 것인지에 대해 하나님께 답변할 수 있어야 합니다.

한번은 예수님께서 어느 부자 청년에게 그가 소유한 것을 모두 가난한 자들에게 나누어 주라고 말씀하신 적이 있습니다. 예수님은 이 말씀을 구원의 조건으로 삼은 것이 아니라 "어떻게 내가 온전할 수 있겠습니까?"라는 부자 청년의 질문에 대한 답으로 말씀하신 것입니다. 처음에 예수님은 계명을 지키되 네 이웃을 네 몸같이 사랑하라고 하셨는데, 청년은 이러한 계명을 이미 지키고 있다고 주장했습니다. 그러나 소유하고 있는 모든 것을 가난한 이웃에게 나누어 주라고 하셨을 때, 그 청년이 이웃보다 자기 자신을 더 사랑하고 있음이 분명히 드러났습니다. 부자 청년은 그렇게 할 수 없었던 것입니다. 예수님께서 "부자가 하나님의 나라에 들어가기보다 낙타가 바늘귀로 통과하는 것이 더 쉽다"고 말씀하신 것이 바로 그때였습니다. 이 말을 듣고 깜짝 놀라는 제자들에게 "사람의 힘으로는 할 수 없으되 하나님께서는 다 하실 수 있다"라고 하셨습니다. 나중에 많은 부유한 사람들이 예수님의 제자가 되어 그들의 소유물을 가난한 이웃들에게 나누어 주었을 때 이 말씀이 실현되었습니다. 어떤 사람들은 단번에 모두 나누어 주기도 했지만 대부분은 조금씩 그렇게 했습니다. 아무튼 그들은 "너희를 위하여 보물을 땅에 쌓아 두지 말고······ 오직 너희를 위하여 보물을 하늘에 쌓아 두라"는 예수님의 가르침을 진지하게 받아들였던 것입니다. 어떤 방법으로 돈을 버는지도 중요하지만 돈을 번 다음에 그 돈으로 무엇을 하는지도 그에 못지않게 중요한 것입니다.

그리스도인들은 부유해지기 위해 부정직하거나 사취(私取)하거나 비도덕적이거나 불공정할 수 없으며, 남을 부당하게 이용할 수도 없습니다. 어떤 사람은 불리하다고 할지도 모릅니다. 그러나 자기 자신만을 위해 악착같이 돈을 버는 사람은 손해나 실패에 대한 공포로 끊임없이 고통을 받습니다. 자신의 권세나 쾌락, 스스로의 위신을 위해 돈을 벌려고 애쓰는 사람들은 사리사욕에 눈이 멀어 더 이상 객관적으로 사물을 볼 수 없게 됩니다. 반면에 그리스도인은 냉정하고 초연한 자세를 견지할 수 있으며, 경기 동향을 객관적으로 검토하여 건실하고도 침착하게 판단을 내릴 수 있습니다.

그리스도인은 자신이 세상의 빛이라는 사실, 산 위에 있는 마을이 숨겨질 수 없으며 자기가 하는 모든 일을 보고 세상 사람들이 주님을 판단한다는 사실을 알기 때문에 그가 하는 모든 행위와 지출하는 모든 비용에 관해 객관적인 평가를 내릴 수 있어야 합니다. 그리스도인은 자신을 위해서는 거의 돈을 쓰지 않고 자신의 소유 대부분을 남을 위해 희사할 것이기에 매우 금욕적인 생활을 하게 될지도 모릅니다. 그러나 사업가로서는 점점 더 성공할 확률이 아주 큽니다. 왜냐하면 자연적으로는 객관적인 판단력을 지니고, 초자연적으로는 하나님께서 '행운'으로 그에게 복을 내려 주실 것이기 때문입니다. 마치 '행운'이 그와 동행하는 것처럼 보일 것입니다.

그리고 그의 올바른 판단력에는 초자연적인 요소도 포함됩니다. 야고보서 1장 5절에서, 누구든지 지혜가 부족하여 하나님께 구하면 하나님께서 주실 것이라고 약속합니다. 다만 자신의 뜻이 아닌 하나님의 뜻을 행하고자 하는 마음을 품어야 한다는 조건이 있습니다. 그러므로 어떤 사람이 하나님 나라를 위해 사업에 종사할 경우 그는 무엇보다 먼저 지혜를 구해야 합니다. 그러면 돈만을 위하거나 자기 자신이나 가족만을 위해 돈을 버는 이웃과의 경쟁에서 선견지명을 갖고 앞서게 될 것입니다.

여러 해 전에 사업에 뛰어든 한 무리의 그리스도인들이 있습니다. 그중에 한 사람이 사업에 대한 구상을 했으며 전체가 한마음으로 지혜를 얻기 위해 기도했습니다. 해가 바뀔 때마다 주님은 그들에게 얼마나 차입해야 하고 얼마만큼 제조하며 어떻게 판매할 것인지 등 필요한 것에 대한 지혜를 주셨습니다. 그들의 생활은 매우 금욕적이었으며 사업은 매년 확장되었습니다. 그러던 중 갑자기 주님께서 그들에게 사업을 중단하라고 명령하셨습니다. 그들은 순종하였습니다. 그런데 그해 시장 경기가 악화되어 그들의 경쟁자들이 모두 엄청난 손실을 보았습니다. 그러나 그들은 아무런 투자도 하지 않았으므로 하나도 잃어버린 것이 없었습니다. 대신 그들은 다른 분야에 손을 댔습니다. 그들의 사업 기준은 경영 방식을 비롯해 제품의 품질 관리 및 이윤 처리 면에서도 전적으로 하나님의 영광을 위해서였습니다. 이렇듯 그리스도인은 개인적으로나 집단적으로—사회를 위해 건설적인 유익을 줄 수 있는 것이라면—어떠한 활동에도 참여할 수 있으며, 그렇게 하는 과정에서 하나님의 복과 하나님의 인도하심을 기대할 수 있습니다. 그리고 만일 그의 사업이 (일정한 봉급을 받는 직업과는 대조적으로) 영리성을 띤 것일 경우에도 역시 거기에서 나오는 이윤은 하나님께 속한 것이고, 그분의 인도하심과 영광에 따라 사용될 것입니다. 봉급 생활자나 농장 소유주 또는 전문직에 종사하는 사람들도 모두 "너희는 먼저 그의 나라와 그의 의를 구하라"는 동일한 말씀에 따라 생활해야 할 것입니다.

3부 일하시는 하나님

Reuben Archer Torrey III

1
그의 나라와 의를 구하라

성경에 '하나님 나라', '천국', '하늘나라'에 대한 말이 나와서 얼마 전부터 연구하기 시작했습니다. 이 문제와 관련하여 마가·누가·요한복음은 아직 살펴보지 못했지만 마태복음만 보아도 '천국'에 대한 말이 50번이나 언급되어 있습니다. (자세히 설명하자면 많은 시간이 걸리기 때문에 간략하게 정리해 보겠습니다.)

하나님 나라에 대해서

'하나님 나라'에 대한 여러 가지 비유가 나오지만 모두 같은 뜻이 아니고, (제 입장에서 본다면) 그 의미를 다섯 가지로 나눌 수 있겠습니다.

첫째는 한 개인이 마음 안에 예수님을 왕으로 모시고 하나님께 충성을 바치기로 했을 때 그 마음이 하나님 나라가 되는 것입니다.

둘째는 예수님께서 "두세 사람이 내 이름으로 모인 곳에는 나도 그들 중에 있느니라"(마 18:20)라고 말씀하신 것처럼 두서너 명, 즉 모임 가운데 있는 하나님 나라입니다. 물론 단순히 모이는 것과 모임 중에 임재하시는 주님께 복종하는 것은 차이가 있습니다. '나라'란 왕국을 뜻하며 왕에게 무조건 복종해야 하는데, 복종하는 마음이 없으면 '하나님 나라'라고 볼 수 없습니다. 사실 첫째와 둘째의 공통점은 하나님을 왕으로 모시고 무조건 복종하기로 하는 것입니다. 내 마음에 복종할 결심이 섰으면 그 마음이 하나님 나라가 되는 것입니다.

셋째는 그리스도의 몸으로서의 '세계 교회'입니다.

넷째는 '천년 왕국'입니다.

다섯째는 '영원한 하나님 나라'로 분류할 수 있는데, '천년 왕국'과 '영원한 천국'에는 심판의 문제가 있습니다. '천년 왕국'과 '영원한 천국'에 관련되어 심판이란 말이 언급되고 있지만 헬라어로는 서로 다른 단어가 쓰입니다. '천년 왕국'에 대하여 '베마'($\beta\bar{\eta}\mu\alpha$, 롬 14:10; 고후 5:10)가, '영원한 천국'에 대하여는 '크리노'($\kappa\rho\acute{\iota}\nu\omega$, 계 19:2; 20:12, 13)란 단어가 사용되고 있는데 이에 대해서는 뒤에서 설명하겠습니다.

위의 다섯 가지를 전체적으로 살펴볼 때 다음 두 가지가 중요합니다. 하나는 왕에게 **복종**하는 것으로, 나와 왕과의 관계를 생각할 때 내가 왕께 복종하지 않으면 그는 나의 왕이 아닙니다. 또 모든 단체가 예수님이나 하나님께 복종하는지, 하지 않는지도 문제입니다. 실제로 예수님께 복종하는 것과 하나님께 복종하는 것에는 차이가 없습니다. 예수님은 모든 권세와 영광을 소유하신 하나님께 임명받았기 때문에 마지막까지 우리의 책임자이십니다.

다른 하나는 **능력**에 관한 것으로, 하나님께서 참으로 왕이시라면 능력이 있는지 없는지가 문제가 됩니다. 능력이 없는 왕이 어디 있습니까? 능력이 없으면 왕이 될 수 없습니다. 그런데 하나님께 능력이 있다면 그 능력이 어떻게 구체적으로 나타나는지 생각해 보아야 합니다. 먼저 개인의 마음에 대해 이야기해 봅시다.

하나님께 복종하기 위해 교회에 나가는 것이 아니라 자신의 요구에 하나님께서 복종해야 한다고 생각하는 사람들이 있습니다. 방법론만 잘 배우면 하나님을 다룰 수 있다고 생각하는 사람들이 있는데, 이것은 샤머니즘에서 온 사고입니다. 샤머니즘에서는 그 신들에게 정성스럽게 제사를 지내거나 굿을 하면 그 신들이 그들의 원을 들어준다고 생각합니다. 목사님들도 "우리가 올바르게 기도만 하면 우리가 원하는 대로 해주신다"고 가르칠 때가 있는데 여기서 "올바르게 기도한다"는 것은 샤머니즘에서 기원(祈願)하는 것과는 다른 것입니다. 그것은 자신의 요구를 포기하고 하나님의 뜻대로 되어야 한다는 결단이 있을 때 하는 기도를 의미합니다.

물론 나의 간구가 하나님의 간구와 같은 것이라면 무조건 이루어 주십니다. 그러나 나의 간구가 하나님께서 바라시는 것과 다르다면 하나님께서는 내가 원하는 것을 주시지 않습니다. 때로 우리가 너무 고집을 부려 "주여, 이것을 꼭 주셔야 합니다"라고 할 때 할 수 없이 허락하실 때가 있지만, 나중에 얼마나 많은 후회를 해야 하는지 모릅니다.

한 자매가 어떤 형제와 결혼하기로 하고 하나님께 "주여, 그 형제를 제 남편으로 주십시오"라고 간청하며 응답이 없는 하나님께 계속 요청해 하나님을 괴롭게 했습니다. 하나님께서는 그 자매를 위해 그 사람보다 더 나은 형제를 준비하셨는데 그 자매는 하나님의 뜻을 물어보지도 않고 (눈에 보이는 형제만 보고) "주께서 허락하셔야 합니다"라고 고집해 마침내 허락을 받았습니다. 하지만 그 자매는 평생 후회하며 살 수밖에 없었습니다. 나중에 부부 사이가 잘못된 줄 알게 되었지만 헤어질 수도 없고 죽을 때까지 함께 살 수밖에 없어 얼마나 고생을 하는지 모릅니다. 하나님께서 그 자매를 위해 준비해 둔 형제도 아마 어렵게 되었을 것입니다.

이와 같이 우리가 무엇을 구하든지 이루어 주시겠다는 말에는 조건이 있습니다. 무엇을 구하든지 **그분의 뜻대로** 하겠다는 결심이 있어야 합니다. 그러므로 먼저 성령의 인도하심을 받아 "주여! 저에게 무엇을 원하십니까?"라고 기도해야 합니다. 그러나 우리 교인들 중에는 이러한 태도를 지닌 사람들이 많지 않은 것 같습니다. 일을 하다가 어렵게 될 때 비로소 "하나님, 도와주십시오!"라고 합니다. 사업하는 사람이 돈이 필요할 때 은행에서 돈을 융자해 잘 쓰고 난 뒤 빌린 돈을 갚고 문제가 해결되면 은행과의 관계를 끝내 버리는 것처럼 많은 신자들이 하나님과의 관계를 그렇게 생각합니다. 필요할 때는 간구하고 문제가 해결되면 하나님을 잊어버리고 다시 일상으로 돌아가기 쉬운데, 특히 병 고치는 문제에서 그런 경우가 종종 있습니다.

많은 사람들이 "우리 아이를 위해 꼭 안수기도 해주셔야 합니다. 안수기도 안 해 주시면 곧 죽을 거예요!"라고 간청해 기도를 해주면 돌아가서 소식이 없습니다. 그러다가 2~3년 후에 우연히 만나 "그

아이가 어떻게 되었습니까?"라고 물으면 "아! 예, 지금 건강하게 잘 지내고 있습니다"라고 합니다. 그러고 나면 그만입니다. 지난 일은 싹 잊어버리고 감사하는 마음도 없이 마치 하나님이 자기의 하인인 것처럼 생각합니다.

예수님께서는 마태복음 6장 33절에서 "너희는 먼저 그의 나라와 그의 의를 구하라 그리하면 이 모든 것을 너희에게 더하시리라"라고 하셨습니다. 여기서 말하는 "이 모든 것"은 무엇입니까? 일반인에게 필요한 것입니다. 나쁜 것, 호화로운 것, 필요 없는 것이 아닌 매일의 먹을 것, 입을 것, 마실 것인데 이러한 것들에 대해 생각하지 말라는 뜻입니다. 그런데 "말도 안 되는 소리 하지 마시오! 우리는 먹어야 하고, 옷도 필요하고, 거주할 곳도 있어야 하는데 왜 그러한 것을 구하지 말라는 겁니까? 있을 수 없는 소리입니다. 나는 그런 것들을 다 구한 다음에 하나님의 일을 할 거예요!" 하는 태도를 가진 교인들이 많습니다. 먼저 자신의 문제부터 해결하고 난 뒤에 하나님 나라와 의를 생각하겠다는 것입니다. 그런데 예수님께서는 **"먼저 그의 나라와 그의 의를 구하라"**고 하셨습니다.

여기 **"먼저"**란 말은 사실 성령의 도우심 없이는 할 수 없는, 어렵고도 중요한 일입니다. 우리가 왜 성령을 받아야 합니까? 많은 사람들이 성령받는 것을 좋은 감정이나 감화·감동을 받는 것으로 아는데, 그것이 우리의 동기가 되어서는 안 됩니다. 먼저 하나님 나라와 그의 의를 실천하기 위해 성령을 받아야 합니다. 성령의 도우심 없이는 아무것도 할 수 없습니다. 또 한다고 해도 헛된 일일 뿐입니다. 많은 신자들이 성경을 여러 번 읽거나 듣고도 그 말씀을 실천하려

하지 않습니다. 말씀이 아름답기는 하지만 그저 시와 같이 듣기 좋은 것일 뿐 실생활과는 아무런 관계가 없다고 생각합니다.

저는 실제적인 문제를 해결하는 것은 일단 보류해 두고 영적인 문제를 먼저 해결하려고 하는데, 만약 실제적인 문제가 해결되었다면 그것은 기적입니다. 모든 교회가 해결하기 어려운 실제적인 문제를 위하여 기적을 기대하고 하나님을 의지해야 할 텐데, 많은 교회가 기적을 기대하지 않고 그러한 분위기도 없이 오직 실제주의적으로 '움직이기만' 합니다.

약 2년 전 어느 주교님께 편지를 받았는데 지금까지 답장을 하지 못해 이번에 답장을 해야겠다고 생각하고 그 편지를 다시 읽어 보았습니다. 그 주교님은 우리가 말로만 할 것이 아니라 실제적으로 해결할 수 있는 것은 해결하도록 노력해야 한다고 생각하고 있었습니다. 그는 대주교 신분으로 상원의원이 되었습니다. 왜 그가 상원의원이 되기로 결심했을까요? 하나님의 증인이 되기 위하여 하나님의 뜻이 무엇인지 다른 의원들에게 전해야 할 책임이 있다고 생각했기 때문입니다. 주위의 많은 사람들이 듣기 싫어했지만 사람들이 싫어하든 좋아하든 상관없이 그는 자기의 책임은 하나님 나라와 의를 구하는 것이라고 생각했습니다. 그런데 자꾸 실제적인 이야기만 하고 성령의 도우심을 구하지 않은 결과, 결국에는 아무것도 할 수 없다고 생각하게 했습니다. 그 일은 우리 신자들이 개인의 문제를 해결하기 이전에 먼저 하나님 나라와 의를 행하도록 노력해야 한다는 각성을 불러일으켰습니다. 그것은 바람직한 일이기는 했지만 성령의 도우심을 의지하지 않아 결국 아무런 효과도 거두지 못했습니다. 실제로 눈에 보이는 것만 생각하고 논리와 이성에만 호소하면서 기적을 기대하지 않는 태도는 곤란합니다.

교회는 초자연적인 능력으로 운영되는 그리스도의 몸입니다. 많은 교인들이 교회를 사회의 여러 기관 가운데 하나쯤으로 생각하고, 사람들에게 좋은 윤리를 가르치기 위한 학교와 같은 교육 기관 정도로 알고 있습니다. 신학을 공부하는 학생들도 일반 대학에서 법학이나 의학이나 그 외의 다른 과목을 전공하는 학생들이나 별다름 없이 공부할 뿐입니다. 실제적인 것만 생각하고 기적이나 기대에 관한 관심이 너무나 부족합니다. 하나님 나라에 대한 올바른 이해 없이 온 세계의 교회를 하나님 나라가 되도록 만들어서 세계를 변화시켜야 한다는 생각만이 많은 신학교에 팽배해 있음을 봅니다. 세계를 변화시키도록 힘써야 한다는 주장이 있더라도 우리 신자들은 세계를 바꾸기 이전에 자신이 활동하는 영역에서 직접 의를 실천해야 한다는 생각을 먼저 가져야 합니다. 그런데 기적을 기대하지도 않고 초자연적 지도를 받을 기회나 하나님께서 능력을 행하실 기회도 주지 않고 오직 자신의 머리로, 이론적인 것으로 하나님 나라를 만들려고 노력합니다.

성경은 하나님 나라를 '건설하라'고 하지 않고 '구하라'고 했습니다. '건설하라'는 것과 '구하라'는 것은 많은 차이가 있습니다. 우리가 하나님 나라를 구하기 원한다면 먼저 "하나님이시여, 제 마음에 들어오셔서 나의 왕이 되시고 나의 마음이 하나님의 나라가 되도록 허락하소서!"라고 기도한 다음, 주님께 무조건 복종하기로 약속해야 합니다. 그러면 능력을 받을 기대도 생길 것입니다. 예수님께서 능력 있는 분이라면 그분은 그 능력을 우리에게 나누어 주실 방법 또한 아십니다.

실제로 예수님께서 내 마음속에 들어오신 것은 기적입니다. 이미 승천하신 예수님께서 어떻게 내 마음에 들어오실 수 있습니까? 성령을 통하여 예수님께서 우리 안에 들어오시어 내 안에 거하셔서 내 마음을 변화시키고 주의 뜻을 행할 수 있는 마음과 실행할 능력을 주실 것입니다. 초자연적인 지혜로 지금 내가 해야 할 일이 무엇인지 분명히 알려 주고, 그 일을 시작하게 되면 어떻게 해야 할지 그 방법까지도 인도해 주시며, 그다음에 성공의 열매를 주시든지 고난의 십자가를 주시든지 각 사람의 필요에 따라 인도하실 것입니다.

예수님도 사역하실 때 하나님께서 초자연적인 능력으로 도와주셔서 크게 성공하셨습니다. 병든 자를 고치시고, 주린 자들을 먹이시고, 3년 동안 많은 능력을 행하시고, 매를 맞고 상처를 입으며 온갖 모욕과 침 뱉음을 당하고 가시관을 쓰신 후 십자가에 못박혀 돌아가셨습니다. 눈에 보이는 결과로는 예수님께서 성공하셨다고 볼 수 없습니다. 우리도 성공을 하든 고난의 십자가를 지든 주의 뜻대로만 행하면 됩니다. 때가 되면 하나님께서 큰 성공을 주실 것입니다.

예수원을 다녀간 대만의 형제자매들도 이곳에서 성령의 기름 부음을 받고 그의 나라로 돌아갔습니다. 지금은 모든 일이 순조롭게 되고 있지만 언제 핍박과 고난을 당하게 될지 알 수 없는 일입니다.

마태복음 13장 25-31절에 나오는 '밀과 가라지' 비유 말씀을 생각해 봅시다. 원수들이 일부러 밤에 나타나서 밭에 나쁜 가라지를 심었습니다. 싹이 나올 때 보니까 어느 것이 가라지고 어느 것이 밀인지 구별하기가 어렵습니다. 나중에야 종들이 가라지를 발견하고 그 주인에게 뽑아 버리자고 제안했을 때 주인은 좋은 밀까지 뽑힐까 걱정하면서 뽑기를 원치 않았습니다.

사실 교회사를 보면 이런 일들이 많이 있습니다. 마귀가 계획적으로 그들의 종들을 교회 안에 침투시킵니다. 그들은 교회법을 지키면서 예배도 잘 드리고 여러모로 믿는 척하고 다니지만 마음은 마귀에게 속한 상태입니다. 아나니아와 삽비라의 마음도 성령으로 차 있었던 것이 아니라 마귀의 생각으로 꽉 차 있었습니다. 마귀는 거짓말쟁이라서 거짓 성인이 되어 그 세력으로 기회를 포착한 뒤 교회를 다루기 시작합니다. 착한 사람들은 겸손하고 온유해 세력을 잡아 높아지려는 관심이 없지만, 악한 사람들은 세력을 잡으려고 얼마나 노력하는지 모릅니다. 우격다짐으로 세력을 잡은 다음에는 "하나님의 기적 같은 것은 다 옛날 이야기일 뿐이며 그런 것은 우리에게 적용할 수 없으므로 이제부터는 실제주의적으로만 하자"라고 소리칩니다. 이것은 "마귀의 방법으로 하자"는 것과 다름없습니다. "세상의 방법으로 실제주의자가 되자"고 하는데, 세속은 마귀에게 속한 것입니다. 그래서 교회는 점점 힘이 빠지고 마침내 능력이 없게 됩니다. 그러므로 그런 방향으로 나아가는 것을 반대하는 신자들이 "교회 안에서는 성경도 열심히 연구하고 기도도 해서 성령을 받고 능력을 얻도록 기도해야 합니다. 실제주의적인 일만 하는 것은 있을 수 없는 일입니다. 성령을 통해 능력을 받도록 기도해야 합니다"라고 하면, 실제주의만 외치는 자들에게 얼마나 큰 도전이 되는지 모릅니다. 그들이 속이는 자임이 금방 드러날 것입니다.

예수님께서 활동하시기 전까지 유대의 대제사장들과 바리새인들은 아주 착하고 올바른 사람들이었습니다. 온 사회와 교회로부터 인정받았는데, 예수님께서 활동한 다음부터 그들에게 악한 마음이 나타나기 시작했습니다. 예수님의 제자들은 공부를 많이 하지는 못했어도 병든 자를 고치고 귀신을 쫓아내는 등 많은 능력을 행했습니다. 그러나 바리새인과 사두개인들은 성령의 능력이 없으므로 전혀 그렇게 하지 못하자 큰 도전을 받아 큰일 났다고 생각하고 심지어는 예수님을 죽여야 한다고까지 생각했습니다.

지금 이와 같은 문제들이 있습니다. 가라지들이 교회 안에 많아 조심하지 않으면 그들이 우리를 핍박하고 교회 안에서 견디지 못하게 한 뒤 필요하다면 죽이기까지 할 것입니다. 교회사를 보아도 교인들끼리 서로 죽이는 일들이 얼마나 많았는지 모릅니다. 신교파 신자가 구교파 신자를 죽이고 구교파 신자가 신교파 신자를 죽였습니다. 그리스도인으로서 얼마나 부끄러운 일인지 말할 수 없습니다. 이러한 것은 밀 속의 가라지 때문에 발생한 일입니다.

온 세계의 교회가 하나님 나라를 위한 것이기는 하지만 세상에 속한 지식을 많이 갖고 있습니다. 하나님께서는 "마귀가 심어 놓은 것이지만 지금 뽑지 말고 내가 심판할 때까지 가만두어라"라고 하십니다. 하지만 우리는 자꾸 가라지를 뽑으려고 노력합니다. 주의 말씀을 듣지 않고 "빨리 우리가 이것을 해결해야 합니다!"라고 하면서 이 사람도 쫓아내고 저 사람도 쫓아내지만, 오히려 좋은 사람들을 쫓아내 버리고 나쁜 사람은 쫓아내지 않을 때가 많습니다. 이런 방법은 하나님의 뜻이 아닙니다. 교회가 분리되도록 하는 것은 마귀의 일입니다. 예수님께서는 교회 안에 문제가 생겼을 때 "그곳을 나오라"고 하신 적이 한 번도 없습니다. 언제든지 "참고 견디라!"고 하셨습니다.

계시록의 일곱 교회에 쓴 편지를 보면 각 교회에 많은 문제가 있었음을 알 수 있습니다. 어떤 교회에는 아주 강한 이단과 나쁘고 추한 일을 하는 사람도 있었지만, 하나님께서는 "내가 그를 심판하겠다. 너는 끝까지 충성하고 인내하라! 끝까지 참는 자는 승리를 얻고 상을 얻을 것이다"라고 약속하십니다. 그곳에서 나오라는 말도 없으며 재판하라는 말도 없습니다. 물론 교회의 지도자는 남을 재판해야 할 책임이 가끔 있습니다만, 대개 지도자 된 사람들이 가라지에 속하기 쉽습니다. 그러나 교인들은 그것을 알아도 그를 지도자로 인정해야 합니다.

바울은 대제사장 앞에서 아주 강경한 어조로 말했습니다(행 23:1-5). 대제사장이 마귀에게 속한 가라지인 줄 알아보고 그가 의롭지 않은 말을 했을 때 바울은 화를 냈지만 다른 사람들이 "어떻게 대제사장에게 심한 말을 할 수 있느냐?"라고 하자 "아! 대제사장인 줄 몰랐습니다. 각 나라의 지도자에 대하여 판단하지 말라는 것이 하나님의 말씀인 줄 압니다. 죄송합니다. 용서해 주시기 바랍니다!"라며 금방 사과했습니다. 바울은 자신이 올바른 입장에 서 있다는 확신이 있었지만 권위에 순복했습니다. 물론 서로 형제로 인정한 사이라면 지도자라도 형제로서 권면할 수 있겠지요. 그러나 세력을 가졌다고 해서 "내가 목사다", "내가 대주교다"라며 권위를 내세우면 우리는 아무런 말도 하지 못하고 오로지 하나님께 맡길 수밖에 없습니다.

우리가 할 일은 오직 '그의 나라와 그의 의를 구하는 것'입니다. 먼저 성령님이 내 마음에 오시기를 구하고, 그다음에는 우리가 속한 공동체 안에도 성령님이 오셔서 무조건 복종하기로 한 단체가 되도록 기도하며, 두세 사람이 예수의 이름으로 모이든지, 구역이나 친구끼리 모이든지 "주여! 우리에게 무조건 복종할 마음을 주시고 지혜와 능력도 주셔서 하나님 나라를 먼저 생각할 수 있도록 도와주소서!"라고 기도해야 합니다. 그다음에는 온 세계 교회를 위하여 "주여, 교회를 깨끗하게 하셔서 하나님 나라가 이루어지도록 허락하여 주시고 주께 복종하는 교회가 되게 해주소서"라고 기도해야 합니다. 우리가 사회에 좋은 영향을 줄 가능성이 있다면 그렇게 할 수 있도록 힘써야 할 것입니다.

온 사회가 하나님 나라가 될 수 있을지의 여부에 관해서는 교회 안에 여러 견해가 있습니다. 한편에서는 "우리가 올바른 정치도 하고 민주적인 세력을 이용해 스스로 열심히 노력하면 하나님 나라를 만들 수 있다"고 주장하는가 하면, 다른 한편에서는 "아니요, 우리가 아무리 노력해도 우리 힘으로는 할 수 없고 오직 성령의 힘으로만 가능합니다"라고 주장하기도 합니다.

그런데 예수님께서는 '노력하라'고 하기보다는 '구하라'고 하셨습니다. 이 땅 위의 세대가 끝날 때 예수님께서 재림하셔서 우리를 심판하실 것입니다. 그때 주께서 친히 판단하셔서 상급도 주실 것입니다. 우리 모두가 그의 나라에 들어가겠지만 그때 어떤 이는 빈손으로, 어떤 이는 벌거벗은 몸으로, 또 어떤 이는 상을 얻어서 들어가는 일이 있을 것입니다.

그런데 현대 교회에서는 "천당에 가기만 하면 되지"라고 말하는데, 성경에는 천당에 대한 언급이 거의 없고 주로 '하나님 나라'에 관해 다루고 있습니다. 들어갈 때 상이 있는지 없는지, 또 예수님께서 이 세상을 다스리기 위하여 오실 때 어떤 위치에 들어설 것인지의 문제는 중요합니다. 물론 그때는 먼저 가라지를 다 뽑고 태워 버릴 것이며, 남아 있는 밀 가운데는 아주 좋은 열매를 맺는 밀도 있고 열매 맺지 않는 밀도 있어 열매가 없는 사람은 다스릴 것이 없을지도 모릅니다.

이 말을 쉽게 표현하자면 어떤 이는 대통령이 되고 어떤 이는 군수가 되고, 또 시장이나 반장이나 읍장이나 유치원장과 같이 여러 위치로 정해질 것입니다. 주님께서 친히 그 자리를 다 분배하실 것입니다. 그런데 분배하실 때 무엇을 보고 판단하시겠습니까? 우리가 살면서 성령의 힘으로 효과 있게 많은 일을 했다면 높은 위치에 있을 것입니다. 지금은 우리가 할 일을 스스로 판단할 수 없으므로 모든 위치가 다 같다고 할 수 있겠지만, 그때는 높고 낮은 구분이 있을 것입니다. "나중 된 자가 먼저 되고 먼저 된 자가 나중 되리라"고 했으므로 지금 우리가 어떤 이를 높이고 어떤 이를 낮춰서 결정하면 잘못 판단하기 쉬울 것입니다. 실제로 (모든 사람이 그렇게 되는 것은 아니지만) 많은 사람들이 나중 된 자로서 먼저 되고 먼저 된 자로서 나중 될 것입니다. 이와 같이 하나님의 입장과 세상의 입장은 너무나 다릅니다.

헬라어로 '베마'라는 단어는 올림픽에서 상 주는 것과 같이 우리 신자들에게만 있는 심판을 말합니다. 우리 모두는 이미 주를 믿는 자로서 그의 나라에 속한 사람입니다. 그러므로 이 땅에 천년 왕국이 나타날 때 상급을 받을 자로서 책임을 다해야 합니다. 우리의 책임이 어느 정도였는지는 마지막 날 위치로 결정될 것입니다. 영적으로 성장하지 못한 사람은 유치원생처럼 될 것입니다. 그런 사람들은 많은 일을 했을지라도 하나님의 능력인 성령의 힘을 의지한 것이 아니라 세속적인 방법으로 했기 때문에 천국에서는 아무런 상급도 없을 것입니다. 반대로 우리에게 전혀 알려지지 않았던 사람들, 은밀한 곳에서 열심히 기도하고 그 기도의 능력으로 하나님의 일들을 행한 사람들은 금상을 얻고 높은 자리를 차지하게 될 것입니다.

천년 왕국 동안에는 온 세상이 주님의 통치 아래 들어가서 모두가 그를 왕으로 인정하고 그를 거스르는 일 없이 올바른 정치가 행해질 것입니다. 모든 사람이 4차원적인 몸으로 변화되어 초자연적인 지혜를 가지고 언제든지 예수님과 직접 연락할 수 있으므로 정확한 결정을 할 수 있을 것입니다. 그때는 깨끗한 환경과 완벽한 정치가 이루어질 것입니다. 그러나 천년 왕국이 끝날 무렵 인간은 본래 선하지만 좋지 않은 환경 탓으로 죄 문제가 생긴다는 인본주의자들을 시험해 보기 위해 다음과 같은 일이 있을 것입니다.

그때 마귀가 다시 돌아다니면서 "예수는 제국주의자이며 독재자이기 때문에 너희가 자유를 위하여 싸워야 한다!"고 그럴듯한 소리로 유혹하고, 그 말에 미혹되는 무리가 있을 것입니다. 천년 왕국 동안 예수님 밑에서 올바르게 살고 고통받지 않고 억울함을 당하지 않았지만, 본마음이 하나님께 속하지 않았기 때문에 그 마음 안에 하나님이 왕이 되지 못하며 살아 있을 동안 변화가 전혀 없었던 것입니다. 결국 그들은 기회만 있으면 다시 하나님과 싸우기로 할 것입니다.

성경은 그와 같은 무리들이 '바다의 모래만큼 많을 것'(계 20:7-8)이라고 했습니다. 그래서 그때는 예수님께서 심판자의 위치에 앉아 최후의 심판을 하실 것입니다. 이것을 '크리노'라고 합니다. '베마'가 조금 더 낮은 재판자의 위치라면 '크리노'는 왕의 자리, 마지막 심판자의 자리(백보좌 심판)를 의미합니다. 그때 어떤 이들은 주의 우편으로, 또 어떤 이들은 주의 좌편으로 들어가고 생명책에 기록되지 못한 자들은 영원토록 꺼지지 않는 불 속에 모두 던져질 것입니다. 모든 세상이 깨끗하게 되고 영원한 하나님 나라가 임해서 모든 것이 하나로 일치될 것이며 영원토록 우리가 하나님과 더불어 창조적인 일을 할 것입니다.

하나님께서는 인간을 만드실 때 상상력을 포함해 모든 인간에게 창조력을 부여하셨습니다. 그러나 짐승들은 다릅니다. 짐승들은 집을 지을 때 아무리 세월이 지나도 항상 똑같은 것을 짓습니다. 꿀벌을 보더라도 아주 재미있게 모여 공존하지만 창조력도 없고, 사랑도 느끼지 못하고, 기계와 다름이 없습니다. 그러나 인간들은 사랑할 수 있으며 창조력이 있으므로 영원토록 의미 있는 일을 할 것입니다.

각 사람이 그의 재능대로 창조력을 발휘해 그림을 그리든지, 조각을 하든지, 농사를 짓든지, 음악을 하든지, 무엇이든 원하는 대로 하고, 또 서로 사랑하는 마음이 있으므로 다른 사람이 하는 일에 관심이 있어서 전시회가 많이 생기게 될지도 모릅니다. 많은 전시회를 열어 각자가 창조한 것을 남에게 보여 주고 서로가 "좋다!"고 할 때가 있을 것입니다. 타락하고 식어 가는 우주가 변해 훌륭한 우주가 될 것입니다. 우리는 하나님과 동업자가 되어 매우 큰 기쁨을 누리게 될 것입니다.

결론적으로 '하나님 나라'란 말에는 '개인'과 '모임' 그리고 '세계 교회'와 '천년 왕국'과 '영원한 나라', 이렇게 다섯 가지 기본 뜻이 있는 것입니다.

의(義)에 대해서

한국에서 '의'(義)라는 말은 유교의 전통을 따라 윗사람과 아랫사람의 올바른 관계를 의미합니다. 구약성경에도 이와 같은 가르침이 있습니다. '의'라는 것은 심판받을 때 판단의 조건이 될 수도 있습니다. 심판받을 때 의롭다고 떳떳하게 내세울 수 있는 것입니다. 우리가 자연적으로 의인이 될 수는 없지만 예수님께서 우리 대신 돌아가시고 우리 대신 피를 흘리셔서 우리가 죄사함을 받고 의인이 된 것입니다. 먼저 우리가 의인이 되기를 원한다면 "주여, 내가 의인이 아님을 인정합니다. 부디 나를 불쌍히 여기셔서 당신을 통하여 의롭게 해주소서!"라고 기도하십시오.

이와 관련하여 마태복음 18장 23-26절에는 다음과 같은 비유의 말씀이 나옵니다.

그러므로 천국은 그 종들과 결산하려 하던 어떤 임금과 같으니 결산

할 때에 만 달란트 빚진 자 하나를 데려오매 갚을 것이 없는지라 주인이 명하여 그 몸과 아내와 자식들과 모든 소유를 다 팔아 갚게 하라 하니 그 종이 엎드려 절하며 이르되 내게 참으소서 다 갚으리이다 하거늘.

사실 빚진 자에게는 그만한 빚을 갚을 돈이 전혀 없었습니다. 아마 미국의 갑부인 록펠러도 그만한 돈을 갖지 못했을 것입니다. 그 돈은 일생 동안 노력해도 모을 수 없는 양입니다. 그런데 그 빚을 탕감받았습니다. 여기서 빚진 자를 죄인이라고 생각한다면, 우리 죄가 아무리 크고 많아도 하나님께서 탕감하실 수 있다는 것을 알 수 있습니다. 빚을 탕감받아 죄인으로서 의인이 된 것입니다. 정확하게 계산한다면 우리 모두는 빚진 자가 될 수밖에 없지만 하나님께서 예수님의 이름으로 탕감해 주셨습니다.

그런데 그 탕감받은 종에게는 백 데나리온을 빚진 동료가 있었습니다. 그가 동료에게 빚을 갚으라고 하자 "조금만 참아 주게. 반드시 갚겠네"라며 사정했습니다. 그럼에도 그는 간청을 뿌리치고 그 빚진 자를 감옥에 넣어 버렸습니다. 자기가 탕감받은 돈은 일생 동안 노력해도 모을 수 없는 거액이었지만 백 데나리온은 노동자의 석 달 봉급으로, 3개월 정도 일하면 쉽게 마련할 수 있는 금액에 불과했습니다. 같이 있던 동료들이 그것을 보고 민망히 여겨 주인에게 이 사실을 보고하자 주인이 그 종을 다시 불러 야단을 쳤습니다. "악한 종아 네가 빌기에 내가 네 빚을 전부 탕감하여 주었거늘 내가 너를 불쌍히 여김과 같이 너도 네 동료를 불쌍히 여김이 마땅하지 아니하냐?"(18:32-33) 하면서 노하여 그 빚을 다 갚도록 명령하고 그를 옥졸들에게 넘김으로써 모든 것이 원위치로 돌아가게 되었습니다.

이것은 의인이 아닌 우리가 예수의 이름으로 의인이 되었기에 그 의를 모든 사람에게 나눠 주어야 한다는 의미이기도 합니다. 자기만 용서받아서 의인이 되었다고 다른 사람을 용서하지 않고 의를 행치 않으면 그에 대한 용서는 무효가 될 수밖에 없습니다. 하나님의 의를 구할 때 첫째는 나를 위하여 구하고, 그다음에는 받은 의를 나눠 줄 수 있도록 구해야 할 것입니다. 다른 사람들과 의로운 관계를 유지하는 것이 의를 구하는 참다운 태도입니다.

지금까지는 '개인적인 의'에 관해 말씀드렸는데 이번에는 공동체의 의에 대해 말씀드리겠습니다. 공동체에 대한 의는 사회문제와 연결됩니다. 서로 의로운 관계를 유지한 사람들은 사회에 불의한 문제가 있을 때 의롭게 해결하도록 의를 구해야 할 책임이 있습니다. 다른 형제들끼리 서로 미워하고 인정하지 않을 때 우리가 그들로 하나님의 사랑을 알게 하고 하나님의 의를 소개하면서 서로 화목하도록 노력할 책임이 있는 것입니다. 교회 안에 의롭지 못하고 복잡한 문제가 있을 때도 화목한 분위기를 만들고 아름답게 해결하도록 노력하는 것이 우리의 책임입니다. 만일 사회의 불의를 보고도 못 본 체 나와는 상관이 없다는 무관심한 태도를 취하면 불의를 당한 자들이 신자들을 미워하게 될 것입니다. 성경은 "옷이 없고 먹을 것이 없는 사람을 무시해 버린 네가 무슨 사랑이 있느냐? 무슨 믿음이 있느냐?"고 아주 강하게 언급하는데, 이것은 다시 말하면 "너에게 무슨 의가 있느냐?"는 말과 다름없습니다. 진정으로 하나님의 의를 구하는 마음이 있는 자라면 어려운 이웃의 문제를 해결하도록 최선을 다해야 할 것입니다. 정치적인 면으로 해결할 수 있다면 그 방법으로라도 해결하도록 노력해야겠지만, 그것만으로는 도저히 해결할 수 없는 것도 있습니다.

대개 정치인들은 하나님보다는 권력을 더 원하고, 이미 권력이 있는 자는 정의를 실행하기보다는 그들의 기득권을 유지하기 위해 정치적인 연막을 사용하여 문제의 실상을 보지 못하게 방해합니다. 그래서 우리가 아무리 정치적으로 해결하려고 노력해도 실패할 수밖에 없습니다. 그렇다고 아무런 노력도 하지 않으면 자비가 없는 사람이거나 무관심한 사람인 줄 알고 "신자들이 모두 그렇게 무책임한 자들이라면 우리가 신자 될 필요가 없다. 예수를 믿지 않겠다!"고 할 것입니다. 현대 교회들 중 많은 교인들이 불의를 당한 자들에 대해 전혀 관심이 없고 하나님의 의를 구하지 않기 때문에 불신자들이 교회를 싫어하고, 미워하며, "교인들은 자신의 이익만 생각하는 사람들이기 때문에 절대로 교회 다니지 않겠다. 신자들이란 불의와 타협하거나 불의를 묵인하는 악한 무리들이다!"라고 하는 것입니다.

제가 아는 분 중 신자가 아닌 분이 있는데, 그 친척들은 돈이 많은 신자들임에도 그에게 어려운 문제가 생겼을 때 도와주지 않았습니다. 신자들이 그런 사람이라면 신앙이 없는 그가 어떻게 예수님을 인정하고 싶은 마음이 생기겠습니까?

'의'라는 것은 어려운 자들을 도와주는 올바른 관계를 말합니다. 구약성경에도 불공평한 대우를 받거나 눌림을 당하고 이용당하거나 속임을 당한 자, 빼앗김을 당한 자들을 위하여 '의'를 행하라는 말이 자주 나옵니다. 교인들은 대부분 '의'에 대해 관심이 없고, 관심 있는 사람들은 정치적인 방법으로 정부를 통해서만 의를 이룰 수 있다고 생각하여 노력해 보지만 하나님의 방법으로 하지 않기 때문에 아무런 효과도 볼 수 없습니다. 그런 면에서 자유주의자들은 많이 노력하지만 거의 실패할 수밖에 없는 것입니다. 그래도 그들은 어느 정도 착하다는 인상을 받고 있습니다. '의'에 대하여 전혀 관심이 없는 사람보다는 어떻게든 해결하려고 노력해 보는 사람이 조금은 낫다고 할 수 있겠지요. 그런데 무관심한 사람들은 그들을 가리켜 '자기 힘만 의지하는 이단자들'이라고 합니다. 물론 인간적인 방법, 자기 힘으로만 하겠다는 것이 옳지는 않습니다. 하지만 하나님의 힘으로도, 자기들의 힘으로도 실제적인 노력을 하지 않는 무관심한 보수주의자들은 이런 말을 할 자격이 없습니다.

여기에 진정으로 필요한 다른 방법이 있습니다. 성령께 능력을 받고 성령의 지혜로 올바르게 분별하면, 언제 정치적으로 해결할지, 언제 정치적으로 해결할 수 없는지를 알 수 있습니다.

몇 년 전에 닉 토마스라는 천주교 신부님을 만났는데 그는 오랫동안 가난하고 억울한 자들을 위해 일해 왔습니다. 그는 '의'를 향한 마음이 얼마나 강한 사람인지 모릅니다. 하나님 나라와 그의 의를 구하도록 많은 노력을 했지만 그의 방법은 옳지 않았습니다. 사회적인 방법이나 정치적인 방법으로 문제를 해결하기 위해 힘을 사용했기 때문에 좋은 결과가 하나도 없었습니다. 여러 가지 방법으로 노력했지만 아무런 효과가 없어서 낙심하고 어떻게 해야 좋을지 몰라 고민에 빠졌습니다. 그는 하나님과 깊고 친밀한 교제를 하지 않고 다만 이론적으로 관계를 유지했기 때문에 심령이 메말라 있었습니다. 그런데 그의 주위에 있던 다른 신부들과 수녀, 수사들이 성령세례를 받으면 하나님과 친밀한 관계를 맺고 성령이 마음속에서 초자연적인 지혜로 놀라운 능력을 행한다는 말을 해주었습니다. 그는 시험해 보고 싶은 욕망이 생겨 성령세례를 받기 위한 기도를 시작했습니다. 성령세례를 받은 뒤 그의 마음이 많이 변화되고 가난한 자들을 위한 관심이 전보다 커졌지만, 겸손하게도 되어 자기는 아무것도 할 능력이 없고 다만 하나님의 지혜를 받아야 하며 그분이 인도하시는 대로 순종하겠다는 생각을 하게 되었습니다.

무슨 '의'를 행하든지 가장 으뜸 되는 것은 "하나님께서 친히 가난한 사람들을 먹이실 수 있다"는 정신입니다. 누가복음 14장 16-24절에 있는 비유 말씀을 보면 큰 잔치를 베푼 사람이 원래 초청한 사람들이 오지 않자 아무것도 갚을 능력이 없는 사람을 초대해 친히 먹였습니다.

닉 토마스에게 수녀님을 통하여 하나님의 대언의 말씀이 임했습니다. 그것은 누가복음 9장 3-17절 말씀이었습니다. 그는 그 말씀을 받은 뒤 "이것은 하나님께서 우리에게 주신 명령인데 어떻게 해야 할까?"라고 의논하기 시작했습니다. 마침 성탄절이 가까워 올 무렵이어서 그는 그 지역에서 제일 가난한 자들을 위하여 성탄절 잔치를 베풀기로 했습니다. 미국의 리오그란데 강 건너편 멕시코에 있는 마을에서 쓰레기를 치우는 가장 가난한 사람들을 위한 잔치였습니다.

그들은 쓰레기에서 나오는 종이나 깡통, 유리 등을 팔아 일주일 중 3~4일을 생활하고, 쓰레기더미에서 나오는 것으로 배를 채우며 다시 3~4일을 살기 때문에 건강이 말할 수 없이 나빴습니다. 어린이들도 단백질이 부족해 병을 얻어 공부할 수 없었고 거의 모든 사람은 폐병에 걸려 있었습니다. 하나님께서는 이들을 위하여 크리스마스 잔치를 베풀 계획을 하신 것입니다.

그런데 크리스마스 잔치를 통하여 여러 가지 기적이 일어났습니다. 그중 한 가지는 그 마을에 늘 서로 싸우는 갱들이 있었는데 기적적으로 그들 사이에 화목이 이루어졌습니다. 또 다른 기적은 신부님 일행이 준비한 음식이 모인 사람들 수에 비해 훨씬 부족했음에도 모든 사람이 배부르게 먹었을 뿐 아니라 집에 싸 가지고 갈 수도 있었고, 그래도 남아서 주위의 고아원과 양로원에까지 나눠 줄 수 있었다는 것입니다. 그때 멕시코의 사회복지원에서 일하던 사람이 나중에 이 일을 생각하며 '아! 기적이었구나. 예수님께서 오병이어의 기적을 베푸신 일과 똑같은 일이 일어났구나!' 라고 깨달아서 신앙을 갖게 되었습니다.

그 후에도 계속 이런저런 기적들이 일어났고, 하나님께서는 건축일도 인도하셔서 일이 잘되었습니다. 시청에서 근무하는 경리과장이 그들이 세운 가게와 신용조합에 세금을 내도록 통보한 뒤 직접 세금을 받으러 갔다가 여러 가지 기적들을 보고 감화를 받아 견딜 수 없어 회개하기도 했습니다. 그리고 회사에 사표를 낸 뒤 가난한 자들을 변호하는 사람이 되기로 결심하고 약 2년 동안 그들을 위하여 많은 일을 했습니다. 그는 여러모로 경험도 풍부하고 시청 일도 잘 아는 사람이었으므로 효과 있게 일할 수 있었습니다. 닉 토마스가 효과 있게 할 수 없는 일을 하나님께서는 그 멕시코인을 통하여

하셨습니다.

그런데 약 1년이 지난 뒤 멕시코인이 신부님께 찾아와서는 이렇게 말했습니다.

"신부님, 문제가 생겼습니다."

"무슨 문제입니까?"

"여당에서 입당하여 선거에 출마하라는 제의를 해왔는데 야당에서도 출마하라고 합니다. 전 정치는 하기 싫은데 어떻게 하면 좋을까요?"

그래서 두 사람이 함께 주의 뜻이 무엇인지 발견하도록 기도한 뒤 닉 토마스가 그에게 대언했습니다.

"당신이 하고 싶은 계획과 정책을 양당에 확실히 전한 뒤 두 당에서 거절하면 양쪽 다 포기하고, 만약 한쪽에서 수락한 뒤 그래도 좋다고 인정하면 그 당에서 출마하십시오."

토마스 신부가 시키는 대로 했더니 여당에서는 전혀 원치 않았지만 야당에서는 그래도 좋다고 승낙해 야당 후보로 출마하여 당선되었습니다. 아마 멕시코 역사상 야당이 승리한 것은 그때가 처음이었을 것입니다. 이것도 분명히 하나님의 기적이었습니다. 그런데 닉 토마스 신부님이 "여당의 힘이 너무 강해 아마 2년 뒤에는 계속하지 못하고 그만두어야 할 것 같으니 2년 동안에 우리가 할 수 있는 모든 일을 다 실행하도록 노력합시다"라고 하여 그 2년 동안 얼마나 좋은 일들을 많이 했는지 모릅니다. 당을 떠난 뒤에도 많은 사람들이 그를 인정하고 존경해 "신자들이 저런 사람이라면 우리도 하나님을 믿을 수 있다"고 해서 많은 사람들이 믿기 시작했습니다. 완전히 성공한 것은 아니지만 성령의 지혜를 받아서 언제 무엇을 해야 할지를 분별하고 올바르게 했기 때문에 하나님께서 많은 효과를 거두도록 하신 것입니다.

"주의 의를 구하라"는 것은 이 세상에서도 의를 구해야 한다는 의미입니다. 하나님 나라를 구하는 것이나 의를 구하는 것에는 개인과 공동체 및 사회가 모두 관계가 있습니다. "하나님 나라와 그의 의를 구하라"는 이 단순한 말씀에는 성경의 전체 내용이 들어 있습니다. 우리는 어려움을 당한 사람들을 위하여 노력해야 할 책임이 있습니다. 그렇지 않다면 의인이라고 볼 수 없습니다. 다만 성령의 계시를 받아 그분께서 인도하시는 대로 결정해야 할 것입니다.

2
교회의 사회적 책임[*]

빈곤과 불평등은 교회가 감당해야 할 기본 과제입니다. 그러나 그것들에 대한 교회의 책임 한계와 실제 방법론에 대해서는 견해가 일치하지 않습니다. 그 과제에 대한 일관성 있고 통합적인 성경의 가르침에 좀더 접근한다면, 성경이 각기 다른 여러 상황에 대해 말하고 있으며 각 상황에 대한 여러 다른 의무를 가르치고 있음을 분명히 깨달을 수 있을 것입니다. "아버지께서 나를 보내신 것같이 나도 너희를 보내노라"(요 20:21)라는 말씀에서 알 수 있듯이 우리의 기본 임무는 곧 예수님 자신의 임무입니다. 이러한 예수님의 임무의 정의는 누가복음 4장 18-19절에 나타나 있습니다.

[*] 이 글은 1985년 6월, 동아시아 교회협의회 위원회에 제출한 교회와 사회활동에 관한 내용이다.

주의 성령이 내게 임하셨으니 이는 가난한 자에게 복음을 전하게 하시려고 내게 기름을 부으시고 나를 보내사 포로 된 자에게 자유를, 눈 먼 자에게 다시 보게 함을 전파하며 눌린 자를 자유롭게 하고 주의 은혜의 해를 전파하게 하려 하심이라.

이 임무는 정신상담, 교육활동, 의료활동을 포함하는 광범위한 사회활동을 망라하고 있습니다.

자유진영 국가들과 비교할 때 사회주의 국가들의 빈곤의 공포는 의심의 여지가 없을 만큼 확실합니다. 그럼에도 교회가 이에 대해 아무런 견해도 표명하지 않기 때문에, 사람들은 인본주의자들만이 가난에 대한 해결책을 제시할 수 있다고 생각합니다. 가난과 굶주림의 원인이 과잉 인구에 있지 않고, 도둑질과 기술 미숙과 정치적 과오에 있다는 것을 우리는 분명히 인식해야 합니다. 이 세 가지 문제 가운데 가장 다루기 쉬운 것이 적합한 기술의 문제입니다. 이것은 매우 중요하며 반드시 이루어져야 합니다. 그런데 이 문제들이 정치적 과오보다는 합법적인 도둑질에 의해 야기되고 있다는 사실을 모두들 이해하지 못합니다. 십계명 가운데 하나인 도둑질에 관한 문제가 해결되지 않고는 아무리 정부가 바뀐다 하더라도 가난의 문제를 해결하지 못할 것입니다. 악법을 그대로 유지하는 한 어떤 정부도 그 문제를 해결할 수 없습니다.

신학생 시절, 저는 성경은 경제·정치적 문제들에 관해서는 거의 말하지 않으며, 말하는 것이 있더라도 그것은 비현실적인 것이라고 배웠습니다. 그러나 지난 40년 동안 이 문제를 연구한 끝에 그러한 가르침이 무지하고 불경한 것이라는 결론에 이르렀습니다. 성경은 경제적 평등과 사회적 정의에 대해 지금까지 인류에게 제시된 어떤 제도보다 훨씬 구체적이고도 특수한 처방책을 담고 있습니다. 그 제도는 여호수아 때부터 에스겔 때까지 적어도 500년 동안 성공적으로 시행되어 왔습니다. 그러나 그 후로 십계명 중 열 번째 계명과 여덟 번째 계명이 파기되고 탐욕과 도둑질이 합법화되기에 이르렀습니다. 그리하여 정의는 사라지고, 살인과 간음과 부모에 대한 불경과 거짓 증언과 우상숭배가 공공연히 머리를 들기 시작했습니다. 오늘날도 우리는 이와 같은 현상을 영국이나 미국의 급속한 타락에서 분명히 찾아볼 수 있습니다.

교회는 탐욕을 단호히 거부해야 하고 어떠한 도둑질도 막아야 합니다. 저는 기독교 대학을 다니면서 탐욕은 인간 본성이기 때문에 어떤 경제 구조도 인간의 탐욕에 근거하지 않을 수 없다고 배웠습니다. 인간은 타락했습니다. 그러나 교회가 타락한 인간에 대하여 아무것도 할 수 없다고, 또 할 필요가 없다고 말할 수는 없습니다. 구약시대의 율법은 타락한 인간을 위해 제정되었으며, 그것은 이미 언급한 바와 같이 500년 동안 지속되었습니다. 탐욕이 정당화된 것은 도둑질을 정당화한 결과로 말미암은 것입니다.

그렇다면 과연 무엇이 성경적 경제 구조이겠습니까? 그것은 상호 보완적인 음(陰)과 양(陽)의 두 요소를 포함합니다. 여기서 음과 양이란 정의와 자비입니다. 정의는 법으로 규정된 기본 권리와 의무로 구성됩니다. 그러나 그것은 법의 적용을 어느 범위 내로 제한하고 있습니다. 법으로만 문제를 해결하려 하는 것은 너무 과중하고 경직

된 법 체제를 낳음으로써 결국 정의롭지 못한 결과를 가져옵니다. "어려운 상황이 악법을 만든다"는 것은 법적 고백의 금언(金言)입니다. 성경은 어려운 상황에 자비를 적용합니다. 가장 가까운 이웃이 과부나 고아, 집 없는 사람, 그리고 땅을 소유하지 못한 가난한 사람을 도와주는 것은 법적 차원이 아닌 윤리적 차원의 책임이라는 것입니다.

광범위하게 무시되어 온 것은 성경이 말하는 기본적 사회정의에 대한 개념입니다. 성경의 기본적 정의는 모든 생산, 즉 수입은 '토지'와 '노동'이라는 두 요소를 요구한다는 기본적 경제 원칙에 기초하고 있습니다. 토지 없는 노동은 무효하며 노동 없는 토지도 아무 소용이 없습니다. 토지가 없이는, 다시 말해 공간이 없이는, 공장도, 농장도, 어장도, 산림도, 해양 무역(부두)도, 광산도, 유전도 존재할 수 없습니다. 자본과 노동이라는 두 요소에 관해서는 많이 강조해 왔습니다만, 대부분의 자본가들이 실제로 대지주라는 사실은 연막 속에 감추어져 왔습니다. 자본이란 동결된 노동에 불과합니다. 자본이 생산을 가져오기 위해서는 토지와 노동의 획득이 우선 있어야 합니다. 사람들이 말하는 자본주의란 실질적으로 토지를 소유한 사람들의 손 안에 장악된 봉건주의의 한 형태입니다. 토지를 소유하지 못한 자유인이란 사실상 농노나 노예보다도 못한 것입니다.

토지를 소유한 사람들은 어느 정도 권한을 보장받고 있습니다. 그러나 토지 없는 사람들의 권한이란 전적으로 토지 소유자들의 선택에 달려 있습니다. 유엔은 1948년 30가지 조항을 담은 세계인권선언을 발표했습니다. 그런데 그중에 토지는 포함되어 있지 않습니다.

토지가 없는 사람들은 농노들의 권한밖에 가질 수 없습니다. 토지를 갖고 있다면 그렇게 되지 않겠지요.

토지에 관한 기본법은 레위기 25장에 나타납니다. "토지는 영원히 팔지 말라"고 했는데, 만일 어떤 사람이 무슨 이유에서든지 자신의 토지를 포기할 때는 그 토지를 갖게 되는 사람이 임차료를 물게 되어 있었습니다. 그리고 그 토지를 하나님의 해, 즉 희년이 될 때는 본래의 소유자 가족에게 아무 부채 없이 되돌려 주어야 합니다. 성경에 가장 많이 쓰여 있는 용어들 가운데 하나는 '구속'(redemption)이라는 단어입니다. 이 단어는 토지법에서 나온 것입니다. 희년까지 기다리지 않고도 토지의 원래 소유자는 임대료를 모두 돌려주고 토지를 다시 '구속'할(되무를) 수 있었습니다. 그런데 대부분의 기독교인들은 '구속'(토지 무르기)이라는 단어가 본래 경제적인 개념을 지니고 있음을 알지 못합니다. 토지에 대한 권한이 없이는 구속의 의미도 없는 것입니다.

기독교인들은 대부분 희년의 법을 거의 알지 못하며, 그것을 인정하지도 않습니다. 그들은 이 법을 현대 국가에 적용시킬 현실적인 방법이 없다고 생각합니다. 기독교인이라고 볼 수 있는 우리 서양 경제학자들도 대부분 그러한 입장을 취해 왔습니다.

《진보와 빈곤》의 저자 헨리 조지는 구약의 예언자적인 용기와 결단력을 가지고 일반 경제학자들의 쓸데없는 경제이론을 반박하면서 성경의 가르침을 현대 경제학에 적용하는 단순하고도 실용적인 이론을 제시했습니다.

헨리 조지는 레위기 25장 15-16절에 있는 임대 원칙을 적용하는 토지가치세는 토지 투기, 토지의 부적절한 이용, 실업, 물가상승, 재개발 등은 물론 모든 형태의 가난을 종식시킬 수 있다고 지적했습니다. 그의 제자들 가운데는 톨스토이, 손문, 호주와 뉴질랜드의 헌법을 작성한 사람들, 그리고 윈스턴 처칠 등이 있습니다.

토지에 대한 임차료를 물지 않겠다는 것은 도둑질입니다. 토지는 원래 하나님께 속한 것이며 개인들에게는 생산을 위해 사용하겠다는 조건 아래 빌려 주는 것뿐입니다. 토지 소유나 보유권은 임차료를 무는 한도 안에서 명의상으로 보장됩니다. 이 제도를 현실적으로 성공시킨 도시는 바로 홍콩입니다. 홍콩에서는 토지를 개인이 소유할 수 없고, 모든 토지에 대해 임차료를 물고 있습니다.

홍콩 시당국이 토지를 평가절하하기 이전까지 홍콩에서는 시 예산을 위한 다른 세금을 받지 않았습니다. 홍콩은 아직도 세계에서 유일하게 재정 적자를 내지 않는 도시입니다. 그 많은 피난민들을 수용해 오고, 생수조차 나지 않는 무자원 상태에서도 놀랄 만큼 번영하고 있습니다.

홍콩에서 '임차료'라고 불리는 것을 다른 나라에서는 '토지가치세' 혹은 '지대가치세'라고 합니다. 토지가치세가 부과될 때 인간의 노동(수입과 소득 증대)에 대해서는 세금을 부과할 필요가 없습니다.

도덕적으로 볼 때, 토지 자체의 도둑질과 다를 바 없는 토지의 임대 가치의 도둑질이 현대 국가에 만연한 실업과 저개발과 물가상승과 가난과 대부분의 불평등의 근본 원인이 됩니다. 이러한 병폐를 해결하는 유일한 근본책은 토지에 대해 사용료를 받는 것입니다. 이것이 기본적 사회정의입니다. 그렇기 때문에 토지문제를 다루지 않는 정의는 무의미합니다.

그러나 문제는 오늘날 자본가들이라는 명칭 뒤에 숨어 있는 대지주들의 힘이 워낙 크기 때문에, 토지가치세 같은 간단한 토지개혁조차도 효과적으로 제시할 수 없다는 데 있습니다. 대지주들은 이미 세계 대부분의 입법부를 지배하고 있습니다. 이런 상황에서 기독교인들이 해야 할 일이 무엇이겠습니까? 변화를 가져올 어떤 희망이라도 남아 있다면 기독교인들은 끝까지 그것을 위해 일해야 할 것입니다. 또 토지개혁이나 그에 상응되는 일이 일어나기를 기다리는 동안, 기독교인들은 신약성경에서 그것에 대한 암시를 받아야 할 것입니다.

신약성경은 토지의 도둑질을 완전히 합법화한, 희년제도를 거절한 불의한 법 체제 안에서 쓰인 책입니다. 아우구스투스 시대의 로마법은 두로와 시돈에서 행해졌던 바알법에서 기인한 카르타고 제도로부터 생겨난 것입니다. 그리고 바알법은 나봇을 살해하고 엘리야를 위협한 이스라엘 왕 아합의 아내 이세벨로부터 이스라엘 북부에 소개된 것입니다. 이 제도화된 부에 대한 예수님의 해결책은 자원(自願)의 해를 선포하는 것이었습니다. 제자들은 그 임무를 받아들였고 오순절에 자원의 해를 선포했습니다. 그리하여 그리스도인들은 자신의 소유물이 자신의 것이라고 생각하지 않고 그것들을 필요로 하는 사람들에게 모두 나누어 주었습니다. 예루살렘에는 많은 과부들과 일하지 않는 제사장들이나 레위인들이 있었음에도 가난한 사람이 없었습니다.

그 방법은 성공적이었습니다. 하지만 교회 안에서 제도화되지는 못했습니다. 그것은 항상 자원적인 방법을 취했기 때문입니다. 이것이 바로 자비의 원칙입니다. 어떤 교인이 구제를 잘못 행하고 있을 때도 있었지만, 사도 요한 같은 교회 지도자는 그 문제에 관해 법이나 제도를 통해 해결하기를 거절하고 자원의 해의 원칙을 유지하면서 그 문제를 진실한 윤리적 호소로 제한하는 방법을 택했습니다.

구약성경은 한 촌락 안에서 거둔 십일조의 삼분의 일은 모아 두었다가 레위인들로 하여금 불행한 일을 당한 사람들이나 자기 집에 찾아오는 불쌍한 나그네들을 위해 사용하게 하는 방법으로 가난 문제를 다룰 것을 가르칩니다. 토지에 대한 기본권이 인정되고 실시될 때까지는 가난한 사람들의 문제가 적은 액수로 충당될 수 있었습니다. 그러나 정의로운 토지의 기본권이 무시되면서 가난한 사람들을 위해 더욱 많은 돈이 필요하게 되었습니다. 교회는 자비심을 발휘하여 가난한 사람들에게 종종 필요한 것을 공급해 주었습니다. 소위 기독교 국가라고 불리는 나라들 안에서 교회가 지역 단위로 가난한 사람들의 문제를 다루게 된다면, (그리하여 정부가 그 짐을 떠맡을 필요가 없게 된다면) 그 비용은 십분의 일 정도로 줄어들 것입니다. 국가가 사회봉사를 담당하기 위해 필요한 훈련받은 전문가들, 행정가들, 회계관들, 서기들, 감독들과 세금징수원들에게 지불해야 할 비용까지 포함한다면 실로 엄청납니다.

또 정부는 가난한 사람들과 억압받는 사람들에 대한 연민과 긍휼한 마음을 품는 정신적 이해가 부족하기 때문에 정부의 재정적 도움은 오히려 해결하려고 하는 문제를 더욱 가중시키고 악화하는 정치적 중독 현상을 일으키기 쉽습니다.

기독교인은 무엇이 국가의 책임이고, 무엇이 교회의 책임인지를 분명히 생각해야 합니다. 만일 국가가 자신이 하나님의 통치 아래 있다고 생각한다면, 기독교인들은 정부에 자신들의 견해를 진정할 수 있는 이유를 갖게 됩니다. 그러나 국가가 고대 로마나 앗시리아 같이 자신이 하나님의 통치 아래 있다고 생각하지 않는다면 아무 말도 할 것이 없습니다.

오늘날 기독교 예언자가 사람들이 성경의 예언을 따르게 하려면 마치 예수님께서 당시의 로마 지도자들이나 헤롯 왕들에게 말씀하시지 않고, 서기관들이나 바리새인들 그리고 사두개인들에게 말씀하셨듯이 교회의 부패한 성직자나 탐욕 많은 신자들에게 예언해야 할 것입니다.

예수님께서 제자들에게 바리새인들과 헤롯 왕의 누룩을 조심하라고 경고하신 것은 두 가지 위험에 대해서입니다. 하나는 바리새인들이 법과 규례를 자꾸 만듦으로써 모든 문제를 해결하려 했던 것이고, 다른 하나는 헤롯 왕이 그의 정치적 수법과 권력 투쟁을 통해 모든 것을 장악하려 한 것이었습니다.

교회가 가난과 고통에 대한 투쟁을 전개하는 방법은 요약해서 두 가지로 나눌 수 있습니다. 첫째는 가난하고 고통받는 사람들 당사자를 전도하는 것입니다. 이것은 하나님의 계획 중 '음'(陰)에 해당되는 자비입니다. 둘째는 이와 병행하여 근본적으로 문제를 해결하기 위한 토지가치세 같은 토지개혁운동을 전개하는 것입니다. 이것은 하나님의 계획 중 '양'(陽)에 해당하는 정의입니다. 이 두 가지 방법은 각자 자신의 입장이나 처지에 따라 할 수 있을 것입니다.

가난하고 고통받는 사람들을 해방시키기 위한 가장 중요한 단어는 '나눔' 또는 '친교'(코이노니아)입니다. 삼위일체에 해당하는 '사랑'과 '은혜'와 '친교'는 성경의 기본 개념입니다. 나눔 혹은 친교는 성령의 뛰어나신 능력입니다. 사도신경의 "성도가 서로 교통(코이노니아)하는 것을 믿사오며"라는 고백과도 일치합니다.

나눔(코이노니아)이란 엄밀히 따져 볼 때 정의가 아닙니다. 그것은 자비입니다. 그러나 예수님의 명령(예수님은 마태복음 28장 20절에서 제자들에게 "내가 너희에게 분부한 **모든 것을** 가르쳐 지키게 하라"라고 가르치셨다)에 복종하며 살아야 하는 기독교인들에게 그것은 법적 제도에 의해 구체화된 정의보다 더 높은 형태의 '하나님의 의'입니다.

나눔에는 여러 가지 형태가 있을 수 있습니다. 그것은 위급할 때 도와주는 원조에서 시작하여, 땅을 나누고, 집을 함께 쓰며, 여타 모든 물질을 함께 나누는 것 등을 포함합니다.

두 가지 매우 중요한 형태의 나눔이 있습니다. 그중 하나는 기술입니다. 충분한 사려 없이 너무 지나치게 모든 기술이 열정적으로 그리고 관대하게 이전되고 있습니다. 이것은 다른 나라의 기술에 대한 가치와 목적을 알지 못하는 무지함과 함께 자신들에게 유용한 기술이 다른 나라에도 모두 유용하다고 믿는 서방 기독교 국가들의 무의식적인 자만심에 원인이 있습니다. 그 결과는 적합하지 못한 기술의 광범위한 이전으로 인한 재난입니다. 기독교인은 자신의 전문적 기술을 나눠 주되, 도움을 주고 싶은 사람에게 진정한 유익을 주기 위한 연민과 이해, 가르칠 수 있는 능력을 지녀야 합니다. 이렇듯 기술을 나눌 때는 지금보다 훨씬 개선된 형태의 나눔을 고려해야 할 것입니다.

나눔의 두 번째 형태는 조합(組合) 형성입니다. 조합은 효율적인 경영과 법적 전문성을 나눔으로써 미래에 있을지도 모를 착취에서 가난한 사람들을 보호하는 것은 물론 그들 자신과 타인을 돕기 위한 토대를 마련할 수 있습니다. 이것은 인간의 존엄성과 자존심을 높여줄 수 있는 매우 중요한 형태의 나눔 방법입니다.

조합은 친교의 순수한 표현입니다. 조합은 나눔을 증가시킵니다. 조합이란 말을 들으면 많은 사람들이 소비자조합이나 신용조합을 연상합니다. 둘 다 좋은 것입니다. 그러나 그 기본 개념들은 좀더 깊이 다루어져야 합니다.

조합은 중국 대륙의 '예수가정'과 같이, 생산조합이 성취해야 할 목표입니다. 소유에 대한 조합도 있을 수 있고 농장이나 산림이나 공장이나 어장이나 광산이나 유전 등의 경영 조합도 있을 수 있습니다. 또 협동적인 수송과 시장도 있을 수 있습니다. 조합은 생산자나 소비자를 속여 가난을 더욱 악화시키고 있는 중간 상인들의 추잡한 착취를 막을 수 있을 것입니다.

사회적 활동을 위한 기독교인의 프로그램은 하나님께서 인간에게 나타내신 가장 위대하고 가장 실용적인 개념인 '교제'(코이노니아)라는 단어에 모두 결정되어 있습니다. 만일 우리가 할 수 있으면서도 거절한다면, 하나님께서는 그분의 뜻을 땅에서 실현하지 못하는 책임을 우리에게 지우실 것입니다. 하나님은 "나의 형제 중 가장 보잘것없는 이에게 해주지 못한 것은 나에게 하지 못한 것이다", "네 눈에 보이는 형제를 사랑하지 않는 자가 어떻게 눈에 보이지 않는 나를 사랑한다고 할 수 있겠느냐?"라고 말씀하십니다. 가난한 사람들은 "모든 땅은 알라에게 속한다"라고 주장하는 이슬람 국가나, 공산국가가 된 곳에서처럼 들고 일어나 정의롭지 못한 제도를 만들며 점점 더 우리를 증오할 것입니다.

그러나 만일 우리가 우리의 두뇌와 기술과 소유로써 할 일을 다 한다면, 우리는 깨끗한 양심을 가지고 그리스도께서 준비하신 혼인 잔치에 가난한 사람들과 함께 참여할 수 있을 것입니다.

3
정의와 평화를 위한 기도 사역

다가올 20년은 인류 역사상 가장 위험한 시기가 될 것입니다. 저는 우리 시대의 유일한 희망이 기도와 성령의 임재 안에서 평화와 정의를 추구하는 일에 몰두하여 하나님의 말씀에 순종하는 진실한 신자들의 새로운 운동에 있다고 믿습니다.

핵무장 해제, 가족의 보존, 국제 경제의 정의 실현 및 인간 생명의 존엄성 회복을 위해서는 사회의 근본적인 변혁이 요구됩니다. 만일 하나님께서 광범위한 부흥과 평화와 정의를 위해 성령으로 인도하시지 않는다면 이러한 변화는 일어날 수 없을 것이며, 결국 세계적인 재난을 면치 못하게 될 것입니다.

저는 기도가 하나님의 강력한 역사를 일으키는 데 항상 중심을 이루어 왔으며, 그것은 지금도 변함이 없음을 확신합니다. 최근 몇십 년 동안 중요한 사회운동이 많이 일어났는데 상당수의 그리스도인들이 이 운동에 참여해 왔습니다. 그러나 중보기도에 집중하고 성령님께 철저히 의존하는 가운데 사회 변화를 추구한 운동은 별로 없었다고 봅니다. 현대 그리스도인 사회운동가들이 복음전도자들에 비해 기도에 대한 강조를 소홀히 하고 있음은 비극이 아닐 수 없습니다. 그렇기 때문에 "기도하는 사람들은 대부분 사회문제에 관해 기도하지 않고, 사회문제에 개입해서 활동하는 사람들은 대부분 기도하지 않는다"(《Dynamics of Spiritual Life》에서)라고 말한 리처드 러브레이스(Richard F. Lovelace)의 말이 매우 옳다고 봅니다.

이전 시대의 모범적인 본보기

하지만 리처드 러브레이스의 말처럼 과거에도 늘 그랬던 것은 아닙니다. 윌리엄 윌버포스(1759~1833)와 클래팜파(派)의 멤버들은 노예무역을 폐지시킨 영국 십자군의 위대한 지도자들입니다. 역사가들은 그들이 하루 세 시간씩 중보기도를 하면서 정치적인 전략 수립 및 로비 활동에 몰두했다는 사실을 알려 주고 있습니다. 19세기에 활약한 셰퍼트 베리 공(公)은 아동들의 노동 폐지 및 공장 제도의 개혁을 포함한 수많은 사회개혁을 이루는 데 앞장선 분입니다. 그의 아들이 그에게 어떻게 해서 한꺼번에 그토록 많은 일을 할 수 있었느냐고 물었을 때 그는 "일을 시작하기 전에 전능하신 하나님께 간절한 마음으로 기도함으로써, 즉 믿음과 열성 있는 기도에 몰입하여 일의 결과가 그분의 영광과 인류의 복지를 위한 것이 되게 함으로써 가능했다"고 대답했습니다.

19세기의 찰스 피니와 빌리 그레이엄도 노예제도에 반대한 지도급 활동가들입니다. 찰스 피니의 사역에서 중심을 이룬 것은 장시간에 걸친 중보기도였는데, 그것은 마르틴 루터에 대한 헬무트 틸리크의 다음과 같은 말 덕분이라고 했습니다.

"그가 매일 하루 네 시간씩 기도한 것은 단지 그분의 거대한 작업을 성취할 수 있게 하기 위함이었다."

예수님의 약속

기도의 방법을 배우려면 기도에 대해 말씀하신 예수님의 가르침을 믿어야 하는데, 많은 신자들이 이 가르침을 믿지 않는 것 같습니다. 그러나 그분의 말씀을 대하다 보면 저 역시 그들을 비난할 자격이 없음을 발견하게 됩니다. 예수님께서 기도에 관해 너무나 놀랍고도 '파격적인' 말씀을 하셨기 때문입니다. 마가복음 11장 23-24절에서 우리가 믿기 힘든 말씀을 접하게 됩니다.

내가 진실로 너희에게 이르노니 누구든지 이 산더러 들리어 바다에 던져지라 하며 그 말하는 것이 이루어질 줄 믿고 마음에 의심하지 아니하면 그대로 되리라 그러므로 내가 너희에게 말하노니 무엇이든지 기도하고 구하는 것은 받은 줄로 믿으라 그리하면 너희에게 그대로 되리라.

제자들은 자신들이 간질병 걸린 소년을 고치지 못하자 예수님께 설명을 요청했습니다. 예수님은 곧 그들의 연약한 믿음을 지적하며 이렇게 말씀하셨습니다.

이르시되 너희 믿음이 작은 까닭이니라 진실로 너희에게 이르노니 만일 너희에게 믿음이 겨자씨 한 알만큼만 있어도 이 산을 명하여 여기서 저기로 옮겨지라 하면 옮겨질 것이요 또 너희가 못할 것이 없으리라(마 17:20).

요한복음은 이에 대한 놀라운 약속의 말씀을 담고 있습니다.

내가 진실로 진실로 너희에게 이르노니 나를 믿는 자는 내가 하는 일을 그도 할 것이요 또한 그보다 큰 일도 하리니 이는 내가 아버지께로 감이라 너희가 내 이름으로 무엇을 구하든지 내가 행하리니 이는 아버지로 하여금 아들로 말미암아 영광을 받으시게 하려 함이라(요 14:12-13). 너희가 내 안에 거하고 내 말이 너희 안에 거하면 무엇이든지 원하는 대로 구하라 그리하면 이루리라(요 15:7).

물론 우리 중 아무도 이 말씀을 실제로 믿고 있지 않습니다. 여러 해 동안 저도 이 약속의 말씀을 진지하게 받아들이지 않았습니다. 그렇지만 조금씩 그분이 말씀하신 바가 사실일 수도 있다는 생각을 하기 시작했습니다. 제 믿음은 여전히 적었지만 조금씩 자라고 있었던 것입니다. 제가 성육신하신 하나님이라고 고백하는 그분께서 우리가 무엇이든 그분의 이름으로 구하면 주실 것이라고 거듭거듭 약속했다는 사실을 믿기 시작한 것입니다.

세 가지 조건

그렇지만 우리가 주목해야 할 것은 예수님께서 자신의 약속에 세 가지 중요한 조건을 부여하셨다는 사실입니다. 무엇보다 먼저 우리는 '믿음'을 가져야 합니다. 그런데 믿음이라는 조건은 도움이 된다기보다는 무거운 짐처럼 보일 뿐입니다. 우리에게 믿음이 없는데 갑자기 그것을 만들어 낼 수는 없는 것입니다.

그렇다면 우리는 필수적인 이 믿음을 어떻게 소유할 수 있겠습니까? 저는 흔히 말하는 기도학교에서 아직 신입생에 불과하다고 생각합니다. 그러나 두 가지 사실이 이 점에서 제게 도움을 줍니다. 몇 년 전 절친한 친구들의 실패한 결혼을 위해 주님께 간구했는데 그 기도에 몇 가지 응답을 받았습니다. 하나님께서 제 기도에 응답하셨을 때 제 믿음은 좀더 강하게 자랄 수 있었습니다.

올해 히로시마 원폭 투하 기념일 직후, 저는 겨자씨 한 알만 한 믿음이 있다면 산을 움직일 수 있다고 하신 예수님의 약속을 깊이 생각하며 마태복음 17장 19-21절 말씀을 묵상했습니다. 그때 번개처럼 제 머릿속을 스쳐 가는 한 가지 생각은 '주님! 핵전쟁 방지와 같은 문제까지 해결하실 수 있단 말입니까?'라는 것이었습니다. 그것이 지나치게 거대한 문제처럼 보였던 것입니다. 핵전쟁으로 인한 대살육의 위험이 점점 고조되는 것과 함께 핵무장 경쟁은 오늘날 우리 앞에 가로놓인 가장 불길한 산임에 틀림없습니다. 그렇지만 예수님은 분명하게 제게 응답하시기를 "핵무기와 같은 산일지라도 가능하다. 내 백성이 기도하기만 한다면 움직일 수 없는 것처럼 보이는 어떠한 산일지라도 제거될 수 있다"고 하셨습니다. 저는 예수님께서 자신이 하시는 말씀을 정확하게 알고 계시는 분임을 믿습니다. 그분은 만유의 주님이시며 우주를 다스리시는 분입니다. 그렇다면 우리가 합심하여 지속적으로 믿음에 기초한 기도를 할 경우 그분이 핵무기와 같은 엄청난 산도 움직이시리라는 것을 확실히 믿을 수 있습니다.

기도에 대한 예수님의 약속에 부여된 둘째 조건은 우리가 그분께 기꺼이 '순종'할 수 있어야 한다는 것입니다. 요한복음 15장 7절에 "너희가 내 안에 거하고 내 말이 너희 안에 거하면 무엇이든지 원하는 대로 구하라 그리하면 이루리라"라고 기록되어 있습니다. 예수님은 자신과 친밀한 교제를 갖고 순종하며 동행하는 자들에게만 이와 같은 기도의 응답을 주겠다고 약속하신 것입니다. 우리는 날마다 그분과 교제함으로써 그분 안에 거하게 됩니다. 또 그분의 계명을 지킬 때 우리는 그분 안에 거할 수 있습니다. 그분의 계명 가운데 하나는 주님이 우리를 용서하신 것처럼 우리도 다른 사람을 용서하라는 것입니다. 사실 예수님은 우리가 기도하기 시작할 때 먼저 다른 사람을 용서해야 한다고 말씀하셨습니다(막 11:25).

우리 마음속에 다른 사람에 대한 원한을 품고 있으면서 올바르게 기도하는 것은 불가능합니다. 어느 주말 저는 아내와 심한 언쟁을 벌였습니다. 그다음 주 월요일 아침에 기도에 관한 이 글을 쓰려고 준비할 때도 여전히 아내에 대한 분노와 원망의 마음을 품고 있었습니다. 저는 하나님의 인도하심 가운데 글을 쓰기를 기도하고 싶었습니다. 그렇지만 먼저 아내를 향한 분노를 해결한 뒤에야 비로소 하나님의 임재하심과 지도하심을 위한 확신에 찬 기도를 하는 데 마음 문을 열 수 있었습니다. 순종은 효과적인 기도와 불가분의 관계가 있습니다(요 3:22; 약 5:16).

마찬가지로 우리가 평화와 정의를 위해 기도하기 원한다면 화평을 이루는 자와 정의를 추구하는 자가 되라는 예수님의 계명에 순종해야 할 것입니다. 만일 우리가 평화를 위해 기도하기 원한다면 우리 백성이나 다른 백성을 향한 분노와 적의를 제거하지 않으면 안 될 것입니다.

셋째 조건은 기도의 유일한 목적이 '하나님을 영화롭게 하는 것'이어야 한다는 사실입니다. 예수님은 우리가 그분의 이름으로 무엇이든지 구하면 다 이루어 주겠다고 말씀하셨습니다. 왜냐하면 아버지께서 아들을 통해 영광을 받으시도록 하기 위해서입니다(요 14:12, 13). 이것은 자기 본위의 기도에는 하나님께서 응답하지 않으신다는 것을 의미합니다. 평화와 정의를 위한 기도의 최우선 목적은 하나님의 영광을 위한 것이라야 합니다.

우리가 기도에 대한 예수님의 약속을 믿고 그에 따른 세 가지 조건을 충족시키기만 하면, 기도가 얼마나 중요한 것인지는 점점 더 분명해질 것입니다.

기도는 평화와 정의를 위한 사역을 하는 데 가장 중요한 방법입니다. 기도란 우리 개인의 영적 성장을 위해 하는 것이 아닙니다. 기도란 사람들이 핵동결 운동을 위한 모임을 계획할 때 첫 순서로 들어

가는 단순한 축문에 불과한 것이 아니란 말입니다. 기도란 우리의 일을 실행하는 방법이요 세상을 변화시키는 방법입니다. 기도란 역사에 영향을 미치는 방법인 것입니다. 《그리스도의 기도 학교》(With Christ in the school of prayer, 크리스챤다이제스트 역간)란 책에서 앤드류 머리(Andrew Murray, 1828~1917)는 "기도 안에서 우리는 이 우주의 운명을 쥐고 있는 손을 붙잡을 수 있다"라고 했습니다. 그리스도인들은 그들의 기도에 의해 "이 땅의 역사를 결정짓습니다."

하나님은 가정이 보존되기를 원하십니다. 하나님은 사회에 정의가 더 실현되기를 원하십니다. 하나님은 핵전쟁의 실상으로 자신이 만든 아름다운 창조물이 파괴되기를 원치 않으십니다. 우리의 기도를 통하여 하나님의 일들이 실현되기를 원하십니다. 기도란 평화를 이루는 데 부수적인 것이 아닙니다. 기도란 압제당한 자를 위한 정의를 추구하는 데 부분적인 것이 아닙니다. 기도란 그와 같은 일들을 성취하는 데 핵심 요소인 것입니다. 앤드류 머리는 이것을 다음과 같이 잘 설명하고 있습니다.

> 기도를 단순히 신앙생활을 유지하는 한 방편으로 간주하는 한 우리는 기도의 의미를 충분히 알지 못할 것이다. 그렇지만 기도가 우리의 사역에서 신뢰할 만한 가장 중요한 부분이며 모든 사역의 뿌리요 능력인 것으로 인식하게 될 때 올바르게 기도하는 방법을 연구하고 실행하는 것보다 긴요한 것이 없다는 사실을 알게 될 것이다《그리스도의 기도 학교》).

평화와 정의를 추구하는 데 기도가 그토록 중요한 또 한 가지 이유는 우리의 싸움이 영적인 것이기 때문입니다. 우리는 두려운 정치인이나 민족주의적 경향의 장군들을 상대로 싸우는 것이 아니라 하나님의 선한 창조물을 파괴하고자 하는 마귀의 능력과 싸우고 있는 것입니다(엡 6:12). 영적인 전쟁, 즉 중보기도를 통한 성령의 능력에 의해서만 우리는 군국주의와 사회적 불의 및 가정 파괴를 극복할 수 있습니다.

실제적인 제안

실제적 제안을 위해 우선 기도에 관한 고전 두 권을 소개하고자 합니다. 먼저 리처드 포스터(Richard J. Foster, 1942~)의 《영적 훈련과 성장》(*Celebration of discipline*, 생명의말씀사 역간)을 읽으시되 그의 제안들을 이론적으로 받아들이지 말고 실제로 적용해 볼 수 있기를 바랍니다. 포스터의 책을 다 보았으면 앤드류 머리의 《그리스도의 기도학교》를 읽으면 더욱 좋겠습니다.

일과가 시작되기 전 따로 시간을 내어 기도하는 것이 제게는 아주 중요한 일입니다. 당신은 처음에 10분 정도 시간을 낼 수 있을 것이며 차츰 30~40분으로 연장해 갈 수 있을 것입니다. 그러나 율법적인 자세는 버려야겠습니다. 하루쯤은 그 시간을 놓치더라도 괜찮습니다. 그렇지만 일주일에 한 번밖에 기도 시간을 갖지 않는다면 문제가 있겠지요. 여러 해 동안 저는 바쁜 스케줄과 씨름하였습니다. 매일 아침마다 '중요하고 긴급한' 서류더미들이 쌓여 있어서 10분도

시간을 내기가 힘들었습니다. 어쩌다 시간을 낼 때라도 제 머릿속은 제게 부여된 책임감으로 꽉 차 있었습니다. 그럴 때 주님은 생활 가운데 매우 어려운 경험을 하게 하셨습니다. 기도 중에 주님께 부르짖는 것만이 어려움을 해결하는 유일한 방법이었습니다. 저의 문제들에 관해 그분께 아뢰는 기도의 시간들은 깊은 위로의 시간이 되기도 했습니다. 마침내 저는 일찍이 맛보지 못한 방법으로 주님과 더불어 매일 대화하는 것을 즐기게 되었습니다. 그 이후부터 기도와 성경 읽기를 위해 하루의 첫 시간을 구별하여 드리는 것이 보다 쉬워졌습니다.

물론 우리의 하루가 끊임없이 기도하는 생활이 되어야 할 것입니다. 그리고 두 가지 형태의 생활(스케줄에 쫓겨 기도를 게을리하는 삶과, 기도하며 일치하는 삶) 가운데 어떤 삶을 살아가야 하는지를 배우는 것은 중요한 일입니다. 우리는 일을 하면서 동료들과 대화할 수 있습니다. 그렇지 않을 경우 우리는 우리 자신과 다른 사람을 위해 짧은 기도를 주님께 드릴 수 있습니다. 《생활의 숨결》이란 책에서 론 델번은 각 신자들에게 매일 주님께 드리는 한 문장으로 된 짧은 기도문을 선택하도록 제안하고 있습니다. 이 기도는 신자의 생활에서 가장 핵심적인 바람과 관심에 초점을 맞춰야 합니다. 신자들은 직장이나 학교에서 휴식을 취할 때 혹은 운전이나 식사하는 동안 각자 짧은 기도문을 주님께 바쳐 드릴 수 있는 것입니다. 평화운동을 하고 있는 신자라면 이런 기도를 할 수 있을 것입니다.

"예수님, 핵무기의 산을 치워 주시옵소서!"

수백만의 그리스도인 평화운동가들이 향후 20년 동안 하루에 수

십 차례씩 그와 같은 기도를 주님께 올려 드린다면 주님께서 무엇을 행하실지 상상해 보기 바랍니다!

영국의 복음전도자 데이비드 왓슨(David Watson, 1933~1984)과 대화를 나누던 중에 그가 오늘날 평화와 정의를 위한 성경적인 운동을 성취하는 데 도움이 될 만한 또 다른 실제적인 기도를 제안해 주었습니다. 하나님께서는 매일 복음전도를 위한 은사를 구하도록 그를 인도하셨는데, 그가 은사를 구하자 놀라운 방법으로 그 기도에 응답하셨다는 것입니다. 왓슨은 평화와 정의를 위한 사역에 필요한 성령의 은사를 받기 위해서는 날마다 규칙적으로 기도해야 한다고 했습니다. 저는 '사회운동을 위한 복음전도협회'(Evangelicals for Social Action; ESA)의 모든 동역자와 평화와 정의를 실현하는 데 관심이 있는 모든 그리스도인이 실로 그와 같은 기도를 하기 원합니다.

새로운 기도운동

핵동결 캠페인을 위해 사역하는 '지역 ESA'를 생각해 보기 바랍니다. 세심한 배려와 노력이 회원 각 개인의 기도뿐 아니라 장기간에 걸쳐 그룹으로 기도하는 일에도 관련되어 있음을 볼 수 있습니다. 특히 중요한 결정을 내려야 할 때는 철야기도 사슬이 이루어집니다. 어떤 회원들이 지원받을 일이 있어 시장님을 방문할 경우 다른 회원들은 모여 기도를 합니다. 특히 선거 하루 전날 저녁에는 성령의 임재하심을 위해 철야 중보기도 사슬이 이어집니다. 한마음으로 기도하고 성령님께 철저히 의지하는 일이 지역 및 국가의 평화와 정의를 위한 협의회에 널리 보급되어 있는 것입니다. 그렇다고 ESA를 마치 성령의 치유 역사를 위해 신자들이 철야기도를 했던 옛날의 천막집회와 같이 만들려고는 하지 않습니다. 기도야말로 지난 20세기에 걸쳐 지속되어 온 평화와 정의를 위한 새로운 운동에 잃어버린 고리를 제공할 수 있는 것입니다.

기도를 통하여 미국 사회는 인간 생명의 신성함과 가정의 존엄성에 대한 참여의식을 회복할 수 있었습니다. 기도를 통하여 풍요한 미국인들이 세계 정의를 위한 새로운 동반자로서 제3세계에 참여할 수 있었습니다. 기도를 통하여 우리 자녀들은 핵전쟁의 대살육을 피할 수 있었습니다. 그렇지만 우리 한 사람 한 사람이 기독교 신앙의 핵심이 부활하신 주님과의 인격적이고도 살아 있는 관계에 있다는 것을 이해할 경우에만 기도가 산을 움직일 수 있을 것입니다. 그럴 때만 기도를 통하여 당신과 제가 역사의 진로를 바꿀 수 있는 것입니다.

예수님께서 말씀하신 바와 같이 기도가 강력한 능력의 원천임을 믿으면서 우리는 기도라는 잃어버린 고리를 붙잡아야겠습니다.

할 수 있거든이 무슨 말이냐 믿는 자에게는 능히 하지 못할 일이 없느니라 하시니…… 내가 믿나이다 나의 믿음 없는 것을 도와주소서!(막 9:23-24)

4
한국 교회가 해야 할 일

한국에서 기독교가 감당해야 할 과제는 외래문명을 들여오는 일이 아니라, 고유문명과 외래문명 사이의 교량 역할입니다. 구호물자를 들여오는 일이 아니라, 사람들을 가르쳐 자조(自助)·자립(自立)하게 하는 것입니다. 자기 수양을 위한 또 다른 방법을 가져오는 일이 아니라, 새로운 동기와 새로운 활력을 불어넣어 주며 한국에 예수 그리스도를 소개하는 것입니다.

나는 다음의 세 가지 측면에서 한국 기독교가 해야 할 실제적인 과제를 요약해 보려고 합니다.

첫째는 한국을 소개하는 일입니다. 성령의 인도하심을 통하여 한국의 그리스도인들은 한국의 참 모습을 발견해야 합니다. 구약시대 이스라엘과 한국은 여러 가지로 공통점이 많기 때문에 성경은 특별한 도움이 될 것입니다.

둘째는 한국을 교회에 소개하는 일입니다. 한국의 그리스도인들은 타국의 그리스도인들이 한국으로부터 무엇을 배울 수 있으며, 한국으로 말미암아 어떤 혜택을 받을 수 있을지 그 길을 모색해야 할 것입니다.

셋째는 예수님을 한국에 소개하는 일입니다. 한국의 참 모습을 자각하고 타국 교회들이 한국을 올바르게 인식하고 있다는 사실을 알게 될 때, 한국은 스스로의 사명을 어떻게 완수할 수 있을지 예수님께 배울 수 있을 것입니다.

교회의 우선적 과제가 한국에 그리스도를 소개하는 데 있다는 것은 두말할 나위가 없습니다. 그러나 한국에 대한 하나님의 목적이 무엇인지, 한국의 진정한 사명이 무엇인지, 그리고 세계 무대에서 한국이 담당할 역할이 무엇인지 깨닫지 못하는, 다시 말해 스스로를 자각하지 못하는 그런 한국에 그리스도를 소개한다는 것은 무익한 일일 것입니다.

제가 보기에 한국은 자신의 참 모습에 대한 기억을 잃어버린, 흡사 기억상실증 환자와 같은 인상을 줍니다. 만일 우리가 진정 하나님을 믿는다면 하나님께서 한국 백성들에게 공동의 선(善)에 기여할 수 있도록 어떤 특별한 역할을 부여하셨다는 사실을 모를 리 없을 것입니다. 그러니만큼 한국으로서 가장 긴급한 과제는 스스로를 재발견하고 본연의 모습을 회복하는 일일 것입니다. 한국이 안고 있는 사명이 무엇인지에 관해 개인적으로 생각하고 있는 바가 있지만, 그것은 상세하게 언급할 기회가 있을 줄 알고 다음으로 미루겠습니다.

그리스도와 관련하여 우리가 잊지 말아야 할 한 가지 중요한 사실은, 그리스도께서 강조하는 고귀한 이상(理想) 중 하나가 정의인데 의롭지 못한 경제체제를 항변 없이 관용해서는 안 된다는 것입니다. 경제문제를 외면한 복음은 온전한 복음이라 할 수 없습니다. 그것은 마치 사람들에게 절름발이 예수님을 소개하는 것과 같습니다. 처음부터 교회는 하나님 나라와 정의에 관한 이상을 고수해 왔습니다.

> 누가 이 세상의 재물을 가지고 형제의 궁핍함을 보고도 도와줄 마음을 닫으면 하나님의 사랑이 어찌 그 속에 거하겠느냐 자녀들아 우리가 말과 혀로만 사랑하지 말고 오직 행함과 진실함으로 하자(요일 3:17-18).

성경은 전제정치(專制政治)를 제외한 어떠한 정치체제도 인정하지만, 경제 분야에서는 결코 불의를 용납하지 않으며 빈곤을 시인하지 않습니다. 항상 가난한 자의 편에 서는 것이 성경의 특징입니다. 사회문제를 무시하는 교회는 마치 모내기나 비료 주는 일 및 제초 작업을 하지 않고 수확을 기다리는 농부처럼 무책임한 교회입니다. 만일 하나님의 전답인 세상을 잡초가 무성하도록 방치해 둔다면 우리는 우리에게 맡겨진 신임을 저버리는 죄악을 범하는 것입니다.

이제 한국의 기독교가 감당해야 할 좀더 구체적인 과업과 관련하여 명심해야 될 사실은, 현시점에서 기독교가 깨끗한 백지상태로 출발하는 것이 아니고 한국 고유의 역사적 배경과 함께 일해야 한다는 것입니다. 따라서 앞으로 좀더 건전한 방향으로 발전하며 하나님께서 우리에게 부여하신 과업을 충실히 성취하기 위해서는 우리의 사역에 잠복해 있는 여러 오류들을 시정하지 않으면 안 됩니다.

금전이 가져오는 커다란 유혹과 위험, 특히 외국에서 들어온 기독교 후원자금(religious dollar)이 한국에서 갖는 특수한 의미를 고려해 볼 때, 우리는 그것이 지금까지 한국에 끼친 영향력을 문제 삼지 않을 수 없습니다. 외국의 후원자금이 과연 예수님과의 진정한 만남에 어느 정도 기여했습니까? 그 세속적인 위세 뒤에 내면적 공허를 숨긴 채 교회의 가시적(可視的) 외형만을 확장하는 데 기여한 것은 아닙니까? 얼마나 많은 한국의 교회들이 탐욕을 숨긴 채 존재하고 있습니까? 확실한 것은 예수님과의 만남이 금전의 힘을 통해 실현될 수 없으며, 금전은 구원의 원천이기보다는 오히려 부패의 원천이 될 수 있다는 사실입니다.

해외에서 온 선교사의 노력이 제한된 효과밖에 거둘 수 없다는 것을 저는 압니다. 때로 제가 느끼는 것은 한국은 같은 언어와 의식이 있는데도 완전히 다른, 경우에 따라서는 정반대의 개념을 가진 두 개의 기독교가 존재한다는 사실입니다. 지금이야말로 한국 사람 자신의 내면에서 우러나오는 복음과 한국의 새로운 대결을 통해서만 기독교가 한국에 뿌리를 내리고 많은 열매를 맺을 수 있다는 점을 깊이 생각해 볼 때라고 봅니다. 이러한 대결을 통해서만 예배가 진정 한국인 자신의 예배가 될 것이며, 성경이 진정 한국인 자신의 성경이 될 것입니다. 이것은 한국 문화와의 진지한 대화를 통하여 그리스도의 몸 안에서 한국의 참된 주체성을 발견해야 하는 문제입니다.

한편 나는 한국의 기독교가 극단적인 탈속주의(脫俗主義, extricationism)—세상은 산산조각 나고 있건만 전혀 항변하지 않고, 사회윤리에 관심도 보이지 않은 채 방치하면서 개인 구원만을 얻으려는 태도—

로 굴러 떨어질 심각한 위험을 지적하고 싶습니다. 한국 문화의 한 주류를 이루는 뿌리 깊고 광범위한 샤머니즘과 관련하여 한국의 은사주의 기독교는 위장된 샤머니즘의 한 형태로 변질될 우려가 있으며, 지엽적인 것, 호기심만을 충족하고자 하는 이적(異蹟)에 대한 관심, 그리고 이기적인 목적을 추구하기 위해 권능에만 관심을 기울이는 함정에 빠질 위험이 있는 것입니다. 기독교에서 권능은 자기희생적으로 사용되었고 그리스도의 권능은 십자가로 나아가게 했습니다. 십자가야말로 그리스도인들이 신령한 능력을 위해 치러야 할 대가이며 부활은 다만 십자가의 고난 뒤에 주어지는 것입니다.

마지막으로 나는 한국에서 일반적으로 사용하는 번역 성경에 관하여 언급하고 싶습니다. 성경의 원본은 시장터에서 흔히 사용하는 보통 언어로 기록되었으며 종교적 전문용어를 거의 담고 있지 않습니다. 그런데 한국어 번역은 오히려 일상용어를 피하고 까다롭고 부자연스런 문어체를 사용한 결과 일상생활과의 관련성이 가려지고 성경 고유의 민주정신이 희박해졌습니다. 한국어 성경만을 읽는 사람이 기독교가 지향하는 본질을 이해하기 어렵게 된 것은 이러한 까닭입니다. 이것은 간단한 문제가 아닙니다. 헬라어와 히브리어에는 존댓말(敬語, high talk), 쌍말(卑俗語, low talk), 반말(常用語, half talk)의 구별이 없습니다. 번역자는 예수님이 오늘날 한국에서 생활하신다고 가정해 볼 경우 '반말'을 사용하실지 '존댓말'을 사용하실지 여부를 결정해야 합니다. 제 생각으로는 현재 사용하는 대부분의 번역들이 예수님의 말씀을 '반말'로 옮김으로써 오류를 범하고 있습니다.

우리는 어떤 마음가짐으로 우리의 사역을 시정해야겠습니까? 오늘날 한국의 기독교가 해야 할 최우선 과제는 지나치게 보편화되고 있는 극단적인 개인주의 경향에 맞서서 그리스도의 몸이라는 공동체적 성격을 자각하는 일입니다. 한국의 기독교는 한국 사회와 한국 백성과 더불어 하나가 됨으로써 책임성 있고 성육적(成肉的)인 것이 되어야 합니다. 한국 교회는 그리스도께서 스스로를 인류와 동일시한 것처럼 한국과 일체감을 가져야 하며, 그것은 자기본위적 추구가 아니라 자기부정에서 나옵니다. 또 그것은 이론적인 것이 아니라 실험적이어야 하고 항상 이론과 실천의 완전한 통일을 모색해야 하는 것입니다.

한국 교회가 활발히 부흥하고 있는데도 도덕적 각성이 뒤따르지 않고 있음을 보는데, 성경은 '행함이 없는 믿음은 죽은 것'(약 2:17)이라고 했습니다. 도덕적 차원이 배제된 '믿음'은 하나님께서 의미하시는 믿음과 전혀 관계가 없는 것입니다. 야고보는 우리에게 마귀도 하나님이 존재하심을 알고 있다고 상기시킵니다. 실로 마귀도 그리스도인들이 믿고 따르는 교의(敎義, the creed)의 진실성을 잘 알고 있으며, 교의를 외우면서 "나는 믿노라!"라고 말할 수 있습니다. 그러나 마귀는 그러한 믿음을 실천에 옮기며 진실하게 살아갈 의향이 없고, 하나님을 의지할 뜻도 전혀 없습니다. 마귀는 계속 저 스스로 행하고 오로지 자기중심적으로 살 뿐입니다. 그리스도인 가운데 기독교의 모든 계율을 지지하면서도 그것을 전혀 생활에 옮기지 않는 사람들이 있습니다. 그들은 자신만을 위한 삶을 영위하고 자기 뜻대로만 살려고 합니다. 하나님께서 이러한 사람들을 하나님께 속한 사람이라고 보시지는 않을 것입니다.

부흥에는 여러 단계가 있는데, 만일 초기 단계를 지난 다음에도 도덕적 각성이 일어나지 않으면 그것은 부흥이 아니라 일시적인 유행을 좇는 변덕일 뿐이요, 지난날의 죄악들을 새 옷으로 단장하고 지난날의 관습들을 새로운 용어로 정당화하는 데 불과한 것입니다. 진정한 종교적 부흥, 특히 그리스도인의 부흥이라면, 철저하고도 깊은 도덕적 각성이 뒤따르는 법입니다. 만일 그렇지 않을 경우, 이것은 하나님이 존재하지 않는다고 공언(公言)하는 사람들의 경우 이상으로, 하나님의 이름을 부르면서도 하나님의 일을 실행하지 않으려는 사람들에 의해 하나님의 이름이 모독되고 있음을 의미합니다. 예수 그리스도의 하나님을 부도덕하다거나 도덕과 관계없는 하나님이라고 하는 것은 신성모독인 것입니다.

그럼에도 오늘날 일부 성직자들이 바로 그와 같은 일을 자행하고 있습니다. 하나님께서는 이 일이 계속되는 것을 방치하지만은 않으실 것입니다. 하나님은 유대인에게 "나의 이름이 너희 때문에 이방인 중에서 모독을 받는다"(롬 2:24)라고 말씀하셨습니다. 하나님은 이것을 용납하실 수 없으며, 더럽고 탐욕적이며 정직하지 못한 행실로 하나님의 뜻을 거역하면서 하나님의 이름 뒤에 숨으려고 애쓰는 민족을 보호하지 않으실 것입니다. 부도덕한 행위가 교회 지도자들에 의해 저질러지는데도 교회가 그들에 맞서 적절한 조치를 취하지 못하면 온 교회가 오염될 것이며, 교회가 성령의 온유한 정화(淨化)를 거부하면 하나님께서는 '불'로써 정화하실 수밖에 없을 것입니다.

한국의 성직자들은 거짓말, 돈에 대한 탐욕, 음행이라는 세 가지 죄로 비난받고 있습니다. 그래서 이것에 대해 공(孔)요한 형제는 만일 성직자들이 그들의 죄에 대해 회개하지 않으면 하나님께서는 전쟁에서 이 나라를 구하지 않을 것이라고 예언했습니다. 이것은 성경의 전반적인 가르침과 일치하는 이야기입니다. 선지자 예레미야 시대에 유대 백성들은 예루살렘에 거대하고 유명한 아름다운 성전이 존재하기 때문에 하나님께서 예루살렘에 어떠한 재난도 생기게 하지 않으실 거라고 확신했습니다. 그러나 하나님은 예레미야를 통하여 그들의 행실로 인해 하나님의 이름이 더럽혀졌으니 그들이 회개하지 않으면 간악하고도 이교적(異敎的)이며 무자비한 타민족이 이스라엘을 침범하여 성전과 예루살렘과 유대민족을 파괴하도록 허용하리라고 경고하셨습니다. 이러한 경고에도 불구하고 백성들은 회개하지 않았고, 그 결과 하나님은 바벨론이 성전과 예루살렘을 파괴하고 수만의 유대인들을 포로로 잡아가도록 허용하셨습니다.

한국의 기독교는 흔히 서구의 옷을 입은 유교(儒敎)라고 비난을 받습니다. 이러한 비난이 타당한지 여부는 유교 윤리와 기독교 윤리의 기본 원칙을 검토함으로써 설명할 수 있을 것입니다. 유교는 자신의 지위를 유지하는 데 고심했던 구중국(舊中國) 관료층의 윤리로, 그 기본사상은 먼저 자기완성 혹은 자기수양을 한[修身] 뒤에 가족을 다스리며[齊家], 마침내 부락과 국가 및 세상을 통치하고 평정케 한다[治國 平天下]는 것입니다. 그것은 격식과 태도 및 외면적 품위를 강조합니다. 만일 인간의 본성을 변화시킬 방법이 없다면 이것이 가능한 전부일지도 모릅니다. 유교는 무엇보다도 현실지향적이기 때문에 인간의 본성을 고치려고 하지 않습니다. 타고난 인간성을 그대로 수용하면서 외면적 질서를 유지하기 위해 가능한 것만을 시도합니다.

그런데 기독교는 정반대입니다. 기독교는 다음과 같은 전제에서 출발합니다.

"인간의 본성은 타락하였으며, 그것을 고치기 위해 기적이 필요하다. 인간은 거듭나야 하는데, 물과 성령으로 거듭나면 성령의 내적인 역사에 의해 하나님을 기쁘게 해드릴 수 있다."

다시 말해 인간은 내면으로부터의 변화로 윤리적 존재가 될 수 있다는 것입니다. 그러므로 기독교 윤리는 변화받은 마음의 내면적 윤리라 할 수 있으며, 그 마음은 갈보리에서 흘리신 그리스도의 피의 정결케 하는 역사와 하나님의 영인 성령의 초자연적인 역사로 말미암아 하나님을 사랑하고 이웃을 사랑할 수 있게 됩니다. 기독교 윤리는 자기완성을 추구하는 것에서 시작하지 않고 하나님 나라를 구하는 것에서 출발합니다. 곧 유교 윤리가 도달하려는 궁극적 목표를 출발점으로 해서 시작하는 셈입니다. 유교 윤리에서 하나님 나라는 종착점이고 자아가 출발점인 데 반해, 기독교는 하나님 나라가 출발점이고 자기완성이 종착점인 것입니다. 유교적 관료들은 자신의 외면적 품위를 지키는 데 관심이 있지만 하나님 나라의 시민은 관료가 아니고 다만 (신분이 노출되지 않은) 왕의 자녀로서 자신이 말하고, 행하고, 느끼는 모든 것에 영향을 주는 내면적 존엄성을 지닙니다.

만일 하나님의 자녀로서 스스로의 내면적 존엄성을 깨닫게 하지 못하고, 상호 간의 사랑과 하나님 및 그분의 존귀함에 대한 경외심에 입각한 윤리적 행위로 이끌지 못한다면, 그것은 아마도 기독교가 아닐 것입니다. 만일 교회에서 갖는 직분상의 지위―집사·장로·권사·전도사·신부 및 목사―가 형제적 사랑보다 더 중요시된다면, 그것은 서구의 옷을 입은 유교에 불과한 것입니다. 예수님은 그러한 직함 및 직위에 관해 아주 신랄한 어조로 "나는 섬기는 자로서 너희 가운데 있노라"라고 말씀하셨지만 한국 교회는 이러한 주님의 말씀에 귀를 기울이지 않는 것처럼 보입니다.

'섬김'(serve)이란 단어는 매우 인기 없는 말입니다. 우리는 유교적 어휘인 봉사란 말을 더 좋아하는데, '봉사'는 좀더 우월한 사람이 하급자에게 허리를 굽혀 돕는다는 뜻입니다. 한편 '섬긴다'는 말은 마치 종이 그의 상전에게 시중을 드는 것처럼 하급자가 상급자를 받들면서 돕는 것을 의미합니다. 성경에서 흔히 사용하는 '섬김'이란 말이 바로 이러한 뜻을 내포하고 있습니다. 그러나 한국 교회에 대해 지나치게 혹평하지 말기로 합시다. 영어로 '서비스'(service)란 말도 똑같은 변화를 겪어 지금은 '섬김'이란 본래의 의미를 잃고 봉사의 뜻으로 사용되고 있습니다. 우리 모두는 자신이 과연 믿음 안에 거하고 있는지 스스로를 돌아봐야 합니다!

너희는 믿음 안에 있는가 너희 자신을 시험하고 너희 자신을 확증하라(고후 13:5).

5
한국 교회 공동체의
　　　실패와 회복

한국 교회에 팽배해 있는 개인주의는 사실상 개신교와 성공회와 관련된 문제라고 생각합니다. 가톨릭의 경우는 이것이 그다지 문제 되지 않는 것 같습니다.

우리는 우상숭배(탐심)와 주술과 원수 맺는 것과 분쟁과 시기와 분냄과 당 짓는 것(이기적 야망)과 분열함과 이단과 투기 같은 것들이 육체의 일(개인주의)일 뿐만 아니라, 그런 일을 하는 자들은 하나님 나라를 유업으로 받지 못할 것이라는 갈라디아서 5장의 가르침을 그동안 철저히 무시해 왔습니다. 이는 곧 현대의 수많은 한국 그리스도인들, 특히 교회의 지도자들이 하나님 나라를 유업으로 받지 못할 것이라는 말입니다. 참으로 충격적이지만 이것은 성경이 분명히 가르치는 바입니다.

더욱이 시기나 분열이나 당 짓는 것과 같은 분파주의에 빠져 있지 않은 성도들조차도 성경에 '코이노니아'라고 언급된 공동체에 대한 개념과 이해가 철저하게 결핍된 실정입니다.

한국 교회에서 공동체 개념이 희석된 원인

이런 문제의 뿌리가 무엇이라 생각하십니까? 이 문제의 원인, 또 이 문제가 오랜 역사를 두고 존재해 왔음에도 이면에 가려져 온 원인을 저는 크게 세 가지로 봅니다. 엄밀히 말하면 이 문제는 한국 기독교(적어도 한국 개신교)의 기원으로까지 거슬러 올라갑니다.

잘못 번역된 성경 어휘들

이 문제에 대한 첫 원인은 최초로 성경을 한글로 번역한 번역자들에게서 찾을 수 있습니다. 그들은 중요한 두 단어를 오역했는데, 이것은 그 후의 다른 번역판에서도 그대로 이어져 왔습니다.

그 하나는 바로 '교회'라는 단어입니다. 이 단어의 오역의 근원지는 중국입니다. 최초의 선교사들이 중국에 도착한 것은 6세기경인데, 그들은 에클레시아($\dot{\varepsilon}\kappa\kappa\lambda\eta\sigma\acute{\iota}\alpha$)라는 말을 번역할 때 가르치는 모임이란 뜻으로 '教會'라는 단어를 사용했습니다. 하지만 '交會'라고 번역했어야 옳습니다. 사귀는 모임인 '交會'라는 말이 성령의 교제로서의 교회에 대한 성경적 관점을 정확히 반영하기 때문입니다.

그러나 불행히도 교회는 이 최초의 선교사들 시절부터 이미 교제의 의미를 잃어버리고 말았습니다. 그들이 선택한 '教'라는 글자에는 유학자들의 우월의식과 어우러진 제국주의적 사고방식이 담겨 있으며, 이런 사고방식은 이미 서방교회에 깊이 잠식해 들어와 있었기 때문입니다.

번역이 문제가 되는 또 다른 단어는 교회와 매우 관계가 깊은 '코이노니아'($\kappa o \iota \nu \omega \nu \acute{\iota} \alpha$)입니다. 이 말은 '호산나'나 '할렐루야'나 '셀라'처럼 발음 그대로 쓰는 편이 옳았다고 생각합니다. 그래야 성경을 읽는 사람들이 이 말이 기독교에서만 쓰는 전문용어라는 사실을 쉽게 알 수 있을 것이기 때문입니다.

그러나 한글 성경은 코이노니아와 그의 동원어(同源語)들을 17개의 다른 말로 번역함으로써 사실상 그리스도인들만의 어휘인 이 단어가 상실되었고, 그와 더불어 그 개념마저도 흐지부지 없어지고 말았습니다.

이 말이 사도신경에 겨우 나타나지만(성령의 '교통'하심) 거의 무시되고 있고, 종전에는 성직자들이 축도할 때라도 썼는데 요즘엔 무슨 협의라도 있었다는 듯이 그 자리에 고도로 개인주의적인 단어인 '감화'나 '감동' 따위의 말들을 사용하고 있습니다. 사실 이런 말들은 헬라어에는 상응하는 단어도 없을 뿐만 아니라 신약의 정신에도 어긋나는 것입니다.

이렇듯 현대의 성직자들은 초기 번역가들의 실책을 잘도 이어받으며 결국 공동체 개념을 깨끗이 추방해 버리고 말았습니다. 매주일 그들은 "우리는 공동체를 믿지 않습니다. 우리의 교회생활의 목표는 공동체가 아니라 개인의 만족감입니다"라고 공공연히 말하고 있는 셈입니다.

잘못은 한국의 성직자들에게만 있는 것이 아니라 성공회의 선교사들에게도 있습니다. 성공회의 모든 아침예배나 저녁기도회는 고린도후서 13장 13절 말씀으로 끝나도록 기도서에 규정하고 있습니다. 그런데 성공회 선교사들도 코이노니아를 '감화'로 번역하는 것을 용인했고, 그것을 이후의 모든 번역판에서 그대로 답습했습니다. 사실 한국에 건너온 초기 성공회 선교사들은 로마를 추종하던 아주 특이한 계열의 사람들인데, 그들은 로마를 따르느라 성공회의 공동체 개념을 거부하고 말았던 것입니다. 결과적으로 한국의 성공회는 다른 전통을 따르던 첫 선교사들 때부터 이미 정체성의 위기를 경험해야 했습니다. 후에 한국의 첫 성공회 성도들이 외국에 갔다가 성공회가 세계의 다른 곳에서는 어떠한지를 직접 목격하게 되었습니다.

초창기 선교사들

이러한 성경 어휘의 개인주의적 오역들과 더불어, 한국에 건너온 초기 선교사들 또한 모두 급진적인 개인주의—종교개혁에서 비롯되어 19세기에는 온 서방을 휩쓸어 버린—의 산물이었습니다. 여기에는 서구의 경건주의—올바른 교회관과 균형만 이룬다면 아주 바람직한 운동이 될, 그러나 그것 자체로만 남아 있으면 위험한 개인주의로 치닫고 말—도 한몫 거들었습니다.

초기의 개신교 내한 선교사들에게 가장 큰 영향을 미친 것은 무디(D. L. Moody, 1837~1899)의 사역이었습니다. 무디는 당시 본궤도를 심각하게 벗어나 형식주의·교파주의·세속주의의 수렁에 빠진 서방 교회에 부흥을 일으키는 능력 있는 일꾼으로서 하나님께 쓰임 받은 사람이었습니다. 명목상 그리스도인이던 사람들과 결코 자신이 그리스도인임을 나타내려 하지 않던 많은 사람들이 무디에 의해 그리스도 앞으로 나오게 되었습니다.

내한 선교사들은 무디와 같이 이렇게 개인 구원(선교사들은 그들 자신의 경험에 비추어 죄란 곧 술·담배·성性과 같은 것이라고 생각했습니다)을 강조하는 것이 한국에서도 올바른 일이 될 거라고 생각했습니다. 그들은 불교나 유교나 민간신앙(그들이 무디의 메시지를 듣고 구원을 받던 문화에는 이에 상응하는 아무런 요소도 없었습니다)에 젖어 있던 한국인들이 이제 그들의 말을 똑같은 맥락에서 들을 수 있을 것인지, 아니면 전혀 다른 식으로 들을 수 있을 것인지에 대해서는 조금도 점검해 보지 않았던 것입니다.

무디의 보수주의는 미국에서는 다소 균형이 잡혀 있었고, 최소한 당시 막 피어오르던 자유주의 신학운동의 도전을 받고 있었습니다. 그러나 한국의 경우는 이와 달리, 선교사들은 모든 자유주의적인 것들을 일본으로나 보내라고 선교 본부를 애써 설득하려 했습니다.

이는 한국 교회의 균형을 빼앗아 갔을 뿐만 아니라 당시 막 좋은 출발을 하고 있던 일본의 경건한 복음주의 운동에 쐐기를 박는 결과를 가져오고 말았습니다. 요컨대 초기 선교사들은 아브라함의 믿음은 가졌지만 그의 믿음을 온 국가에 적용했던 모세의 믿음에 대해서는 아무것도 몰랐다고 할 수 있습니다. 또 그들은 에스라의 믿음(성경에 대한 깊은 확신)은 가졌지만 에스라의 주변 정황(강한 공동운명체 의식)에는 눈이 어두웠던 것입니다.

개인주의적이고 현실도피적인 종교를 향한 이 모든 치우침들은 선교사들이 한국 교회에 가르쳐 준 찬송가들을 살펴볼 때 한술 더

뜨는 느낌입니다.

　오늘날 한국 그리스도인들의 태도를 결정짓는 우선 요인은 성경이나 설교라기보다는 찬송가라고 할 수 있습니다. 한국의 찬송가란 공동체에 대해서는 아무것도 아는 게 없는 책입니다. 공동체 개념이 표현된 몇 개의 찬송가는 잘 불리지 않는 반면, 개인주의적이고 현실도피적인 찬송가들은 마르고 닳도록 불리고 또 불립니다.

　이런 문제가 아주 초창기부터 한국 교회에 잠재적으로 존재해 왔음에도 약 50년이 지난 지금까지 표면에 드러나지 않은 채 가려져 있습니다. 그 50여 년 동안에는 여러 역사적 요인들이 교회에 상당한 연대감과 공동체 의식을 주는 역할을 했습니다. 그러다가 문제가 표면에 떠오르기 시작한 것은 대략 지난 35년 전부터였습니다.

　그러면 이 문제를 이면에 가려 두었던 요인이 무엇입니까? 한국의 초기 그리스도인들은 가족들에게 심한 핍박을 받았습니다. 그래서 교회는 하나로 뭉쳐 이 핍박받는 새 그리스도인들을 위해 새로운 가정이 되어 주어야 할 책임을 느꼈습니다. 더욱이 얼마 뒤에는 일제의 신사참배 강요가 시작되었는데, 이때 교회는 모두 연합하여 그에 항거했으며 차츰 온 가족과 심지어 온 마을 사람이 그리스도인이 되어 갔습니다. 제국주의에 대한 항거가 교회에 놀라운 연합과 공동체 의식을 심어 준 것입니다.

　이런 현상은 1935~1945년, 핍박이 극도에 이르던 시기에 오히려 깊어져 갔습니다. 다만 영국 선교사들이 관여하던 교회들은 예외여서 그들은 신사참배에서 타협이 가능하다고 믿었고, 이로써 철저한 보수신학에 맹렬한 반일 감정까지 지닌 미국 선교사들의 관여 아래에 있는 교회들로부터 자연히 분리되기 시작했습니다. (결국 미국이라는 제국과 일본이라는 제국이 태평양의 가장자리에 대한 통제권을 놓고 격돌 상태에 놓인 셈이지요.)

이것은 한국 교회 불화의 첫 조짐이었는데, 이 조짐은 해방 후 곧바로 표면화되기 시작했습니다. 즉, 일제와 타협한 교회들은 그들의 재산을 고스란히 손에 쥐게 되었는데, 문제는 신사참배를 거부해 재산을 몰수당한 교회나 가난한 교인들에게 그들의 재산을 나눠 주려 하지 않은 것입니다.

분열은 이렇게 마각(馬脚)을 드러내기 시작했지만 6·25가 터지면서 상황은 다시 반전되었습니다. 모든 그리스도인이 파(派)를 불문하고 공산당의 표적이 되어 있음을 알게 되자 그들의 불화는 다시 막 뒤로 가려지고 말았습니다. 부산에서 피란생활을 하던 그들에게 교파 차이나 이권 다툼은 더 이상 의미가 없게 되었습니다.

그러나 휴전이 되고 민족 중흥의 역사가 계획대로 진행되면서 더이상 경제적 불황이나 종교적 핍박이 없어지자 드디어 잠자고 있던 한국 교회의 개인주의가 고개를 쳐들기 시작했습니다. 그 후 우리는 만연하는 개인주의, 권력과 이권의 자리를 노리는 치열한 경쟁, 그리고 모든 육체의 일들로 점철되는 삭막한 분열의 장면들, 또 이미 익숙해져 있던 분열 중에서도 가장 처절한 분열 장면들과 맞닥뜨리게 된 것입니다.

'성공'한 교회

한국 교회의 공동체 개념을 희박하게 만든 세 번째 원인을 생각해 보면(우리는 지금까지 초기의 성경 번역자들과 초창기 선교사들에 대해 나누었습니다), 그것은 바로 '성공'입니다. 핍박과 고난과 역경이 해내지 못하던 일을 성공이 해낸 것입니다.

이것은 사탄의 해묵은 장난입니다. 사탄은 그의 적이 모든 관심을 한 가지 일에만 집중할 때까지 조금씩 조금씩 슬슬 밀어 줍니다. 그러다 아무 예고 없이 갑자기 확 잡아당겨 버리지요. 그러면 상대는 공중으로 붕 날아올라갔다가는 이내 땅바닥에 코를 박으며 곤두박질하고 맙니다. 태권도나 유도나 레슬링 선수들이 이런 수법을 배운다면 금메달 따기가 어렵지 않을 것입니다.

우리는 쓰러졌습니다. 성공과 더불어 우리에게는 3P, 즉 권력(Power)과 명예(Prestige)와 지위(Position)가 찾아왔습니다. 또 성공과 더불어 우리에게는 해외 유학 붐이 찾아왔습니다. 한때 가난에 쪼들리던 신학교가 이제는 해외에서 수여받은 학위들로 들어차기 시작한 것입니다. 성공과 더불어 실제적인 신학은 뒷전에 밀쳐 두고 순전히 이론적인 학문에만 탐닉해 들어가는 여유가 찾아온 것입니다.

여기에 의미 파악 없는 암기·주입식 교육방법(유교의 형식주의에서 비롯한 한국의 전통적 교육방법)이 한몫 거들었고, 마침내 신학교 강단은 목자를 길러내는 곳이 아니라 학위를 다투는 아주 무의미하고 이론만 난무한, 그저 학적(學的)인 곳으로 바뀌고 말았습니다. 협력의 자리에는 경쟁이 들어섰고, 코이노니아는 종전에 이론에서 무시되어 온 것 못지않게 실제에서도 무시되고 만 것입니다.

한국 교회의 공동체 개념 회복 방향

지금까지 한국 교회가 공동체를 잃어버린 원인을 세 가지로 생각해 보았습니다. 그렇다면 잃어버린 공동체를 어떻게 되찾을 수 있을까요? 여기 그 길을 제시하려고 하는데, 그것은 이미 시작되고 있습니다.

평신도 운동

첫 단계는, 성직자들도 모르는 사이에 한국 교회에 강하게 퍼져 가고 있는 평신도 운동을 들 수 있습니다. 목회자들이 이 사실을 발견하게 되는 날 그들은 이것을 인하여 하나님께 감사드려야 할 것이며, 결코 그것을 와해시키려 들거나 지배하려 해서는 안 될 것입니다.

이 운동은 초교파적이고 실제적이며 성경적입니다. 이것이야말로 행동하는 교회의 모습입니다. 목회자들은 교회가 성직자들과 몇몇 직분자들의 모임이라는 생각을 버리고, 교회는 그 지체들의 것이며 그 지체의 99퍼센트가 평신도라는 사실을 깨달아야 합니다.

이들 평신도들은 그들의 직장에서 부딪히는 문제와 그 나라가 안고 있는 문제 등에 대한 하나님의 답을 찾아내고자 노력하며 '피차 권면하고' 있으며, 모든 종류의 이른바 '파라처치'(para-church)와 단체들과 협회들을 설립해 오고 있습니다.

사실 파라처치라는 말은 제도화된 교회는 관료제와 같다고 믿는 사람들이 만들었습니다. 관료제의 지배를 벗어나는 것이 파라처치라는 것입니다. 하지만 이보다 더 진리로부터 멀어질 수는 없을 것입니다. 만일 그런 것이 파라처치라면, 성직자와 관료 조직은 한 기관을 교회로 존속시켜 주는 역할밖에는 하지 못하는 것이란 말입니까?

참 교회란 복음에 합당하게 이 세상을 살아가며, 그 삶을 바탕으로 한 일대일 전도를 통하여 세상을 그리스도께로 인도하는 그리스도인의 살아 있는 몸을 뜻하는 것입니다.

신학교의 공동체성 회복

신학교가 코이노니아를 이해한 뒤 믿는 사람들을 배출해 내지 않는 한 건강한 교회란 그저 소망에 머물 뿐입니다. 더욱이 공동체를 향한 평신도 운동이 퍼져 나가기가 무섭게 성직자들은 그것을 방해하며 나서고 말 것입니다.

그렇다면 신학교는 무슨 일을 할 수 있습니까? 첫째, 지금부터 당장 교회, 즉 '에클레시아'의 정확한 의미를 가르쳐야 합니다. 에클레시아에 대한 모든 관주를 찾아 비교해 보는 성경 연구 프로젝트 같은 것을 만들어 학생들을 참여케 하는 것도 좋은 방법이 될 수 있습니다.

둘째, 왕국(바실레이아, $\beta\alpha\sigma\iota\lambda\acute{\epsilon}\iota\alpha$)의 의미에 대해서도 똑같은 작업을 시작해야 합니다.

셋째, 중요한 헬라어 단어 하나하나가 어느 본문에 나오는지 찾아본 뒤 그 용어가 각각의 구절에서 어떤 의미로 쓰였는지에 따라 그 구절들을 분류해 낼 줄 아는 능력을 길러 주어야 합니다. 물론 성구 사전(Concordance) 사용법 숙지는 말할 것도 없습니다. 특히 코이노니아라는 단어에 대해 그런 연구를 해야 하며, 그 밖에 코이노니아와 유사한 의미의 단어들(예컨대 고후 6:14-16상)에 대한 연구도 병행할 필요가 있습니다.

넷째, 신학교는 성경 연구뿐 아니라 동양의(한국 것만이 아니라) 문화 연구가 얼마나 중요한 것이며 절실한 요구인지 깨달아야 합니다. 한국 신학은 서양 신학자들을 맹종하는 지금의 모습에서 벗어나야 할 것입니다. 또 성경을 연구할 때도 지금까지의 전통을 정당화하거나 그 전통에 안주하지 말고 성경이 정말로 무엇을 말하고 있는지 물어야 합니다.

다섯째, 신학교는 성령에 대해 올바로 가르쳐야 합니다. 초기의 성경 번역자들은 성령에 대해 아무것도 몰랐기에 성경 도처의 성령에 관한 구절들을 오역하고 있습니다. 그러나 이제 신학교가 성령의 본래 의미를 가려내 주어야 합니다. 그들은 성령에 대해 성경이 표방하는 가장 중요하고 가장 기본적인 교리가 바로 성령의 코이노니아 사역이라는 것을 깨달아야 합니다.

코이노니아는 성령의 열매, 은사, 지혜, 성화, 그 밖의 어느 것보다 우선하는 성령의 사역입니다. 고린도후서 13장 13절이 이 사실을 분명하게 말해 줍니다. 이 구절은 성경에서 가장 중요한 여섯 가지 단어를 보여 주는데, 그것은 성부·성자·성령 그리고 그 세 위(位)의 각각의 중요한 속성인 사랑·은혜·코이노니아입니다.

우리 신학자들은 은혜와 사랑에 대해서는 변질을 허용하지 않았습니다. 그러나 믿음이니 소망이니 성화니 은사니 능력이니 하면서 코이노니아만은 쏙 빼먹었습니다.

여기에는 이유가 있습니다. 그리고 그 이유는 성공하는 교회와 매우 깊은 관계가 있습니다. 교회가 가난할 때는 그것이 뭔지도 모르면서 코이노니아를 실행했습니다. 교회가 핍박을 받을 때 그리스도인들은 배운 적이 없었어도 어려움을 함께 나누었습니다. 그러나 교회가 성공하기 시작하자 코이노니아는 좀 당혹스러운 존재가 되었습니다. 교회가 하나님과 그리스도보다 성령에 관심이 많아지면서 정신없이 분열되고 혼돈된 데는 이런 배경이 있었던 것입니다.

성령론의 진수는 코이노니아입니다. 그런데 이 코이노니아는 대가가 필요합니다. 그것도 아주 비싼, 심리적 위협을 가해 오는 값을 요구합니다. 이 코이노니아를 바로잡기 전에는 신학교는 교회의 부흥에 아무런 기여도 할 수 없을 것입니다. 성령의 은사·열매·지혜 등은 올바른 코이노니아를 가르치고 난 뒤에라도 얼마든지 가르칠 시간이 있습니다.

여섯째는 실험 작업입니다. 코이노니아는 결코 진공관 속에서 가르칠 수 없습니다. 코이노니아는 삶인 것입니다. 우리는 그것을 실험 상황 속에서, 즉 실험과 병행하여 연구해 가야 합니다.

이를 위해서는 두 가지 방법이 가능할 것입니다. 담당교수와 학생들이 소그룹을 이루어 코이노니아를 실험할 하나의 단위를 형성하는 것입니다. 그리고 모두는 이 목적을 위해 따로 할당된 기숙사에 들어갑니다. 우리 딸이 다니던 미국의 대학은 이런 것이 잘되어 있었는데, 그것이 이 아이에게 아주 값진 경험이 된 것은 물론입니다.

그러나 더욱 이상적인 방법은 신학교마다 학교 전체가 실험장이 되어 학교 전체가 살아 있는 코이노니아의 장이 되는 것입니다. 한국에 이런 것들이 가능한 신학교가 있으리라고는 생각하지 않습니다. 미국에는 제가 알고 있는 한 학교가 있고 그 밖에도 적지 않게 있으리라 생각합니다. (학위를 주는 신학교는 아니지만 성경연구소나 선교사 훈련센터 등은 그렇게 하는 데가 많이 있습니다.)

신학교 원장으로 있던 7년 동안 저는 그 일을 시도하려고 무던히도 노력했습니다. 그러나 학생들과 일부 교수들, 그리고 많은 성직자들이 기를 쓰고 반대하는 바람에 뜻을 이룰 수 없었습니다. 그것이 불가능한 일임을 알았을 때 저는 그 학교를 그만두었습니다. 왜냐하면 그 방법 외에는 신학을 가르칠 방법이 달리 있으리라고 믿지 않았기 때문입니다. 학교를 그만둔 뒤에 저를 반대하던 사람들이 저를 그 자리에서 밀어내려고 온갖 노력을 했었다는 사실을 알게 되었습니다.

일곱째, 신학교가 자체적으로 개선해야 할 것은 명예의 문제라고 생각합니다. 7월 13일자 〈코리아타임즈〉에는 콜롬반 신부회 소속의 맥마혼(Hugh MacMahon, 민후고) 신부의 글이 실렸습니다. 그는 이 세상이 온통 감투와 명예에 눈이 멀어 있다고 지적하며, 이것은 기독교 정신과는 정반대되는 모습이라고 말했습니다. 예수님께서 세상의 영광을 취하는 자들은 참 믿음을 가질 수 없다고 말씀하신 것(요 5:44)을 기억해야 할 것입니다.

장로회신학대학에 있는 제3세계 교회 지도자센터의 오콜라(Chalton S. Ochola) 목사도 같은 신문 7월 11일자에서 비슷한 언급을 했습니다. 그는 '서구 기독교'와 '제3세계 기독교'의 잘못된 분열 현상을 지적하면서 그런 현상은 결코 있을 수 없는 일임에도 버젓이 실재하고 있다고 개탄했습니다. 그는 계속하여 날카로운 도전들을 주는데, 그의 말을 인용해 보겠습니다.

누군가가 신학자에게 "당신은 불이라고는 조그만 등잔불밖에 없는 허름한 오두막에서 신학 공부를 한 달 동안만 하실 수 있겠습니까?"라고 질문한다면 그가 어떤 반응을 보이겠습니까? 그곳은 굶주림과 질병과 가난으로 뼈만 남은 사람들에게 어떻게 복음을 전할 것인지 등과 같은 우리 주위의 현실문제들에 대한 학위논문을 쓰는 데는 적격의 장소가 아니겠습니까? 벤츠나 대우 로얄에 기사가 딸리고, 다년간 권력과 특권을 누려 오던 국회의원이 어느 날 갑자기 군사 쿠데타에 의해 감옥 신세를 지게 되고, 먹는 거라곤 하루 두 끼 냄새나는 접시 위의 빈약한 곡물에, 잠은 변기에 엎드려 자고, 눈을 뜨면 끔찍한 고문에 계속 시달리며, 인권을 철저히 유린당하게 되었을 때 이런 이들에게 복음을 전하는 방법에 대한 연구가 과연 뜨뜻한 방, 배부른 상태에서 가능하겠습니까?

신학자들이 난민이 천만을 넘어서고 사흘마다(올해는 이틀마다인지도 모릅니다) 원자폭탄 하나에 죽을 만큼의 사람들이 굶주림으로 죽어가는 이 세상의 무서운 현실들과 씨름해 나간다면 우리는 코이노니아가 진정 무엇이며, 성경이 사회·경제적 현실들에 대해 무엇이라고 가르치는지 훨씬 깊이 이해할 수 있게 될 것입니다.

신학교가 참으로 진지하게 이러한 문제들에 우선순위를 두기 시작한다면, 우리는 권력·명예·지위의 3P가 아닌 것을 관심사로 삼는 새로운 세대의 성직자를 배출할 수 있게 될 것입니다.

여덟째, 신학교가 서둘러 갖추어야 할 또 한 가지 모습은 교파를 초월한, 신학교들 간의 의미 있는 코이노니아입니다. 이것은 일일수련회를 몇 번 한다고 해서 되는 일이 아닙니다. 적어도 일주일은 함께 모여 보낼 필요가 있습니다. 신학생들은 함께 모여 서로를 알아가며, 중고등부나 대학부 학생들의 여름수련회에 이런 공동체를 적용할 수 있게끔 훈련을 받기도 할 것입니다. 이런 초교파적 신학생 여름 캠프를 해마다 지속적으로 개최하는 것입니다. 여기서 훈련받은 신학생들은 함께 초교파적인 팀을 이루어 마을 전도 등을 나갈 수도 있을 것입니다.

교회 지도자들의 역할

끝으로 우리는 성직자의 역할에 대한 성경적 이해를 점검해 보아야 합니다. 오늘날의 신학교는 성경과는 아무 상관도 없는 이른바 '목회'를 위한 사람들을 길러내고 있습니다.

사회학적으로 볼 때, 이 세상의 대부분의 원시적인 공동체에는 장로(연장자), 행정가, 교사라는 세 부류의 지도자가 있게 마련입니다. 장로는 제사를 수행하고 전통을 보존합니다. 행정가는 시장(市長)이나 더 작은 행정구역 단위의 장(長)을 맡아 봉사하지만 일반적으로 보수를 받지 않습니다. 보수는 교사들만 받습니다. 또 교사들만 외부에서 영입합니다. 그런데 그 교사들은 마을의 종교 의식이나 행정에 아무런 간여도 하지 않습니다.

여기서 우리는 장로와 집사와 교사에 대한 아주 자연스런 구분을 알게 됩니다. 교회의 장로들은 성찬식을 집도하며 세례를 베풀고, 집사들은 교회를 운영하며 재정을 관할합니다.

신학교를 나온 사람들은 남자건 여자건 보수를 받는 교사가 되어야 하며, 그들은 교회의 성례나 행정에 대해서는 손을 떼야 합니다. 이러한 구분은 사회학적으로만 온당한 것이 아니라 성경적인 것이며, 교회의 부패를 최소한으로 줄여 주는 것이기도 합니다.

에베소서 4장에서 우리는 흔히 사도적 혹은 선교적 모델로 불리는 또 하나의 모델을 볼 수 있습니다. 사도들은 모든 은사와 카리스마적인 능력과 신학적 훈련과 모든 교회 설립의 권위(재정에 관한 것이 아니라 성직에 관한)를 부여받은 사람들이었습니다. 그들은 교회를 세운 뒤 바로 앞서 말한 직분들에 따라 조직을 편성했습니다. 또 예언자들—예리한 영적 통찰력과 하나님을 대신하여 말하는(즉, 대언자로서의) 카리스마적인 은사를 받은 지역 교회 평신도들—을 세우는 일에 힘썼습니다. 그들은 아직 성경 번역이 안 된 지역에서는 성경 번역을 장려했고, 문맹률이 높은 곳에서는 문맹 퇴치를 겸한 전도를 하도록 지도하였습니다. 이 성경 번역자들과 문맹 퇴치 전도사들이 바로 에베소서 4장 11절에 나오는 '복음 전하는 자들'입니다.

이 구절에 나오는 목사라는 말은 사도행전 20장 17절, 28절에 나오는 장로나 감독과 같은 말입니다. 위에서도 언급했듯이 이들은 나이가 들고 경험이 있고 연단을 받은 지혜로운 지역 교회의 교인이어야 하며 집사들의 보필을 받도록 되어 있습니다. (목사는 사도행전에는 '장로'로 표현되어 있고 '집사'로 표현된 적은 한 번도 없습니다. 그러나 '집사'는 크게 보면 모든 종류의 '교회 일꾼'을 뜻합니다. 그래서 바울은 고린도전후서와 에베소서와 골로새서에서 자신을 집사라고 표현했고, 디모데도 감독을 안수할 권위가 있음에도 집사라고 불린 적이 있습니다.)

교사는 보수를 받아야 하지만 다스리는 일에 관여해서는 안 됩니다. 교사가 다스리려 한다면 교회는 곧 하나의 몸이 아니라 기업체나 완연한 관료제가 숨 쉬는 공공기관이 되고 말 것입니다. 공동체에 관료주의보다 더 위협적인 것은 없습니다.

한국 교회는 '주의 종'이라는 말을 참 많이 사용합니다. 만일 주의 종들이 주의 모본을 따라 성도들의 발을 씻기며 교회의 종이 되기 시작한다면 공동체 회복에는 희망의 서광이 비쳐 올 것입니다. 만일 성직자들이 평소에 그들의 평신도들이 삶의 현장에서 부딪히는 타협의 유혹들로 고통당할 때 기꺼이 그들을 지원해 주는 일에 마음이 가 있다면—나는 지금 세력 경쟁을 하고 있는 어떤 야심찬 교단의 선배 성직자를 지원해 주는 것에 대해 말하는 것이 아닙니다—바로 거기서 공동체의 갱신은 피어날 것입니다.

교회의 지체들이 시장에서, 회사에서, 개인 사업체에서, 공장에서, 논밭에서, 정부기관 사무실에서, 정치활동에서 바로 그리스도인으로 살아가기를 힘쓸 때, 그리고 그런 삶이 어떻게 이루어질 수 있을지 피차 권면할 때, 그들이야말로 참으로 한국 교회 공동체에 회복을 가져다줄 사람들이 될 것입니다.

6
중국의
예수가정

  중국 대륙에 공산주의 정권이 들어설 무렵 '예수가정'(Jesus Family)이라는 그리스도인 집단이 산동 성에만 70여 개 부락으로 산재해 있었고 그 밖의 다른 성에도 상당수 있었습니다. 이것은 완전한 토착적 기독교 운동으로 외국 선교부와 아무런 조직적 유대도 없었으며 외국으로부터 일체의 재정 원조도 받지 않았습니다.

  이 운동의 핵심 인물은 성령충만함을 받은 한 무리의 남녀였는데, 그들은 하나님의 부르심에 순종하여 소유하고 있던 모든 것을 팔아 가난한 사람들에게 나누어 주고 그리스도의 뒤를 따랐습니다. 그들은 소유하고 있던 토지를 예수가정에 바쳤는데, 이 토지야말로 오늘날에도 성경의 진리가 어느 시대, 어떤 사람들에게도 적용될 수 있음을 가장 두드러지게 보여 주는 증거 중의 하나를 위한 물질적인 기반이 되었던 것입니다. 공산주의 정권이 드리운 죽의 장막으로 오랫동안 중국 실정이 외부세계에 알려지지 않았지만, 현재 입수되는 보고에 의하면 예수가정이 자라고 있을 뿐만 아니라 계속 여러 지역으로 활발하게 확산되는 추세라고 합니다.

지금부터 전개되는 이야기는 영국의 의료 선교사 보언 리즈 박사(Dr. D. Vaughan Rees)가 저술하고 1959년 런던 패터노스터 출판사가 출판한 《중국의 예수가족 공동체 교회이야기》(The 'Jesus Family' in Communist China, 부흥과개혁사 역간)란 책에 소개된 내용들입니다. 리즈 박사가 예수가정운동의 지도자 중 몇 사람을 처음 만난 것은 1935년인데, 그 후 13년간 그들과 교제를 해 왔으며 카이펑의 병원이 중국 당국에 의해 폐쇄되면서 마추앙(산둥성 타이산 근처에 있는 예수가정운동의 본거지)에 소재하는 예수가정의 초대로 그들과 생활하게 되었습니다. 이 책은 그가 영국으로 송환되기까지 2년 동안 예수가정의 일원으로서 중국인들과 나눈 경험을 골자로 하고 있습니다.

마추앙의 예수가정은 그 지도자들 중의 한 사람이 희사한 3정보(9천 평)의 토지로 시작되었으며, 이것은 그 후 희사받은 여러 토지로 (이 토지들은 예수가정의 주변 토지들과 교환되었음) 말미암아 20정보(6만 평)로 늘어났습니다. 리즈 박사가 방문할 당시에는 한 세대당 600여 평 남짓한 땅을 소유하면서 500여 명이 이 지역에서 함께 생활하고 있었습니다. 이렇게 말하면 그 토지가 대단히 비옥했을 거라고 추측하기 쉬운데 실은 그 지역에서 가장 메마른 땅이었습니다. 또 한정된 땅에서 그렇게 많은 인원이 기본적인 삶을 영위하기 어려웠을 것이니만큼 다른 사람을 위해 무슨 일을 할 만한 여유가 전혀 없었을 거라고 생각하겠지만, 사실은 매주일 공공봉사—도로 작업·교량 설치 등—에 헌신하여 생산의 십일조를 내는 데 모자란 적도 없고 그 기준을 훨씬 초과할 때가 많았다고 합니다.

어떤 목적을 가지고 출발한 이런 유형의 신앙공동체에서 흔히 있을 수 있는 일은 다음 세대의 자녀들이 자라면서 부모와는 다른 이상(理想)을 갖게 되는 일이지만, 예수가정의 아이들은 분명히 그 부모 못지않게 예수가정운동에 열성적이었습니다. 그들의 이상은 "자라서 무엇이 되겠느냐?"라는 질문에 대한 두 아이의 답변에 잘 드러납니다. 한 아이는 "미국에 예수가정을 세우겠습니다"라고 했고, 다른 아이는 "나는 복음전도자가 되려고 하는데 석공(石工)으로 생활비를 벌려고 합니다"라고 말했습니다.

예수가정에서는 종교적 지도자라는 이유 때문에 보수를 받는 일이 없었으며 모든 사람은 각자 자기에게 배당된 일을 어김없이 수행해야 합니다. 그리고 목사에게는 인분(人糞)을 밭으로 지고 갈 특권(!)까지 있었습니다.

사실상 예수가정은 공업과 농업으로 유지되고 있습니다. 그렇게 많은 인구를 그렇게 적은 면적으로 부양할 수 있었던 한 가지 이유는 그들이 소규모의 여러 제조업을 점차로 발전시켜 왔기 때문입니다. 그들에게 노동은 하나님을 위해 행해야 할 신성한 의무였던 것입니다. 그들의 조직은 목사와 장로와 집사를 포함하는 교회와 농사부 및 그 밖의 다른 부서, 예를 들면 목공부, 제화부, 제과부, 세공부, 전기부, 석공부, 교육부, 섭외 활동부, 재정부, 인쇄부 등으로 구성되었습니다.

그들의 일상생활은 약 네 시간 동안이나 계속되는 새벽기도회로 시작합니다. 이어서 아침식사를 마친 다음, 간부들이 자기 부서로 흩어지기 전에 다시 한 번 기도 모임을 갖는 동안 나머지 사람들은 모두 자기가 속한 일터로 나갑니다. 그 밖에 주간 간부회의가 열리기도 하여 거기서 다음 주간 작업 계획이 작성됩니다. 하루 일과가 끝나면 모든 사람이 다시 한 번 예배당에 모여 기도드리고 찬송을 하며 휴식을 즐깁니다.

예배당은 집회가 없는 동안에는 실을 뽑고 짜는 일 및 이와 유사한 작업을 위한 공장으로 사용됩니다. 작업을 하는 동안 모든 부서에서 다양한 찬송가가 끊이지 않습니다. 작업실에 비치된 흑판에는 그 부서의 찬송가를 적는데, 여러 부원들이 찬송가 개작을 제의할 때마다 수정을 가하곤 합니다. 그 음악의 대부분은 중국의 토착적 기독교 음악에 속하지만 서구 음악도 곧잘 부르며, 해마다 정기적으로 '할렐루야 합창단'의 음악회가 개최됩니다.

예수가정은 1920년 한 부부가 기독교로 개종한 뒤 성령충만함을 받고 소유하고 있던 토지 중 3정보를 제외한 모든 토지를 가난한 이웃에게 나누어 줌으로써 시작되었습니다. 이윽고 그들은 마음과 뜻을 같이하는 다른 사람들과 합력하여 자신들이 희사한 이 조그만 토지 위에 협동조합 점포와 견직공장을 세웠습니다. 또 그들은 여기에 예배당을 지었으며 이후 예수가정은 조금씩 커지기 시작했습니다. 10년이 지난 다음 그들은 선교에 대한 열망으로 충만케 되었고 이에 성가대와 함께(그 지휘자는 이전에 아편을 밀수하던 사람이었음) 중국 전역을 여행하면서 전도하게 되었습니다. 당시 이들을 이끌던 두 지도자는 모두 중국 고전에 정통한 학자였지만 옷차림은 품팔이들과 다를 바 없었습니다.

이와 때를 같이하여 베이징에서 조산학(助產學)을 전공한 뒤 가난한 동포를 돕는 데 전념하던 상류층 출신의 두 여인 주변에 한 무리의 젊은 여성이 모여들었습니다. 이들 일행이 몽골로 갔을 때 거기서 마추앙에서 파송된 두 전도자와 상봉하는데, 이로 인해 그들 중 대부분이—두 여성 지도자를 포함하여—예수가정에 합류하게 되었습니다.

마치 오래된 소나무 밑에서 자라는 묘목처럼 마추앙으로부터 퍼져 나간 여러 공동체들은, 예수가정에서 공동생활을 하면서 평등과 노동의 존엄성, 외국 원조로부터의 자립, 그리고 지역사회 봉사에 관한 철학을 꾸준히 발전시켜 나갔습니다. 하지만 그때까지도 그들은 머지않은 장래에 기독교의 실체가 어떠한 것인지를 공산주의자들에게 보여 주도록 성령께서 자신들을 예비하고 있다는 사실을 모르고 있었습니다. 마침내 공산주의자들이 집권한 후 그들은 자신들이 선전하던 모든 것을 예수가정이 이미 실행하고 있을 뿐 아니라 그들로서는 도저히 따라갈 수 없을 만한 성과를 거두고 있다는 것을 발견하고 감탄하지 않을 수 없었습니다. 예수가정의 생활은 공산주의자들의 이상들이 하나님의 권능에 의해서만 성취될 수 있음을 증명해 주었습니다. 예수가정이 우리에게 증거해 주는 중요한 사실은 이러한 이상들이 '유토피아적'이라는 이유로 무시되거나 '천국에서만' 적용될 수 있는 불가능한 것으로 폐기될 수 없다는 것, 만일 하나님의 영으로 충만하기만 한다면 우리 시대의 지극히 평범한 사람들 가운데서도 실현될 수 있다는 것입니다.

공산주의자들이 예수가정에서 받은 가장 큰 충격은 그들이 마추앙을 방문하여 '지도자'[家長]를 부른즉 인분 수레를 끌고 가던 한 노동자가 자신이 장본인임을 밝혔을 때였습니다.

"당신은 어떻게 기율(紀律)을 유지합니까?" 하고 묻자, "우리는 모두 평등하기 때문에 지도자는 가장 천한 작업을 할 수 있는 특권이 있지요"라고 답변했습니다. 그들의 규칙은 누구든지 지도자가 되고자 하는 사람은 자기 토지를 팔고 그것을 가난한 사람들에게 나눠 주어야 한다는 것이었습니다. 비록 그들의 땅이 척박하고 면적도 보잘것없었지만(그럼에도 근면과 적절한 관리 덕분에 높은 수확을 거두었다), 마태복음 6장 33절의 "너희는 먼저 그의 나라와 그의 의를 구하라 그리하면 이 모든 것을 너희에게 더하시리라"는 계명에 따라 대부분의 수확을 그들보다 더 가난한 사람들에게 나누어 주고 자기 생계에 관해서는 하나님만을 의지하고 살았던 것입니다. 그리고 1,400년 전 성 베네딕트에 의해 주창된 '노동하는 것은 기도하는 것'(Laborare est orare)이라는 좌우명대로 살기를 힘쓰면서 노동의 신성함을 강조했습니다.

봉사와 노동의 신성함에 대해 이렇게 강조하는 것은, 일요일을 안식일로 지키는 것을 반대하고 한 주일에 불과 몇 시간밖에 사용하지 않는 교회 건물을 공간의 '낭비'라고 트집 잡는 공산주의자들에게 효과적인 답을 제시하는 것이었으며, 기독교 학원들에 대한 공산주의자들의 반대에 대처하는 적절한 해결책이기도 했습니다. 마추앙 예수가정의 학생들은 모두 제초작업, 곤충채집, 길쌈 또는 옥수수 껍질 벗기기 따위의 작업을 하는 틈틈이 나무 그늘 아래에서 쉬는 동안 수업을 받았습니다. 그리고 일요일과 공휴일에는 그 지역 아이들을 위한 특별수업이 진행되기도 했습니다.

예수가정에서는 젊은이들의 결혼과 약혼이 장로들에 의해 결정되었습니다. 젊은 부부는 첫애가 젖을 떼면 흔히 집을 떠나 다른 고장에 정착하면서 새로운 예수가정을 시작하는데, 때로는 이렇다 할 재정적 지원도 없이 집에서 상당히 멀리 떨어진 곳으로 가기도 했습니다. 경험을 통해 하나님의 섭리를 터득하는 것이 귀중한 특권으로 인정되고 있으므로, 예수가정에서는 보다 연약한 지체를 지나치게 '도와준' 나머지 그들에게서 이러한 특권을 빼앗거나 이러한 경험을 통해 얻는 영적 성장을 방해하지 않도록 각별히 주의했습니다. 그들이 자발적으로 받아들인 청빈은 모든 성인이 입고 있는 의복에서 더 잘 나타났는데, 그들의 의복은 깨끗이 세탁은 했지만 오래 입어서 수선한 것이었습니다. 그래도 아이들에게는 정성과 사랑을 다해 만든 최고로 좋은 옷을 입히곤 했습니다.

'세상의 빛'이 되고 '세상의 소금'이 되라는 예수님의 명령을 명심하여 예수가정은 무슨 일을 하든지 인근 지역사회에 좋은 영향을 줄 수 있도록 노력했습니다. 공동농장도 그들 자신만을 위한 것이 아니고 할 수 있는 모든 노력을 기울여 좀더 나은 농경법을 실험한 뒤 이를 시범과 교육을 통하여 인근 지역사회에 보급하곤 했습니다.

그들은 문맹자들에게 글도 가르쳤습니다. 그리스도인은 성경에 있는 하나님의 말씀을 부단히 읽음으로써 마음의 양식을 섭취해야 하기 때문에 어떤 사람이 새롭게 그리스도인이 되면 곧 읽는 것을 가르치고, 그는 정규적인 가르침을 받아 마침내 스스로 성경을 읽으며 하나님께 온전히 쓰임 받을 수 있는 능력을 갖추게 되었습니다. 성경을 읽게 되면서 그들은 자연스럽게 농업에 관계되는 잡지나 그 밖의 참고서적도 읽게 되고, 그것을 통해 자신이나 이웃의 생활을 향상시키기 위한 실제적인 지식도 많이 얻을 수 있게 됩니다.

이쯤 되면 교회 임원들은 예수가정의 조직 체제를 알고 싶어 할 것입니다. 규모가 크고 중심이 되는 예수가정이 있고 소규모 예수가정이 있지만, 어떤 중앙집권적 체제나 위계질서에 의해 유지되는 것은 아닙니다. 교회 건물이 없는 예수가정도 더러 있습니다. 이러한 성격 때문에 예수가정을 없애기 위한 어떠한 공산주의자들의 조직적인 핍박도 소용이 없었습니다. 건물이나 위계질서에 의존하는 교회들은 박해에 의해 쉽게 기능이 마비되고 소멸될 수 있었지만 예수가정은 다른 교파가 모두 붕괴된 뒤에도 존속할 수 있었습니다. 성사(聖事)를 집행하기 위해 장로나 사제가 있기는 하지만 예배에 대한 공산주의자들의 압력이 심할 경우에는 교인들이 한 사람씩 장로의 집에 가서 성체성사를 받았기 때문에 불법화된 일반 집회를 가질 필요가 없었습니다. 이와 같이 그들의 유대관계는 교회 건물을 중심으로 유지되는 것이 아니라 집집마다 모이는 가정교회 형태의 교제를 통해 유지되었습니다. 그들의 유일한 지도자는 오직 예수 그리스도 한 분일 뿐입니다. 그리고 그분은 성령을 통하여 그들에게 지시를 내리고 예수가정의 모든 구성원은 그리스도의 몸의 한 지체라고 생각했습니다(엡 4장 참조).

재원(財源)에 관해 말하자면 그들은 결코 외국의 지원을 받아들인 적이 없습니다. 보고에 따르면, 1949년 산둥 성에서는 어느 때 어떤 목적을 위해서든 외국의 자금을 받아들인 모든 교회를 공산주의자들이 숙청했는데, 이때 예수가정이 그들에게 제공된 외국 자금을 일절 거부했음이 밝혀졌습니다. 예수가정운동의 지도자 중 한 사람은 미국으로부터 상당한 액수의 원조 제의를 받았을 때 다음과 같이 말했다고 합니다.

"해외에 있는 형제들은 우리의 정신을 잘 모르고 있습니다. 이 외국의 교회들은 우리가 의지하는 마지막 수단을 없애려는 것입니다. 우리에게 무릎을 꿇게 하고 주님 앞에 외치도록 만드는 것이 바로 우리의 재정적 필요인 것입니다."

위에서도 언급한 바와 같이 새롭게 문을 여는 교회들이 기성교회에 재정 지원을 바라지 않게 하는 것도 이러한 정신에서 나온 것입니다. 신자들의 새로운 집단은 재정문제에 대한 그들의 태도에 의해 연단을 받았던 것입니다.

이와 같은 정책들로 말미암아 예수가정은 (외국인에게는 이상하게 보일지 모르지만) 중국 사람들에게 자연스러운 기도, 예배, 음악 및 신자들이 지켜야 할 규칙을 토착적인 양식에 따라 자유롭게 발전시킬 수 있었습니다. 이러한 독립성으로 말미암아 예수가정은 아무 거리낌 없이 외국인을 동등한 형제로서 받아들이고, 그들이 곤경에 빠졌을 때 도움도 베풀 수 있었던 것입니다. (예컨대 1940~1942년 사이에 선교사들이 일본인에게 억류된 경우처럼 말입니다). 다른 교회들도 기독교의 '토착화'에 대해 여러 가지 말을 많이 하는데, 사실 대외 종속적인 관계로 말미암아 이러한 노력들이 대부분 인위적이고 제한된 것에 그칠 수밖에 없습니다.

예수가정은 어느 정도까지 인근 지역사회에서 '소금'의 역할을 감당했을까요? 모든 예수가정의 주변에서는 도로가 확장되고 교량이 가설되거나 보수되었으며 가축을 치는 법이 연구되고 농작물이 개량되었다고 하며, 어디서나 배우려는 열성과 진취적인 정신이 왕성하였다고 합니다. 한 노련한 선교사가 얼마 동안 그들과 함께 생활한 뒤 자신의 심정을 다음과 같이 토로하였다고 합니다.

"참으로 성경의 모든 것은 진리야! 나의 신앙이란 지금까지 이론을 맴도는 것에 불과했어."

기독교의 주장이 진리라는 것을 어떻게 알 수 있습니까? 성경은 말하기를, 이것은 박식한 논쟁이나 세속적인 지혜로 알 수 없고 다만 하나님의 권능이 '나타남'(고전 2장)으로써 알게 된다고 했습니다. 성경은 이러한 권능의 '나타남'에 관한 이야기로 가득합니다. 적어도 중국의 예수가정운동은 노련한 외국 선교사들마저 깊은 감동을 받을 정도로 그리스도를 구현하는 삶을 보여 주었습니다.

우리 부부는 기도야말로 가장 중요한 사역이며 신학의 기본적인 두 가지 문제, 즉 '하나님은 존재하는가?' '(만일 존재한다면) 그분은 어떤 분인가?'라는 문제와 관련된 것으로 믿었기 때문에 멀리 떨어진 장소에 가서 조그만 집을 짓고 우리가 할 수 있는 최대의 시간을 중보기도에 바쳐 어떠한 결과가 나타나는지 보기로 했습니다.

우리의 이러한 태도는 실제로 성경에서 발견할 수 있는 기본적인 것입니다. 성경은 '증거'(testimony), '나타남'(manifestation)에 관하여 참으로 많은 것을 말해 줍니다. '증거'란 관찰된 어떤 일에 대한 보고이며, '나타남'이란 관찰할 수 있는 어떤 것을 말합니다. '믿음'이란 '실제로 그렇지 않다는 것을 알고 있음에도 무엇을 믿는 것'으로 흔히 잘못 이해하고 있지만, 그것은 성경이 의미하는 '믿음'이 아닙니다. 성경에서 말하는 믿음이란 자신의 가설을 기꺼이 실험해 볼 수 있는 것을 의미합니다. 그와 같은 입장은 '우주란 일관성 있는 법칙 아래 있으며 관측과 실험에 대해 개방되어 있다'고 하는 자연과학의 가정과 동일한 기초 위에 있는 것입니다. 기독교의 믿음은 그것이 물질계뿐만 아니라 영적인 세계의 법칙을 포함한다는 차이점 외에는 과학과 전혀 다를 바가 없습니다. 또 영적인 법칙도 매일의 경험을 통해 물질계에 나타남으로써 관찰할 수 있다는 것이 성경 전체에 분명히 기술되어 있습니다. 만일 하나님이 존재하시고 역사의 진행 과정에서 그분의 행하심이 성경에 기록된 바와 일치한다면 성경을 우리의 안내자로 삼고 기도에 온전히 헌신할 때 우리는 그 확실한 결과를 볼 수 있다고 믿습니다.

실제로 우리 부부는, '실재(實在)하는' 세계—우리의 오감(五感)으로 인지할 수 있는 물질의 세계—에 나타난 하나님의 행하심에 대하여 이미 충분한 경험을 했으며, 우리에게 의문이 있었다면 그것은 '하나님께서 역사하실지의 여부에 관한 것'이 아니고 '그분이 무엇을 행하실지에 관한 것'이었습니다. 다른 한편으로 우리는 주위에 많은 회의론자들이 있으며 그들을 위해 하나님께서 "나를 시험해 보고 그 결과를 보라"(말 3:10; 시 95:9; 삿 6:39; 롬 12:2; 엡 5:10; 살전 5:21; 요일 4:1)고 우리를 부르셨음을 깨닫게 되었습니다. 정직한 회의론자라면 하나님께서 실존하시며 기도에 응답하신다는 사실을 스스로 보고, 또 알 수 있을 것입니다.

7
예수원의
생활과 비전

'예수원의 비전'은 다음과 같습니다. 아시는 바와 같이 예수원을 처음 시작했을 때 우리 모두가 마음에 품고 있었던 것은 중보기도의 집이 되리라는 것이었습니다. 하지만 하나님께서는 저희의 비전과 사역 범위를 점차 넓혀 주셨습니다.

지금까지 예수원에서 전개된 많은 일들은 전혀 계획하지도, 기대하지도 않았던 것들입니다. 초창기에 주님은 엄청난 수의 범죄자들과 심지어 폭력배들까지 우리에게 보내 주셨습니다. 그중에는 교도소에 보내는 대신 경찰관의 손에 넘겨져서 이곳으로 오게 된 사람들도 있었습니다. 그런데 이제 그들 가운데 사회로 돌아가서 직장생활을 하며 정상적인 사회 일원으로 살아가는 사람들이 참 많습니다. 그런 사람들의 수를 세어 본 적이 있는데, 최소한 85명이 넘었고, 그들 대부분이 '주님을 영접하고' 교회에서 일하고 있습니다.

폭력범이 아니었던 많은 사람들도 이곳에서 특별 훈련을 받은 뒤 이제는 온전해져 교회에서 봉사하고 있습니다. 한때는 젊은 미국인들이 이곳에 와서 주말을 보내거나 장기간 우리와 생활하기도 했습니다. (이들은 주로 미군 부대에 속한 사람들이거나 사업가 혹은 선교사 가족이었습니다.) 그들 중 많은 사람들이 마약이나 알코올 중독자였습니다. 주님께서는 그와 같은 사람들과 함께 일할 사람들도 보내 주셨는데, 그들 중 대부분은 자신을 주님께 드렸습니다. 어떤 분들과는 아직도 연락을 주고받고 있습니다.

어느 자매가 주님을 영접하고 난 뒤 언니가 한국에 있는 동안 언니를 위해 끊임없이 간구했습니다. 그런데도 변화가 없어 우리의 노력이 허사인 것처럼 보였지만, 미국에서 귀국하는 길에 어느 친구 집을 방문했다가 자매의 언니를 만났는데, 아름다운 아내와 어머니로서 주님을 향한 불붙는 믿음을 간직하고 있었습니다.

저희의 기도의 결과와 지나온 생활에 대해서는 일일이 다 말할 수 없을 정도로 풍성하지만, 이따금씩 듣게 되는 단편적인 소식을 통해 그 사실을 알게 될 뿐입니다.

우리가 출판한 여러 책들도 이곳에서의 삶을 통해 얻게 된 결과라고 볼 수 있는데, 그 책들 덕분에 우리는 예수원에 한 번도 온 적이 없는 많은 사람들과 접할 수 있었습니다.

예수원 목장은 이 지역에서 농사를 짓는 사람들에게 영향을 주고 있고 주일학교도 마을 어린이들에게 복음을 전하고 있습니다. 소수의 마을 지도자들이 그리스도를 영접했지만 우리는 다른 여러 마을에서도 활발한 그리스도인의 교제가 이루어질 수 있게 되기를 기대합니다. 가까이 있는 광산 지역의 한 교회도 여러 해 동안 제 역할을 깨닫지 못하다가 이제야 비로소 생명력을 갖게 된 것처럼 보입니다.

우리의 현 상황은 지난 시절에도 그러했듯이 지나치게 복잡하고 일이 많은 편이라 우리의 꿈을 실현한다는 것이 거의 불가능해 보이기도 합니다. 함께 생활할 공간이 부족해 사람을 돌려보내야 할 입장에 있습니다만, 바로 얼마 전까지의 상황과 지금의 예수원을 비교해 볼 때 한 가지 중요한 차이점이 있습니다. 대부분의 기간 동안 우리는 50~60명의 수련생을 포함해 1년에 약 3,000명에 이르는 손님들을 한두 명이나 극소수의 성장한 그리스도인들과 함께 지도해야 했습니다. 그런데 이제 예수원 가족의 3분의 1이 정회원이 되었습니다. 이것은 처음 있는 일입니다. 이들은 공동생활의 수련 과정을 최소한 27개월 이상 수료했으며 영적으로 성장하고 있는 중이므로 25명 정도 되는 수련생들과 14명이 넘은 어린아이들을 위한 사역을 보다 능률적으로 감당할 수 있을 것입니다.

그렇지만 아직도 우리에게는 감당하지 못하는 일들이 훨씬 많고, 그것을 알고 있으면서도 숙소가 마련될 때까지는 사람들을 더 많이 받아들이지 못하는 실정입니다. 그럼에도 우리는 이러한 상황을 정지 상태라기보다는 오히려 장기 수련자들을 위한 좋은 훈련의 기회라고 생각합니다.

예수원은 지금까지 소수의 교사들이 방문객들과 새로 들어온 사람들을 지도하는 데 거의 모든 시간을 할애해야 했기 때문에 장기 수련자들을 위해서는 전혀 배려할 수 없었습니다. 새로운 사람들을 가르치기 위하여 똑같은 강의를 계속 되풀이할 수밖에 없어서 이들은 들었던 강의를 반복해서 듣고 있었습니다. 하지만 이제 정회원들은 새로 들어온 수련자들을 어느 정도 가르칠 수 있게 되었고, 장기 수련자들에게는 보다 높은 단계의 훈련과 성숙한 지도를 해줄 수 있게 되었습니다.

이러한 변화와 예수원 형제자매들의 성장 덕분에 우리는 전도 사역과 농업에 대한 연구 및 생활적인 측면에서 더욱 많은 일들을 감당할 수 있게 되었고, 방문객들과 지원 수련자들이 여전히 많이 몰려오면서 이곳의 생활이 예전에 비해 훨씬 생기 있고 흥미로워지고 있습니다. 그것은 방문객들에 대한 예수원 사역의 기초가 그만큼 더 넓어졌다는 것을 의미하며, 원장이나 부원장 혹은 다른 특별한 사람이 있든 없든 관계없이 각 개인들을 통하여 예수님께서 친히 일하실 수 있다는 사실을 보여 줍니다.

우리는 마태복음 18장 20절의 "두세 사람이 내 이름으로 모인 곳에는 나도 그들 중에 있느니라"라는 말씀을 따라 예수님께서 항상 이곳에 우리와 함께하신다는 것을 말해 왔고 이것이 진실임이 입증되었습니다. 비록 특별한 지도자가 없다 할지라도 2~3일 정도 머물기 위해 이곳에 방문한 많은 사람들이 예수님께서 참으로 예수원에 계시다는 것을 발견했으며, 그분을 만났다는 사실과 그분이 자신의 필요한 모든 것을 채워 주신다는 것을 깨닫고 이곳을 떠났습니다.

그렇지만 예수님은 우리 각자의 능력을 최대한 살려 '은혜의 수로'(a channel of His Grace)로 사용하기 원하십니다. 우리도 모두 성장하는 중이며 보다 크게 사용할 만한 그분의 '은혜의 수로'가 된다는 사실을 깨닫는 것이 중요합니다.

예수원의 장래에 대하여 말씀드리자면 우리는 지금 수련 중인 형제자매들 대부분이 정회원이 되어 다른 사람들의 수련 과정을 도와줄 수 있는 날이 곧 오리라고 기대합니다. 그러면 우리는 앞에서 소개한 예수원의 비전들을 하루 속히 이루기 위해 전진할 수 있을 것입니다. 이것은 더욱 많은 가족 지원자 및 장기 수련생들을 수용할 수 있는 건물과 취학 전 아동들을 위한 학교와 목장사업을 위한 건물 및 숙소와 함께 예수원의 자립을 실현하기 위해 많은 건물들을 더 지어야 한다는 사실을 내포하기도 합니다.

정부로부터 불하받은 목장의 땅은 대금 지불 후 5년 동안 축산업만을 위해 사용할 수 있습니다. 우리 예수원의 계획은 그곳에 2,000~3,000명 정도를 수용해 매주 여러 주제에 대한 특별 집회를 가질 수 있는 야외 강당을 건축하는 것입니다. 그래서 방문하는 사람들이 자신이 제일 관심 있는 주제의 집회에 참석할 수 있게 하는 것입니다. 저희들이 생각하고 있는 집회 주제는 성경 고고학, 종말론, 성경과 과학, 성경과 경제학, 성령론, 농촌 생활, 공동체 운동, 기도 및 아직도 해결되지 않은 선교의 과제에 관한 것들입니다.

이 글 첫머리에서 '예수원의 비전'에 관해 언급했듯이 선교와 전도 사역은 하나님께서 주신, 중요한 부르심의 목적 가운데 하나입니다. 우리는 형제자매들의 영적 성숙, 조직, 설비(특히 건물 신축)와 아울러 이곳에서 헌신하기로 한 회원들이 확보됨에 따라 이러한 사역들을 더욱더 구체화할 수 있기를 기대합니다.

우리는 인원 및 영적 성숙 면에서 꾸준히 성장하고 있으며, 주님께서 그분의 시간표 안에서 성장 및 발전을 위하여 우리가 필요로

하는 모든 것을 채워 주시리라 굳게 믿습니다. 저희들이 주님의 뜻을 분명하게 알고 한마음으로 충성할 수 있도록 기도를 부탁드립니다. 예수님께서 지난 21년 동안 이곳에서 친히 행하신 일들을 생각할 때 놀라움을 금할 수 없습니다. 영광으로 이 땅에 다시 오실 그날을 맞기까지 앞으로 주님께서 이곳에서 어떠한 역사를 이루실지 자못 기대가 큽니다.

8
중보기도의 집

예수원은 중보기도의 집으로 시작되었습니다. 신학교 시절, 우리는 기도에 관해 많이 가르쳤습니다. 그러나 그것에 관심을 갖는 사람은 거의 없었습니다. 우리와 함께 일한 사람들 대부분이 기도가 그 자체만으로도 충분한 가치를 지닌다는 사실을 믿지 않았습니다.

우리 부부는 기도야말로 가장 중요한 사역이며 신학의 기본적인 두 가지 문제, 즉 '하나님은 존재하는가?' '(만일 존재한다면) 그분은 어떠한 분이신가?'라는 문제와도 관련된 것이라고 믿습니다.

많은 신자들이 자신의 문제에 관해 간절하게 기도하려고 기도원이나 산으로 갑니다. 이것이 잘못된 신앙 행위라고 할 수는 없지만, 우리가 이곳에서 실행하고 있는 것과는 매우 다르다고 봅니다. 우리는 다른 사람의 문제들, 교회나 나라와 세계 평화 및 한국의 통일과 같은 스케일이 큰 문제들뿐만 아니라 우리에게 부탁해 오는 많은 세

부적인 기도 요청들을 위하여 이곳에서 대도(代禱)하는 것입니다. 그렇다면 그와 같은 기도가 과연 실제적인 능력이 있는지 의문이 생길지도 모릅니다. 한국이 통일되는 것을 볼 수는 없었지만 우리의 기도 결과라고 믿을 수 있는 좋은 일들이 많이 일어나는 것을 보았습니다. (물론 이것은 나라를 위해 같은 제목으로 기도하고 있는 전국의 수많은 성도들의 기도 덕분이기도 합니다.) 또 우리는 교회 안에 큰 변화가 일어나고 있음을 보는데, 그것도 우리의 중보기도의 결과라고 믿습니다. 그리고 우리에게 오는 개인적인 기도 요청에 대해 응답받은 사실들을 모두 기록한다면 여러 권의 노트로도 모자랄 것입니다.

이틀이나 사흘 동안 우리와 함께 지내고 돌아간 많은 방문객들 가운데, 오랜 시일이 지난 뒤 소식을 전해 오기도 하고 전혀 소식이 없는 경우도 있습니다만, 때때로 우리는 15년 넘게 지난 뒤 기도 응답을 받았다는 보고를 받기도 했습니다. 그리고 우리는 (기도 응답을 경험했으면서도) 소식을 전해 주지 않은 사람들과 앞으로도 소식을 전하지 못할 사람들이 많이 있다는 것을 압니다.

우리가 사용하는 기도에 관한 특별한 말이자 예수원의 설립 목적을 나타내는 말이 '중보기도'(Intercession, 仲保祈禱)입니다. 우리는 보통 '대도'와 '중보기도'라는 용어를 사용하는데, 성경에는 그 말이 흔히 '간구'(懇求)로 번역되어 있습니다. '간'이란 말이 '무엇과 무엇 사이'(in between)란 뜻이면 좋았을 텐데 유감스럽게도 성경 번역자는 그 말을 간청하는 기도라는 의미의 '간구'로 번역해 버린 것입니다. 하나님께서는 우리의 사역에 대해서 우리가 열심을 품을 수 있기에 족할 만큼 알게 하시지만 교만하게 되거나 자기 확신에 빠지게 할 만큼 많이 알게 하지 않으셨습니다.

우리 주변에는 기계나 조직, 돈 혹은 어떠한 형태로든 인간의 노력으로 이루어지지 않는 중요한 일들이 무수히 많습니다. 하나님께서 친히 일하시지 않으면 그것들은 이루어지지 않을 것입니다. 그런데 하나님께서는 신자로서 마땅히 취해야 할 다음과 같은 일들을 우리가 실행하지 않을 경우에는 어떠한 도움도 줄 수 없을 것이라고 말씀하셨습니다. 첫째로 우리가 할 수 있는 모든 자연적인 방법들을 사용하고, 둘째로 최선의 노력을 다할 수 있도록 '축복' 해 주시거나 지원해 달라고 요청하고, 셋째로 인간적인 노력에 전혀 기대할 수 없을 때 하나님께서 직접 개입하셔서 권능을 나타내시도록 요청하는 것입니다.

기도하는 방법에 관해서는 기꺼이 설명할 수 있겠지만, 특별히 한 가지 분명히 해두고 싶은 것은 성경이 어떤 한 가지 방법만을 가르치지 않는다는 사실과 여러 가지 방법을 다양하게 사용하는 것이 합리적이라는 점입니다.

어떤 사람에게는 이것이 자연스럽고, 어떤 사람에게는 다른 방법이 적합하기도 합니다. 우리는 이것을 하나님으로부터 그 사람에게 주어진 '소명'(vocation) 혹은 '부르심'(calling)이라고 합니다. 일반적으로 그것은 '내향적'(intensive)인 방법과 '외향적'(extensive)인 방법으로 구분할 수 있습니다.

노먼 그럽(Norman Grub)이 쓴 《성령의 사람 리즈 하월즈의 중보기도》(Reese Howells, Intercessors, 두란노 역간)라는 책이 있는데, 그것은 하나님으로부터 내향적인 중보기도를 위해 부르심 받은 사람에 관해 기술하고 있습니다. 내향적인 중보기도는 한 가지 중보기도 제목을 정해 그것을 위해 그가 할 수 있는 최대한의 힘을 집중해 마침내 기도의 응답을 목격하거나 하나님께서 그에게 "이제 충분하다"고 말씀하시는 것을 확인하는 방법입니다. 그러면 그는 기도의 응답을 주신 하나님께 감사를 드리고 다른 일을 하게 되는 것입니다. 이러한 유의 부르심을 받은 사람들은 흔히 금식을 하거나 기도에 전념할 동안에는 다른 모든 일을 그만둡니다.

한편 어떤 사람은 주로 한 가지 일에 대해 기도하도록 부르심을 받았더라도 일과와 일상생활을 병행하면서 기도 제목이 생각날 때마다 그 문제를 하나님께 올려 드릴 수 있습니다. 예수원에서는 우리의 생활을 유지하기 위해—농장 일, 요리, 바느질, 세탁, 아이 돌보기, 사무, 저술, 하나님께서 이곳으로 보내 주시는 여러 방문객 접대 및 물건 구입이나 공무 때문에 시내에 다녀오는 일 등—계속 해야 하는 일들이 많습니다. 그런데 우리가 관심을 기울여야 하는 일과 함께 기도 부탁 받은 것도 있으므로 예수원은 기회가 있을 때마다 기도하며, 여러 다른 부류의 대상들을 위해서도 기도하는 '외향적'인 성격을 띤다고 볼 수 있습니다.

우리는 정해진 기도 순서에 따른 '의향'(intentions)* 및 개인기도 요청을 포함하여 매일 정오부터 약 30분간 대도를 드리고 있습니다. 예배 인도자가 기도 제목을 읽을 때마다 나머지 사람들은 "주여, 우리의 기도를 들어주소서!"라고 함께 화답합니다. (실제로 '아멘'이라

---

* 수도원 용어로, 정해진 형식에 따라 날마다 주제별로 드리는 기도.

는 간단한 말도 동일한 의미를 내포합니다. 아멘은 히브리어로 '그것이 참말이오!'라고 번역할 수 있습니다). 기도 순서를 따라 읽어 내려가는 데만 30분이나 걸릴 만큼 많은 기도 제목이 있으므로, 우리는 하루 중 다른 시간에 하나님께서 지시하시는 기도 제목에 대해 마치 자기 자신의 문제인 것처럼 보다 상세하게 기도하도록 이곳의 형제자매들에게 부탁하고 있습니다.

매일 드리는 '외향적'인 중보기도—이것을 우리는 편의상 '대도'라고 부릅니다—외에 주로 매주 금요일 오후*에 '내향적'인 중보기도를 위해 두 시간을 따로 할애하고 있습니다. 이때는 몇 가지 기도 제목을 놓고 집중하여 함께 통성으로 기도하거나 성령의 인도하심을 따라 한 사람씩 기도하는데, 이것을 예수원에서는 편의상 '중보기도'라고 구별하여 부릅니다. 이와 같은 중보기도를 준비하기 위해 우리 친구인 조이 도우슨(Joy Dawson) 여사가 여러 해 전에 작성하여 YWAM(Youth With A Mission)과 한국 지부인 예수전도단에서 사용하는 '효과적인 중보기도 원칙'을 따르고 있습니다.

중보기도에 관하여 성경이 가르쳐 주는 중요한 구절 가운데 하나는 에베소서 6장에 있습니다. 우리가 전쟁 가운데 있는데 그것은 혈과 육에 관한 것이 아니고(그렇게 보일 때가 참으로 많음에도) 영적인 악의 세력과의 씨름이라고 합니다. 그리고 우리가 만일 신중하게 전신갑주를 입지 않으면 이러한 영적인 전투를 하다가 재난을 당할 수도 있다고 경고합니다. 또 실제적인 전투는 중보기도 및 '성령 안에서

---

* 지금은 매주 월요일 저녁에 하고 있다.

드리는 기도'(Prayer in the Spirit, 방언 기도)를 포함하는 많은 종류의 다양한 기도를 통해 치러진다고 합니다. '성령 안에서 드리는 기도'란 성령께서 우리를 수로(水路, a channel)로 사용하시고 우리가 아는 것보다 더 올바르게 기도할 수 있도록(롬 8:26-27) 알지 못하는 언어로 기도하는 것을 말합니다.

한편 우리는 정부 및 모든 다스리는 자들을 위해 기도하되 특별히 남자들이 이 일에 참여해야 합니다. 전 세계 대부분의 문화가 기도는 여성들의 사역이라고 여기지만, 성경은 기도의 1차적 책임이 남자에게 있다고 합니다(딤전 2:8 참고). 기도가 남자들의 사역임에도 이곳 예수원에서도 여성들이 적극 기도하고 활동하고 있습니다. 이들에게 감사드립니다. 그들 또한 훌륭한 기도자들인 것입니다.

9
기독교 교육을 위한 학교

    기독교 대학에 관한 개념은 1930년대 중국의 한 기독교 대학 총장님에 의해 구체화되었습니다. 대학 시절에 저의 주된 관심사는 '중국을 위한 기독교 대학은 과연 어떤 형태일까?'라는 것이었는데, 한번은 저의 부친께서 중국 중앙대학교(Central China College) 총장이신 프랜시스 위 박사님(Dr. Francis Wei)이 쓰신 논문의 복사본 한 부를 제게 보내 주셨습니다. 중앙대학교는 선교사들이 설립한 훌륭한 학교이고 위 박사님은 성공회 신자였습니다. 그렇지만 그분은 성공회 교파에 얽매이기보다는 기독교를 좀더 포괄적인 것으로 보면서도 오늘날 학계의 주류를 이루는 세속 문화와 기독교를 분명히 구별하셨습니다. 위 박사님은 마땅히 행해야 할 일을 그리스도인들이 하지 못함으로써 마르크스주의자들이 모든 학문 분야를 그들의 독특한 마르크스주의적 관점에서 가르치고 있다는 사실을 발견했습니다. 위 박사님의 견해에 의하면 그리스도인들도 그들 이상으로 기독교적인 관점에서 모든 학문을 연구해야 한다는 것입니다.

저는 교파적인 연대의식이 강한 소위 '기독교' 대학에 다니고 있을 때, 학생들이 영화관이나 댄스 파티에 가고 맥주를 마셔도 되는지에 관해서는 학교가 깊은 관심이 있었던 반면, 어떤 심리학·교육학·경제학 등을 가르쳐야 하는지에 대해서는 별 관심이 없는 것을 알고 혼란에 빠진 일이 있습니다. 우리는 인본주의적이고 행태주의적(行態主義的, behaviorist)인 심리학과 교육원리들을 배웠는데, 그런 것들이 결국은 "끔찍하다!"(horrible)고 묘사할 수밖에 없는 오늘날의 미국 교육제도를 낳게 한 주된 요인들입니다. 더욱이 경제학과 대표 교수님이라는 분이 실현성 있는 경제제도로서 '우상숭배'(인간의 탐심을 전제로 한 경제 질서)를 공공연하게 주장하기도 했습니다(엡 5:5; 골 3:5 참조). 또 그는 선지자들이 비난해 왔고 십계명 제8계명을 범하는, 소위 '문명화되었다'고 하는 세속 사회로 하여금 경기 침체·전쟁 및 준전시(準戰時)의 침체 상태를 유발하고, 상한 심령과 근심은 말할 것도 없고 질병과 범죄의 온상이 된 빈민가 및 범죄 집단의 늪으로 빠뜨리게 만든 '지주제도'(a system of land-ownership)를 수용한다고 가르쳤습니다. 그래도 제가 다니던 대학의 진실성은 현대 미국 사회의 소위 기독교 대학이라고 일컫는 그 어떤 대학보다 뒤떨어지지 않았습니다. 학계에서 인정받아야 한다는 압력 때문에 기독교 대학들은 학문적 명성을 얻고자 피나는 노력을 해야 했는데, 그것은 바꿔 말하면 세속의 길로 가고 있다는 의미입니다.

그런데 이제 한 가지 새로운 움직임이 일고 있습니다. 제가 학생이던 시절에는 '기독교 대학'이란 것이 참으로 무엇을 의미하는지에 대해 깊이 인식하고 있던 대학이 미국 전역에 걸쳐 극소수에 불과했습니다. 그리고 그들마저도 인본주의적이며 르네상스적(이성 중심적)인 전제로부터 모든 학문에 대한 분명한 성경적 입장으로 전환하는 데 소극적이었으며, 일반 학계에 도전을 주는 데도 미진한 형편이었습니다. 그런데 이제 기독교 대학에 대한 긍정적인 움직임이 일면서 점차 활발한 호응을 얻고 있습니다.

프랜시스 쉐퍼(Francis Schaeffer, 1912~1984) 박사의 글들은 진정한 의미의 '기독교대학협회'(the Association of Christian College)를 발족시킴으로써 각 대학이 서로 협조하고 격려할 수 있는 광장을 제공하게 되었습니다.

아주 작고 (제대로 평가조차 받지 못해) 알려지지도 않은 학교들이 신학과 일반 학문과의 통합을 위해 수년 동안 노력해 온 사실을 알게 되었음에도 우리는 그들을 완전히 무시해 버렸던 것입니다.

이런 문제와 관련하여 한국은 과연 어떤 상태에 있습니까? 한국의 기독교 계통의 학교들은 원래 기독교 대학으로 설립되었지만 지금은 완전히 세속화된 대다수의 미국 대학들과 똑같은 함정에 빠졌습니다. 저는 소위 기독교 계통의 대학에 다닌다는 학생들보다는 국립대학이나 사립대학에 다니는 그리스도인 학생들 가운데 더 좋은 분위기가 있다는 사실을 발견했습니다. 이것은 심히 가슴 아픈 상황이지만, 엄청난 수의 낙심한 그리스도인 대학생들이 이러한 사실을 간증하고 있습니다.

성경 내용을 잘 아는 사람들에게는 한때 기독교적이었던 학계에서 불신과 세속화의 경향이 강하게 나타나는 이러한 현상이 전혀 놀랍지 않습니다. 요한복음 5장에서 우리는 예수님이 당대 학자들과 논쟁하는 장면을 보는데, 그들은 예수님께서 자기들과 같은 부류에 속하지 않은 사람이라는 이유로 그분을 거부했습니다. 그때 예수님은 다음과 같이 말씀하셨습니다.

> 나는 사람에게서 영광을 취하지 아니하노라 다만 하나님을 사랑하는 것이 너희 속에 없음을 알았노라 나는 내 아버지의 이름으로 왔으매…… 너희가 서로 영광을 취하고 유일하신 하나님께로부터 오는 영광은 구하지 아니하니 어찌 나를 믿을 수 있느냐(요 5:41-44).

이 말씀은 사람에게 영광을 받기 위하여 학위를 얻는 사람은 하나님을 믿을 수 없다는 것입니다. 여러분은 학위를 취득하는 사람들 중에 이런 부류의 사람들이 얼마나 될 것 같습니까?

우리가 실행하고자 제시하는 것은 하나님께 영광을 돌리기 위하여 학문을 연구하고, 자신의 명예나 경제적 안정에 대한 관심보다는 각자의 학문 분야에서 오직 하나님의 뜻을 행하려는 사람들이 함께 모여 (하나님을 경외하는 성경적 토대 위에서) 각자의 전공을 자유롭게 가르칠 수 있는 교육 기관을 설립하려는 것입니다. 당신은 '대학 사회의 상황이 그토록 악화될 수 있을까요?'라고 생각할지도 모릅니다.

약 30년 전에 마르크스주의의 영향을 강하게 받은 젊은 경제학과 교수님 한 분이 그리스도인이 되었습니다. 그분은 평양 김일성대학에서 오로지 마르크스주의만을 신봉한다는 일념으로 공부했지만,

주님을 영접한 뒤에는 그와 동일한 신념으로 이제는 철저한 그리스도인이 되고자 결심했습니다. 한번은 그리스도인 교수님들의 주말 모임이 온양에서 열린다는 소식을 전해 듣고 자기보다 오래 신앙생활을 한 선배 교수들께 많은 것을 배울 수 있으리라는 기대를 품고 그 모임에 참석하였습니다. 하지만 그는 토의 주제가 술과 담배를 하지 않으면서도 어떻게 학계에서 성공할 수 있었는지에 관해서만 맴돌고 있다는 사실을 발견하고 크게 실망했습니다. 마침내 이 젊은 교수가 토의에 끼어들어 평소 늘 궁금하게 여기던 바, "여러분은 강단에서 가르치는 전공에 자신의 신앙을 어떻게 적용하고 있습니까?"라는 질문을 제기했습니다. 하지만 완전히 묵살당하고 말았습니다. 잠시 후 그는 다시 한 번 자신의 의문점을 제시했습니다. 왜냐하면 상당한 시간과 경비를 써 가면서까지 모임에 참석한 것은 오직 그 문제를 해결하려는 한 가지 목적이 있었기 때문입니다. 이번에는 다른 젊은 교수 한 명이 그와 의견을 같이하며 이 문제에 대해 꼭 토의해야 한다고 제안했습니다. 하지만 그들은 이 두 사람을 모두 무시해 버렸습니다. 마침내 나이 많은 선배 교수 한 분이 화를 벌컥 내며 그를 향해 이렇게 말했습니다.

"젊은 친구, 강의실에 들어갈 때 나는 종교는 밖에 버려 두고 들어간다네!"

이 말에 다른 교수들은 한마디 대꾸도 없었고 그것으로 이 문제는 더 이상 거론되지 않았습니다.

그 이야기를 들은 날부터 지금까지 저는 한국에 성경적인 관점으로 모든 학문을 가르치려는 대학이 단 한 곳이라도 생기기를 기도해

오고 있습니다. 그러던 중 최근에 상당수의 젊은 학자들이(이들은 대부분 자연과학을 전공한 분들입니다) 이 문제에 관해 논의하기 시작했다는 소식을 듣고 얼마나 기뻤는지 모릅니다. 그래서 기독교 대학의 설립을 위한 그들의 취지에 기꺼이 동참했고, 그것의 실현을 위해 날마다 기도하고 있습니다.

10
토지문제 해결을 위한
한국헨리조지협회*

한국의 헨리조지협회는 로이드와 에바 맥스웰(Lloyd and Eva Maxwell) 부부 그리고 연세대학교 경제학과 교수 한 분에 의해 30여 년 전 설립되었는데, 맥스웰 부부가 미국으로 귀국한 뒤 부인은 별세했고 남편 로이드 맥스웰 씨는 1985년에 100번째 생일을 맞았습니다. 다른 회원들도 대부분 흩어져 1985년까지는 활동이 중단된 채 긴 동면 상태에 있다가 그해에 《토지와 자유》(Land and Liberty)라는 제목으로 헨리 조지 경제학파의 다른 자료를 소개한 책이 출판되고, 헨리 조지의 《진보와 빈곤》이 재출판되면서 이 모임이 부활했습

---

* 1984년 대천덕 신부의 수고와 노력으로 복음주의적 그리스도인들이 모여 '한국헨리조지협회'를 재결성했고, 1985년부터 본격적으로 활동했다. 1996년에 '성경적 토지 정의를 위한 모임'(성토모, Henry George Association of Korea)으로 개칭하였다. land.kimc.net에 들어가면 자세한 정보를 얻을 수 있다. -편집자 주

니다. 한국의 헨리조지협회는 현재 소수의 기독교 지도자를 포함하여 사업 분야나 학계에서 활동하는 150여 명의 회원이 있는, 자발적인 성격의 조직입니다. 다른 나라의 헨리조지협회가 상당수의 인본주의자 회원들이 가입되어 있는 추세에 비해, 한국의 헨리조지협회는 보수적인 기독교인들만으로 구성되어 있습니다. 이들은 인본주의 경제학자들이 지닌 모든 형태의 사회주의에 대한 혐오감에 동조하는 한편, 헨리 조지의 경제학을 성경에 나타난 하나님의 법의 실제적인 구현으로 간주합니다. 물론 그들도 인본주의적 헨리 조지 경제학파와 마찬가지로, 이러한 경제 원칙들을 온 사회에 널리 적용하고 하나님의 법을 준행할 경우 인류에게 놀라운 유익을 가져다줄 수 있다는 사실을 믿고 있습니다.

헨리 조지의 기본 입장은 지주(특히 도시의 토지 투기꾼들)에 의한 토지의 독점과 그로 인해(직접적이든 간접적이든 효과적으로) 지주들이 권세를 장악하게 되는 것을 막지 못한 결과로 말미암아 '진보와 함께 빈곤도 증대한다'는 사실을 꿰뚫어 본 것입니다. 그는 토지 투기와 그로 인한 저임금, 실업문제, 인플레이션 및 정부의 부패를 방지할 수 있는 간단한 방법론이 레위기 25장에 제시되어 있다는 사실을 지적했습니다.

근본주의적인 입장에서 쓴 《성경의 교의(敎義)》(*What the Bible Teaches*, 혜문사 역간)의 저자이자 무디성경학교 초대 교장 R. A. 토리 박사(본인의 조부)는 헨리 조지가 주장한 두 가지 기본 명제, 즉 단일조세와 자유무역을 인정했습니다. 그러나 교회에서 토리 박사를 따르던 사람들 대다수가 이 문제에 충분한 관심을 기울이지 않았으며, 그동안 교회에 들어온 지주들이 경제 및 사회문제에 관한 헨리 조지와 토리 박사의 가르침을 성경학교와 신학교 과정에서 조심스럽게 제거해 버렸습니다. 그 결과 오늘날 대다수의 기독교인들이 경제학에 관한 기독교적 가르침이 무엇인지 전혀 모르게 되어 버린 것입니다.

한국의 헨리조지협회의 목적 가운데 하나는 약 100년 전에 헨리조지 경제학파의 이론가들에 의해 계승되어 온 경제학에 관한 성경의 올바른 가르침을 오늘의 실정에 맞는 현대적인 형태로 한국 교회에 알리는 것입니다. 그리고 국회의원, 국토개발연구원 및 관련 부처 관리들로 하여금 이러한 사실들에 관심을 갖게 하고 정보를 알려주는 일도 본 협회의 목적에 포함됩니다. 우리는 이미 국회 내의 기독교 모임과 국토개발연구원의 전 직원에게 이에 대한 자료를 제시한 바 있습니다. 헨리조지협회는 '토지가치세 및 자유무역을 위한 영국 국제연합'(the English International Union for Land Value Taxation and Free Trade)과 전 세계에 퍼져 있는 헨리조지학파 법인체 및 다른 많은 조직들과 연관되어 있습니다. 이들 단체들은 각각 독립성을 유지하고 있지만 매년 세계 연차총회를 개최해 대표자들이 함께 모임을 갖습니다. 한국의 회원 한 분도 '1985년 밴쿠버 총회'에 참석해 한국에서의 헨리조지협회 활동에 대해 보고한 바 있습니다.

이제 본 협회 회원들이 현재 하고 있는 활동과 전망에 대해 말씀드리겠습니다. 회원들은 한 달에 한 번 서울에서 모임을 갖고 그동안 이 분야와 관련하여 행한 일들에 관해 보고하며, 이 문제와 관련된 해외의 현황에 대해 보고를 듣습니다. 예를 들면, 미국 펜실베이니아 주의 7개 도시가 헨리 조지의 이론을 채택하여 지방세법을 개정한 결과, 빈민가가 없어지고 주택난이 해결되었으며 연방정부의 시책에 앞서 자발적인 노력으로 도시 개선을 촉진하는 데 주목할 만한 성과를 거두었다는 사실 같은 것입니다. 인쇄된 정보와 함께 비디오테이프를 통한 보고도 입수되어 도움을 주고 있으며 경제학과 학생들의 연구에 활용될 수 있도록 종합대학교마다 관계 자료를 비치한 도서실도 마련되어 있습니다.

본 협회 회원들의 소망이라면 새 회원들이 인플레이션, 실업, 저임금 등 중요한 사회문제의 근본 원인이 무엇인지를 보다 많은 사람들이 깨닫게 하는 데 좀더 효과적인 노력을 기울임으로써 그에 대한 적절한 조치가 취해질 수 있도록 하는 것입니다.

'토지신탁 사단법인' 설립, 구제사업, 그리스도인 고용주를 설득하여 임금을 높이고 작업 조건을 개선하도록 하는 일(사업 규모는 계속 확장됨에도 순수익률은 계속 떨어지는 나라에서 대부분의 주요 산업이 이를 실행할 수 없는데, 이 문제도 헨리 조지와 그의 제자들이 관심을 갖고 연구한 사회현상 가운데 하나입니다)도 하고 있습니다. 그리고 '작은 것이 아름답다'(Small is beautiful!)는 슈마허(E. F. Schumacher, 1911~1977)의 철학을 받아들여 사람들이 그들의 생활 스타일을 바꾸도록 설득하는 일(슈마허의 철학은 기독교의 원칙들과 많은 면에서 공통점이 있습니다) 등 기독교인으로서 할 수 있는 일들이 많지만, 한국의 헨리조지협회는 정부 차원에서 채택되어 전 국가적인 범위에서 시행된다면 엄청난 효과를 가져올 한 가지 방법, 즉 '단일조세'와 '토지가치지대(地代)'(the Site Value Rental)의 실현에 모든 노력을 집중하고 있습니다. 이것은 홍콩에서 실행되어 괄목할 만한 성과를 거둔 방법이기도 합니다. 이런 놀라운 성과에도 불구하고 홍콩이 온전한 본보기라고 볼 수 없는 것은 현 실정에 맞는 토지 임대에 관한 법규가 제정되지 않았고, 투기꾼들에 의해 법이 악용될 소지가 발견되었기 때문입니다. 그럼에도 세계에서 천연자원이 가장 적은 이 도시가 계속 번창하고 호경기를 누리는 대도시가 된 것입니다. '단일조세' 및 '토지가치지대'라는 이 방법은 캐나다의 앨버타에서도 놀랄 만한 성과를 거두었는데, 그곳은 유전(油田)을 임대하고 얻는 세입이 많아 한국이나 미국처럼 초등 교육이나 중등 교육 과정뿐만 아니라 대학 과정까지 의무교육을 실시해 정부가 부담하고 있습니다.

성경의 조직체가 한국에 존재할 필요가 참으로 있는가? 저는 실업문제와 인플레이션이 있는 한 그와 같은 조직체가 시급하다고 생각합니다. 한국 사회에 강한 영향력을 행사할 수 있는 사람들이 나라 곳곳에서 발생하는 사회문제에 전혀 무관심한데, 그들은 민주주의를 부르짖는 요란한 구호와, 토지문제에 대해 아무 실효성도 없는 까다로운 법률을 과다하게 만들어 놓은 후 연막 뒤에 숨어 국민들이 근본적인 문제를 깨닫지 못하도록 처신하고 있습니다. 그들 자신이 지주이기 때문에 그러한 사실을 감추기 위해 갖은 수단을 다 사용하는 것입니다.

어떤 나라에서는 '민주주의'라는 구호 아래 지주들이 국회의원으로 선출되고 국회가 완전히 지주나 지주의 고용인들로 구성되어 지주들을 구속하는 어떤 효과적인 법규도 통과할 수 없게 만들었기 때문에 사태가 훨씬 악화되는 경우도 있습니다. 지주들은 자본가들을 파산시키거나 자본가들로 하여금 그러한 사태를 피하기 위해 부득불 토지 투기에 합세하지 않으면 안 되게 만드는 장본인이 바로 자신들임을 국민들이 인식하지 못하게 하려고 (오히려 자본가들을 손가락질하며) 심지어 마르크스주의자의 구호를 사용하기도 합니다. 지주들과 타협하여 잠시 생존이 가능할 것처럼 보이지만 그것은 일시적인 것에 불과하여 곧이어 엄청난 도산과 경기 침체가 뒤따르고, 마침내 실업문제에 대한 유일한 해결책으로 세계 전쟁이라는 마지막 수단이 제시되는 파국을 초래할 것입니다.

이와 같은 문제가 성직자들과 사회에 영향력이 있는 사람들은 말할 것도 없고 대학생들의 분별력까지 흐리게 만드는 상황에서 그들의 눈을 뜨게 해줄 사람이 필요합니다. 지주들의 신인 '바알'을 섬기고 있는 그리스도인들을 엄중하게 경고하기 위해서는 우리에게 헨리조지협회보다도 한 사람의 엘리야와 같은 선지자가 더 필요할지도 모릅니다.

오늘을 위한 대언

　너희들의 찬양과 예배를 고맙게 받아들인다. 너희의 찬양 속에 내가 함께 있다. 그러나 내가 찬양받기를 몹시 갈망하는 또 다른 많은 사람들이 있다.
　여기 모인 내 자녀들아, 너희들에게는 비누와 로션 냄새가 나지만 이 세상의 대부분의 사람들에게서는 땀과 기름 냄새 그리고 생선 냄새와 진흙탕 냄새가 난다. 나는 노동자들과 무거운 짐 진 자들을 불렀다. 너희는 그들에게 문을 열고 있느냐? 만일 내가 너희들에게 천국 문을 열었다면 그들에게도 열어야 하지 않겠느냐? 그러나 그들에게 인도자가 없다면 그들이 어떻게 들어가겠느냐? 너희는 아직 복음이 전해지지 않은 세상의 더럽고 지치고 땀내 나고 초라하고 가난하고 깨이지 못한 엄청난 수의 사람들에게 기꺼이 마음을 열겠느냐? 오늘날 이 세상에서 고상한 사람들이 나를 찬양하는 것은 특별한 일이 아니다. 너희들에게 특별한 사람들에 대하여 얘기했는데 바로 일반 대중들이 지금 너희가 하듯이 나를 찬양하기 시작한다면 그것이 특별한 일이 될 것이다. 부유한 아시아인이 나를 찬양하고 지식인이 나를 찬양한다면 그것은 그다지 특별한 일이 아니다.
　나는 가난한 아시아인들의 찬양 소리를 듣고자 갈망한다!
　나는 어부와 노동자들과 함께 시작했다. 그런데 왜 너희는 그다지도 유식하고 배운 자들, 세상의 명예를 지닌 부자와 편히 사는 자들만을 강조하느냐?

너희는 성공한 사람들에게는 너무도 열려 있다!

너 자신을 살펴보아라.

나는 너희를 청지기로 삼았다. 내가 너희를 모든 일에서 축복할 때 너희 마음이 자만심으로 높아지지 않도록 주의하고, 너희가 오직 종임을 잊지 않도록 주의하여라. 가난한 이를 멸시하지 않도록 주의하고, 복음과 천국이 그들의 것임을 잊지 않도록 주의하여라.

너희는 내가 했듯이 너희 자신을 비울 수는 없느냐? 내가 했듯이 자신을 낮추며 이 세상에 있는 멸시받고 무시당하는 자와 권세 없는 자들, 오로지 비참할 뿐이며 먼지와 소음이 넘쳐 나고 냄새나는 곳에서 온 생애를 살아야 하지만 무슨 영문인지도 모르는 수많은 사람들과 자신을 나눌 수 없겠느냐!

나의 사랑스럽고 깨끗한 자녀들아, 내가 갈망하는 자들이 바로 이들이므로 나는 이들을 찾아 나서겠다. 내가 여기에서 너희의 찬양과 너희의 의를 뒤로 하고 너희를 떠나게 되지 않도록 주의하여라.

지금 99명이 우리 안에 안전히 거하고 있는 것이 아니다. 세상의 노동자들, 폐물 같은 인간들, 갑판과 착취 공장에서 일하는 수백만의 얼굴 없는 자들, 잡초투성이 논과 밭에서 구부리며 일하고 탄광 속에서 곡괭이질 하느라 석탄가루 마시며 웅크리고 일하는 자들, 이들 중 99명이 우리 안에서 편안히 지내고 있는 각 사람을 위하여 지금 광야에 나가 있다. 네가 이들 사이를 지나지 않고서 어디로 나갈 수 있겠느냐? 그러나 네 몸은 나가려 하지 않는다.

네 몸은 편안하고 계속 그러기를 원하고 있다.

나의 종들—나의 친구들—바로 그들이 나의 영을 퍼주고 싶은 남종과 여종들이다. 너희는 그 종들과 기꺼이 함께하겠느냐? 한때 너희 중 더러는 종이었다. 그러나 지금은 너희가 종의 계급을 떠나 주인 계급에 들어갔다.

네가 어디 출신인 것을 잊었느냐? 나는 지난 시절의 네 가난과 고통과 수치를 상기한다. 지금은 다 지나가 버렸지만 네가 오랫동안 참혹하게 지낸 시절을 나는 안다. 그런데 네 동료들은 어떠냐? 너는 네가 노동자 계급 출신인 것을 부끄럽게 여기느냐? 네가 남기고 온 사람들은 어떠냐? 나는 노동자다! 나는 세상을 직접 내 손으로 지었다. 내 일을 대신해 줄 천사는 없었다. 그들은 내가 일할 때 지켜보고 노래했다. 그러고 나서 일을 다 마쳤을 때 나는 쉬었다. 이제 나는 세상의 노동자들이 나의 안식에 들어오기를 바란다. 그것은 거짓 선지자와 적그리스도에 의해 약속된 거짓 해방이 아니다.

나는 이 세상에 두 번째로 왔다. 노동자 목수로서 다시 왔다. 내 모든 제자들은 노동자였으며 가난한 이에게 복음을 전파했다. 나의 종들아! 종이 되어라! 종들에게 전파하여라. 주님의 영이 네게 있는 것은 가난한 이에게 복음을 전하도록 하기 위한 것이다. 도움을 구하라―나를 찾으라―, 그리고 그 임무를 어떻게 수행해야 할지 배워라. 내가 왕으로서 다시 올 때 너희는 복음을 한 번도 들어보지 못한 나의 땀 흘리는 형제들에 대하여 책임을 져야 한다. 과거에 내 백성이 겸손하지 않고 복종하지 않고 나의 법을 멸시하며 가난한 자들을 이용했기 때문에 내가 앗수르인과 바벨론 사람을 세웠듯이 내 백성을 징계하기 위하여 내가 마호메트교도와 마르크스주의자들을 세웠다. 회개하라. 오, 나의 백성들아. 그리고 네 자만과 교만, 그리고 무관심을 고백하고 너의 사치와 안락을 내버리고, 집 없는 자에게 네 집을 열어 주고 멸시받고 거부당한 사람들과 하나가 되어서 내게로 돌아오라. 이것이 내가 기뻐하는 일이다. 나의 참된 제자란 자기 가진 것을 모두 버리는 자다. 이런 자들에게 내가 100배로 갚아 주리라. 네가 가난한 자들을 원한다면 내가 그들을 너의 기업으로 주리라. 네가 비천한 계급의 형제들을 원한다면 그들을 네게 주리라. 그들은 나의 소중한 존재들인데 그들이 너희를 용서하고 사랑하며 너희에게 기쁨을 가져다줄 것이다.

"오늘 우리에게 일용할 양식을 주시옵고"(마 6:11; 눅 11:3).

"내가 궁핍하므로 말하는 것이 아니니라 어떠한 형편에든지 나는 자족하기를 배웠노니"(빌 4:11).

"우리가 먹을 것과 입을 것이 있은즉 족한 줄로 알 것이니라 부하려 하는 자들은 시험과 올무와 여러 가지 어리석고 해로운 욕심에 떨어지나니 곧 사람으로 파멸과 멸망에 빠지게 하는 것이라"(딤전 6:8-9).

"돈을 사랑하지 말고 있는 바를 족한 줄로 알라 그가 친히 말씀하시기를 내가 결코 너희를 버리지 아니하고 너희를 떠나지 아니하리라 하셨느니라"(히 13:5).

"근심하는 자 같으나 항상 기뻐하고 가난한 자 같으나 많은 사람을 부요하게 하고 아무것도 없는 자 같으나 모든 것을 가진 자로다"(고후 6:10).

"내가 네 환난과 궁핍을 알거니와 실상은 네가 부요한 자니라 자칭 유대인이라 하는 자들의 비방도 알거니와 실상은 유대인이 아니요 사탄의 회당이라"(계 2:9).

기독교는 오늘을 위한 것
The Systematic Theology Made Easy

지은이 대천덕
펴낸곳 주식회사 홍성사
펴낸이 정애주
국효숙 김경석 김의연 김준표 박혜란 송승호 오민택
오형탁 이현주 임영주 주예경 차길환 최선경 허은

2009. 9. 18. 양장 1쇄 발행
2020. 5. 15. 무선 1쇄 인쇄   2020. 5. 22. 무선 1쇄 발행

등록번호 제1-499호 1977. 8. 1.
주소 (04084) 서울시 마포구 양화진4길 3   **전화** 02) 333-5161   **팩스** 02) 333-5165
홈페이지 hongsungsa.com   **이메일** hsbooks@hongsungsa.com
페이스북 facebook.com/hongsungsa   **양화진책방** 02) 333-5163

ⓒ 현재인, 2009

- 잘못된 책은 바꿔 드립니다. • 책값은 뒤표지에 있습니다.
- 이 도서의 국립중앙도서관 출판예정도서목록(CIP)은 서지정보유통지원시스템 홈페이지(http://seoji.nl.go.kr)와
국가자료공동목록시스템(http://www.nl.go.kr/kolisnet)에서 이용하실 수 있습니다.(CIP제어번호: CIP2020018546)

ISBN 978-89-365-1427-3 (03230)